Fritz Mierau

KAUDERWELSCH
DES LEBENS

Prosa der russischen Moderne

Edition Nautilus

Editorische Notiz: Fritz Mierau, geb. 1934 in Breslau, Literaturwissenschaftler, Übersetzer und Essayist, lebt in Berlin. Übersetzung und Herausgabe russischer Literatur und geistesgeschichtlicher Werke wie *Russen in Berlin* und *Die Erweckung des Wortes*. Zusammen mit Sieglinde Mierau Mitherausgeber der Franz Jung Werkausgabe. Zuletzt erschien seine Autobiographie *Mein russisches Jahrhundert* (2002).

Die bibliographischen Angaben und Rechtsnachweise für die einzelnen Texte und Illustrationen finden sich am Schluß des Buches. Leider ist es uns trotz umfangreicher Recherchen nicht gelungen, alle Rechteinhaber ausfindig zu machen. Berechtigte Ansprüche bitten wir dem Verlag mitzuteilen.

Umschlaggestaltung: Maja Bechert, Hamburg

Edition Nautilus Verlag Lutz Schulenburg
Alte Holstenstraße 22 · D-21031 Hamburg
Alle Rechte vorbehalten · © dieser Ausgabe Lutz Schulenburg 2003
1. Auflage 2003 · Printed in Germany
www.edition-nautilus.de

1 2 3 4 5 · 07 06 05 04 03

ISBN 3-89401-417-2

Fritz Mierau
Wendung ins Wunderbare

Wenn es gilt, Gleichnisse vom Leben des Menschen zu erzählen, sind die Russen noch nie in Verlegenheit gewesen. Das unverhoffte Glück der Begegnungen, eitles Streben nach Unsterblichkeit, der ewige Traum vom neuen, anderen, vollkommenen Menschen – mit all seinem Zauber und seiner Marter kommt uns das aus der Prosa der Russen entgegen.

In der russischen Moderne erreichte die Kunst der Gleichnisse nun eine Höhe, von der aus sie unser Zeitalter in seinem Übermut und seiner Vermessenheit von Anfang an treffend zu taxieren wußte.

Da geht der Sonnenstürmer so ungeniert zu Werke wie der Konstrukteur irdischer Vollkommenheit, die tyrannische Bestie wie der Einpauker der Revolution. Armeen schlagen auf Armeen ein. Der Vater opfert den Sohn, um die Familie zu retten. Immer noch schleppt sich das erwählte Volk durch die mörderische Wüste. Sisyphos wälzt den tückischen Felsblock den Berg hinan wie eh und je. Und der göttliche Alexander pocht auf seine Unsterblichkeit.

Doch während man den vertrauten Weisen vom Weltgetümmel folgt, klingt etwas Ungewohntes herein, etwas wie Besinnung, Innehalten, beherztes Selbstgespräch, häusliche Unterredung im kleinsten Kreis.

Tatsächlich stößt man seit den Vorbeben der Russischen Revolution auf starke geistige Neigungen, die in ihrer Innigkeit und Sehnsucht nach innerer Sammlung offen im Gegensatz stehen zu der heftigen titanischen Gebärde jener Jahrzehnte. Zweifellos ist es das Erbteil der russischen Moderne, die feine Ausbildung der Empfindsamkeit, was hier in Konflikt gerät mit der drastischen Unmittelbarkeit, der gläubigen Bausch- und Bogenmentalität einer sozialen Umwälzung von dieser Radikalität.

Bis in das verzweifelte Lamento des Dichters Doktor Shiwago in Pasternaks Roman angesichts der ewigen Wiederholungen in den Dekreten und Verlautbarungen der neuen Macht dringt der tödliche Schrecken, man werde das Entzücken über die Vorbehaltlosigkeit dieser Sprache und die Geradheit dieses Denkens damit zu bezahlen haben, daß man sein Lebtag nichts anderes zu sehen bekäme als die immer gleichen schalen Aufrufe und Aufforderungen, die, je häufiger wiederholt, desto lebloser, unverständlicher und uneinlösbarer sein würden. War er etwa einen Augenblick lang zu teilnahmsvoll gewesen und hatte sich auf ewig selbst versklavt?

Man ginge wohl von vornherein fehl, legte man die Verletzungen in diesem Konflikt einer verantwortungslos oder ersatzweise entfalteten Sensibilität zur Last: als habe der Empfindsame mangels besserer, etwa politischer oder sozialer Verwendung seiner Kräfte, hochmütig oder notgedrungen Sinne und Geist kultiviert und scheitere nun an den Handgreiflichkeiten der neuen Zeit.

Könnte es nicht vielmehr sein, daß in dem gnadenlosen Augenblick, von dem Pasternak spricht, »einem Augenblick, da noch alles Entwurf ist«, da der Blick weit durch die Zeiten dringt und hinter der tilgbaren sozialen Not die untilgbare geistige ahnt – könnte es nicht sein, daß in diesem Augenblick die ganze furchtbare Last der Befugnis und der Erlaubnis zu einem neuen Leben, das die Revolution verheißt, sichtbar wird? Ist es nicht das Beben vor diesem Bild, vor dem Antritt des Weges, das die offene liebende Zuwendung und starke innere Sammlung dieser Jahre zu einem Akt der Selbstbehauptung macht? Wird da nicht der nuancenlosen Geradheit und Unanfechtbarkeit der

Dekrete das entgegengesetzt, was Vladimir Nabokov im Blick auf das wirblige Dasein seiner Heldin in *Frühling in Fialta* das »Kauderwelsch dieses Lebens« nennt?

Vielleicht ist der häusliche Ton, den ich meine, nirgends so genau getroffen wie bei Andrej Platonow. Platonow läßt den Erfinder Makar aus der russischen Provinz seine wunderlichen technischen Neuerungen in der Hauptstadt anbieten und ihn dabei auf ein Ansinnen stoßen, das seine heroischen Erfindungen an Wunderlichkeit nicht nur weit übertrifft, sondern sie ins Wunderbare zu wenden begehrt: »Gib uns Seele, wenn du ein Erfinder bist«, bekommt er in einem Arbeiterwohnheim zu hören. Die Wendung ins Häusliche ist die Wendung ins Wunderbare. Ins Wunderbare von Rettungen. Rettungen aus jener Versklavung oder Selbstversklavung, die Boris Pasternak so schreckte.

Erhoffte, geglückte, verfehlte, tödliche Rettungen? Unweigerlich eine heikle Wendung. Unsere Geschichten erzählen sie mit einem von Schauder überwältigten Entzücken, immer auf der Grenze zwischen Zweifel und Hoffnung.

Alexander gerettet, wenn er seiner angemaßten ewigen Jugend durch das häusliche Wunder der Schminke aufhilft?

Alexanders Koch und Köchin gerettet, wenn sie, von einem Zauberfisch verjüngt, dem ihnen von ihrem neidischen Herrn bestimmten Wassertod entgehen, indem sie im anderen Element als Triton und Najade weiterleben?

Sisyphos gerettet, wenn er die gewohnte Strafarbeit einem ungewissen Putsch vorzieht, der ihn wieder zum König von Korinth machen könnte?

Gerettet all die Weltverbesserer – Sonnenstürmer, Vollkommenheitsphantasten, Selbstheiler?

Wer das Geheimnis des »Schwarzen Wassers« lüftet; wer mit letzter Kraft vor seinem Tode, da sich die »prunkvolle Schleppe der Dinge« auflöst, einer Ratte noch den Namen »Liompa« geben kann; wer sich als Russin in Deutschland verkörpert finden kann, wie Marina Zwetajewa, in Deutschland, dem »Land der Sonderlinge« – gerettet? Wer in den Unversöhnlichkeiten der Bürgerkriege von einer »Internationale der guten Menschen« träumen kann, wie Isaak Babels Gedalja – gerettet? Mitten in der mythischen Schlacht um Dair – »hoch oben in der Luft stießen die Gespenster des Roten und Schwarzen Reiters zusammen« – die einfache, die einfältige, alle Eindeutigkeit löschende rettende häusliche Frage, die »Seelen«-Frage, die Platonows Makar aus dem Konzept brachte: »Wo stehst du nun, Rußland?«

Und mitten in den chaotischen Moskauer Schießereien von 1917, die einst zur Revolution gerechnet würden, Maxim Gorkis häuslichverzweifeltes Eingeständnis, er habe nicht die Kraft, »das Glimmen und Aufleuchten der Seele des eigenen Volkes zu verstehen«.

Die entschlossene Wendung ins rettende Häuslich-Wunderbare hat früh zu einem bitteren Vorwurf geführt. Andrej Bely, der die Geschichte von den Sonnen-»Argonauten« erzählt, glaubte sich von seinem Freund Pawel Florenski im Stich gelassen, als der es ablehnte, sein geistiger Führer zu sein. Florenski rette nur sich allein, lautete die Klage, die Anklage, und Florenskis Geschichte vom »Vampir« dürfte sich als eine Rechtfertigung verweigerter Führerschaft lesen lassen. Nicht natürlich, daß Florenski den Freund als Vampir hätte fürchten müssen – die beiden waren sich geistig ebenbürtig. Vielmehr berührte Florenski hier ein Allgemeines – die prekäre Lage, in der sich die russische Gesellschaft befand: Als letzte und daher rapid in die sozialen und politischen Umwälzungen des europäischen Industrie- und Revolutionszeitalters hineingerissen, erlebte sie das Ende der heroischen Erneuerungsillusionen, als sie ihnen eben zu erliegen bereit war. Eine seelische und geistige Überforderung nie gekannten Ausmaßes.

Mit seinem Gleichnis von der lebensgefährlichen Hilfe für einen seelisch gebrochenen, weil sozial entwurzelten, intellektuell nicht trainierten Priesterschüler aus der Bauernschaft, dem er die »ewig knarrende Seele zu schmieren« beschlossen hatte, traf Florenski den wundesten Punkt der russischen Umwälzungen. Sie gingen entschieden über die Kräfte der verwickelten Akteure. Andrej Bely, der sich im Moment der Revolution zur Mithilfe an der beschleunigten Ausbildung der Jahrzehnte Zurückgesetzten aufgerufen fühlte, sah nach kurzer Zeit keinen anderen Weg, der Erschöpfung zu wehren, als sein geschmähter Freund Florenski; er floh seinen »Vampir« und erholte sich in Deutschland.

Von Florenskis »Vampir« führt ein direkter Weg sowohl zu den beschränkten Menschheitsbeglückern in Ilja Ehrenburgs *VKM* und Jefim Sosuljas *Ak und die Menschheit* als auch zu den Selbsthelfern, Selbstheilern bei Michail Sostschenko, Andrej Platonow und Alexander Grin. Während die einen an ihren kollektivistischen oder elitären Ordnungsversuchen scheitern, sind die anderen damit beschäftigt, das Ausmaß des Geschehens und die Art ihres Auftrags zu begreifen: Keine Weltflucht, kein »Rette sich, wer kann!«, keine Aufgabe des Forums zugunsten der Nische. Im Gegenteil. Die unerschrockene Annahme einer tatsächlichen Epochenwende, der nicht leichtfertig mit Organisationsmodell und Menschenzucht beizukommen war. Keiner hat das so rückhaltlos ausgesprochen wie Alexander Blok 1919 in seinem Vortrag »Der Zusammenbruch des Humanismus«, der in dieser Vision gipfelt:

»Der Mensch ein Tier; der Mensch eine Pflanze, eine Blume. In ihm treten Züge äußerster Grausamkeit zutage, einer scheinbar nicht menschlichen, sondern tierischen Grausamkeit; daneben Züge einer naturhaften Sanftheit, die gleichfalls nicht menschlich, sondern pflanzenhaft zu sein scheint. All das sind zeitweilige Larven, Masken, Folgen unendlich vieler Larven. Dieses Wechseln zeigt eine Veränderung der Art an: der ganze Mensch ist in Bewegung geraten; er ist aus dem jahrhundertelangen Schlaf der Zivilisation erwacht, Geist, Seele und Körper sind vom Wirbel der Bewegung erfaßt …«

Was Alexander Blok beschrieb, ist heute in vollem Gange und wir ahnen, welcher Stärkung der Person es bedarf, wenn wir in Anna

Achmatowas Erinnerungen an Blok lesen, sie habe 1919 den »Wahnsinn in seinen Augen« gesehen. Wer hindert uns, die Geschichten vom »Kauderwelsch dieses Lebens« als Gleichnisse von der Schwächung und Stärkung der Person zu lesen, einer Person, unserer Person, die ihre Lebensmöglichkeiten im einzelnen stets neu erkundet, sich illusionärer Experimente entschlägt, aber der Wendung ins Wunderbare nie enträt.

SCHLÜSSEL DES GLÜCKS

Michail Kusmin
Die Geschichte von Xanthos, dem Koch des Königs Alexander, und von seiner Frau Kalla

Alexander der Große wurde auf jedem seiner weiten Feldzüge von dem alten Koch Xanthos begleitet, der die herrschaftliche Küche verwaltete. Dem alten Mann fiel es nicht leicht, die beschwerlichen Tagesmärsche durch Wüsten und Gebirge mitzumachen, doch der Herrscher wollte sich nicht von seinem Koch trennen, da er an ihn gewöhnt war und befürchtete, daß man ihn vergiften könnte, wenn andere, minder ergebene Hände die Speisen zubereiteten. Xanthos liebte Alexander, er kannte ihn seit seiner Geburt, denn er selbst stand hoch in den Jahren und hatte schon unter dem königlichen Großvater als Küchenjunge gedient. Xanthos' Eheweib Kalla war gleichfalls sehr alt, doch sie wich ihrem Mann und auch dem mazedonischen Helden, der in ihren Augen immer noch ein Kind war, nicht von der Seite. Sie folgte den Truppen in einem verdeckten Fuhrwerk, buk für Alexander nach überlieferten Rezepten Fischpasteten, wie sie niemand sonst zu bereiten wußte, und wurde in Stunden der Schlaflosigkeit des Herrschers manchmal in dessen Zelt gerufen, um ihm thessalonische Lieder vorzusingen und Märchen zu erzählen.

So reisten sie von Land zu Land, von einer Gegend in die andere, und hinter ihnen blieben Berge, Flüsse, Wüsten und unermeßliche Sümpfe zurück.

Nach einem seiner Siege ließ Alexander in einer abgelegenen Schlucht Rast halten und begehrte seine geliebten Fischpasteten zu speisen; Kalla begann sofort mit der Zubereitung, und damit es schneller ging, schickte sie ihren Mann zu einem Bach: er sollte die Fische säubern, während sie selbst den ungesalzenen Butterteig knetete. Der Koch schnitt einen Fisch mit dem Messer auf und machte Anstalten, ihn in dem Gebirgsbach zu waschen, doch kaum hatte der Wasserstrahl den aufgeschlitzten Fisch berührt, da wurden die Teile unversehens lebendig und glitten dem verwunderten Xanthos aus der Hand; und nicht nur die Fische erstanden zu neuem Leben, sogar der weggeworfene, am Ufer liegende Rogen, den die ausschwärmenden Wellen des Baches trafen, verwandelte sich in einen winzigen Fisch und hüpfte fröhlich ins murmelnde Wasser. So wie der Koch sich hingekniet hatte, verharrte er ohne Bewegung; als er wieder zur Besinnung kam, dankte er den gütigen Nymphen, daß er ein solches Wunder sehen durfte. Von der ganzen Begebenheit berichtete er insgeheim seiner Frau Kalla, und dann kehrte er mit ihr zum Bergbach zurück, wobei sie große Krüge trugen, um sie mit dem wundertätigen Wasser zu füllen; die Pasteten aber buken sie mit neuen Fischen, die in einer anderen, gewöhnlichen Quelle gewaschen waren. Von der Zauberkraft der belebenden Feuchte sprachen die Eheleute zu keinem ein Wort, doch nahmen sie jeden Morgen einen kleinen Schluck aus den versteckt gehaltenen Gefäßen. In ihre hinfälligen Körper begann die einstige Jugend zurückzukehren, die Runzeln verschwanden, Röte trat auf ihre Wangen, die Haare wurden dichter und schwärzer, die Blicke feuriger, der Gang unbeschwerter, die Stimme klangvoller. König Alexanders Blicken blieb diese wundersame Verwandlung nicht verborgen, als eines Tages statt der gewohnten Greisin eine reife Frau um die Vierzig bei ihm eintrat, in der er mühelos, wenn auch zu seiner höchsten Verwunderung Xanthos' Eheweib Kalla erkannte. Er sah die Eintretende durchdringend an und sprach: »Erblicke ich die Gemahlin meines Kochs, des alten Xanthos, oder gaukeln Dämonen mir Trugbilder vor? Oder ist meine Säuglingszeit zurückgekehrt, und liege ich wieder in Windeln? Wer hat dir die dreißig schweren Jahre von den Schultern genommen, liebe Mutter?«

Die Frau des Kochs leugnete zunächst, doch als ihr der Herrscher einen furchtbaren Eid geschworen hatte, erklärte sie ihm offen, wie sich alles verhielt. Alexander entgegnete auf ihre Worte nichts, doch er befahl, auf der Stelle Xanthos zu rufen. Dieser trat mit den ruhigen Schritten des älteren, aber starken und rüstigen Mannes ein. Nachdem ihm der König einen flüchtigen Blick zugeworfen hatte, begann er zu schreien: »Gestehe, Betrüger, du hast mir die Quelle des Lebenswassers verheimlicht, um sie allein zu benutzen! Irrsinniger, meinst du denn, daß die Unsterblichkeit von einfachen Sterblichen erlangt werden könnte? Oder willst du, habgierig wie du bist, das Wasser in kleine Gefäße füllen und es auf dem Markt jedem feilbieten, der es begehrt? Nur die Götter verleihen uns die Kraft der Unsterblichkeit, weder eigener Wille noch Zufall verschaffen uns die himmlische Gabe. Du wirst sehen, wie sehr du geirrt hast.« Alexander befahl, den Koch und die jung gewordene Kalla zu fesseln, sie in einen hölzernen Käfig zu setzen und hinter den Truppen herfahren zu lassen, bis Alexander über ihr Schicksal entschiede. Das Gerücht von dem wundertätigen Wasser breitete sich im Lager aus, und alle eilten, die verjüngten Alten zu betrachten. Der König erkundigte sich jeden Morgen, wie es um die Gefangenen stand; gewiß, er liebte Xanthos und Kalla seit seiner frühen Kindheit, deshalb fragte er auch nach ihnen, aber aus unerfindlichen Gründen wurde er bei der Antwort »Sie werden immer jünger« jedesmal bleich und finster, und beim ersten frühmorgendlichen Lichtstrahl, der ihn die Lider aufschlagen ließ, rief er: »Die Gefangenen?« – »Sie werden jünger« lautete die stets gleiche Antwort, und mit jedem Mal wurde das Antlitz des Herrschers bleicher und strenger. Aber die eingesperrten Alten, die auf der Brust unter dem Gewand Fläschchen mit Lebenswasser verborgen hielten, sahen mit den verjüngten Augen immer klarer, ihre Wangen wurden immer zarter und glatter, und der Leib selbst schlanker und biegsamer, und als Kalla die thessalonischen Lieder sang, klang ihre Stimme wie damals, vor mehr als fünfzig Jahren, da sie als kleines Mädchen durch die Gebirgstäler lief und rote Mohnblumen sammelte. Die jungen Eheleute lachten in ihrem Käfig, sie scherzten und spielten wie unbeschwerte Vögel mit Kieselsteinen, als hätten sie ihre Unfreiheit schon vergessen. Selbst ihre Küsse erlangten die verlorene Frische zurück, wie sie die ersten Geständnisse schüchterner Zuneigung haben.

So zog der Herrscher weiter, und seinen Truppen folgte der Wagen mit den sorglosen Gefangenen. Schließlich leuchtete hinter einer gelben Sandbank das flache glitzernde Meer vor ihnen auf. Alexander versammelte die Soldaten um sich und befahl, Xanthos und Kalla in ihre Mitte zu führen. Wie Schulkinder kamen sie lachend und ballspielend herbeigelaufen, und der König stützte sich, bleich geworden, auf Hephaistions Schulter, um seine Erregung zu verbergen. Mit heiserer Stimme begann er zu sprechen: »Freunde und Mitkämpfer, sogleich werdet ihr mit eigenen Augen sehen, ob es sterblichen, nicht von Göttern geborenen Menschen möglich ist, hier auf Erden die süße Unsterblichkeit zu erlangen.« Darauf ordnete er an, den Koch mit seiner Frau in ein Boot zu setzen, es vom Land abzustoßen und die beiden, nachdem man ihnen Steine um den Hals gebunden hätte, dort, wo die Meerestiefe begann, ins Wasser zu werfen. Er selbst begab sich auf einen einsam aufragenden Hügel und beobachtete, von seinen Freunden umgeben, wie sein Befehl ausgeführt wurde. Kaum hatten sich die aufgischtenden Wellen beruhigt und über den ins Meer geworfenen Körpern wieder geschlossen, da hob Alexander die Gefäße mit dem wundertätigen Wasser, die er den Alten abgenommen hatte, zum Himmel empor und rief mit lauter, weit über das Ufergelände hallender Stimme: »Männer und Brüder, ihr habt selbst gesehen, wohin die Hoffart des menschlichen Willens führt, wohin ein Weg führt, den uns der Himmel nicht vorgezeichnet hat. Als Sterbliche müssen wir sterben; nur die Kinder der Götter, nur Ammons Söhne dürfen kühn nach der Unsterblichkeit streben.« Er schleuderte die Gefäße auf den Boden, und das Klirren der Scherben wurde von den Rufen der Menge übertönt: »Ruhm sei Ammons Sohn, dem Helden Alexander, der unsterblich ist!« Doch vom Meer drang mit feiner Stimme, wie leises Schilfraschen, ein kindliches Wehklagen herüber: »Alexander, Alexander, sieh her, gehe in dich und bereue!«

Dort aber glitten, die sanften Wellen zerteilend, ein Triton und eine Najade mit den Gesichtern von Xanthos und Kalla dahin; der erste blies in ein gewundenes Horn, sie jedoch hielt den Hals ihres Gefährten umschlungen und rief mit weitgeöffnetem Mund: »Alexander, hab Dank, daß du uns ins Meer gestoßen hast, bis hierher reicht deine Macht nicht, und wir müssen weder den Tod fürchten noch die eintönige Hinfälligkeit des Alters. Ich bin Kalla, und Xanthos ist hier an meiner Seite. Du aber, Herrscher, wirst in Babylon eines ungeliebten Todes sterben. Denk an mein Wort, denk an mein Wort.« Und im Funkeln hellsprühenden Wassers verschwanden sie in der Ferne, wo die Sonne hinter einer Landzunge herabsank. Lange verharrten der König und sein Heer schweigend am Ufer, dann aber erschallten auf ein bestimmtes Signal die Trompeten, die Schilde schlugen aneinander, die Fuhrwerke begannen zu knarren, und der ganze gewaltige Haufe kehrte sich vom Meer ab und wandte sich bei einbrechender Dämmerung langsam rückwärts. Alexander befahl einem halbwüchsigen Knaben, auf eine niedrigfliegende Möwe zu schießen, den toten Vogel aufzuheben und an seiner Seite dem Heer voranzugehen, um jeden Bach zu prüfen, ob es nicht der lebensspendende Born sei.

Aber vergebens wuschen sie die Möwe in sämtlichen Bächen und Flüssen: Sie wurde naß, doch erwachte sie nicht wieder zum Leben. Als sie zu riechen begann, warf der Knabe sie fort und schoß eine andere.

So zogen sie über Berg und Tal, kamen an Seen und nicht endenwollenden Sümpfen vorüber: Als erster kam der Herrscher und neben ihm der Bogenschütze mit dem toten Vogel in der Hand, danach die Feldherren, etwas weiter hinten folgte gleich einer schweren Wolke das Heer, den Abschluß bildeten die knarrenden und Staub aufwirbelnden Fuhrwerke.

Lange streiften sie so umher, ohne das wunderbare Gebirgstal zu finden, bis Alexander schließlich befahl, die Vögel in Frieden zu lassen und keine weiteren zu schießen.

Er trat vor seine Truppen und suchte sie von neuem davon zu überzeugen, daß die Unsterblichkeit den Menschen offensichtlich unerreichbar und daß er, Alexander, von göttlichem Geblüt sei. Seine Stimme war fest und klangvoll, die Augen glänzten, und auf seinen Wangen stand eine flammende Röte, denn der Sohn Philipps hatte sie diesmal geschminkt, um die schwächlichen Gemüter nicht durch den königlichen Zweifel zu verstören.

Andrej Bely
Die Argonauten

In ganzen Wolken flog das Herbst-
laub von den Bäumen. Der Wind
trug es zu Aufschüttungen zusammen, doch dann zerriß er diese rötlichen Haufen wieder und eilte dem
Meere zu. Überall rauschte es damals, und es klingelte wie Gold.

Zum Meer hinab kam ein graubärtiger, hochgewachsener Greis.
Seine Locken wirbelten im Wind. Das war der große Schriftsteller, der
sich auf den Weg machte zur Sonne, wie ein Argonaut zum goldenen
Vlies. Sein gekrümmter, schweigsamer Begleiter – ein bleicher Unbekannter – konnte ihm kaum folgen. Sein Bart stand wie ein zerzauster
Besen. Die Augen hielt er gesenkt. In seinem schlaffen, blassen Gesicht
glänzten Lippen, die waren rot wie Gummi.

Beide eilten sie zum Meere hin. Der Argonaut drehte einen Rohr-
stock in den Händen und sprach von seinen Plänen: »Ich werde eine
Zeitschrift herausgeben, das *Goldene Vlies*. Meine Mitarbeiter werden
Argonauten sein, und ihr Banner ist die Sonne. Durch populärwis-
senschaftliche Erläuterungen der Grundlagen für die Sonnenhaftigkeit werde ich aller Herzen entzünden. Die ganze Welt werde ich ver-
golden. Übergenug werden wir flüssige Sonne zu uns nehmen. Wir
tragen Bögen schichtweise gepackten Lichtes in die Keller und Kam-
mern. Dort werden wir Sonnenpanzer schmieden. Ich bin eher bereit,

mir die grauen Haare mit Ocker zu färben und mir härene Gewänder zu weben denn von diesem Projekt Abstand zu nehmen ... Bald werden wir insgeheim ein Pensionat eröffnen als ›Goldene Schmiede‹. Von Ihnen habe ich die Zusage, die Konstruktionsfabrik für sonnenhafte Panzerkreuzer zu leiten. Die geflügelte Argo wird durch den Weltraum zur Sonne dringen. Wir nehmen das Werk der Umsiedlung in die Hand. Die Erde wird unbewohnt verbleiben, aber dafür sollen sich die Prunkgemächer der Sonne mit Leben füllen.« So sprach der sonnenhafte Verschwörer. Das rote Gummiband der Lippen im Gesicht seines Begleiters begann zu tanzen. Der stumme Begleiter erhob die Augenlider und blickte zu dem begeisterten Träumer auf. Aus seinen Augenhöhlen schimmerte eine graue Weite – der Raum: denn er hatte keine Augen. Niemals erhob er die Augen zu den Menschen.

Über dem Meer hing eine goldene Walnuß, die Sonnigkeit ausgoß. Die trüben Fackeln des Sonnenuntergangs hüllten den alten Argonauten ein. Er sagte, indem er auf die Sonne wies: »Was für ein Nüßchen. Eher färbe ich mir die grauen Haare mit Ocker, als daß ich von dem Gedanken Abstand nehme, die Menschheit dort hinüberzusiedeln.«

Flüssige Goldsäulen glitzerten auf den Fluten. Sie waren gewebt aus einer Menge zittriger Blitze. Die letzten dieser Blitze tanzten an den Ufersteinen. Der Träumer stand oben am Meeresgestade und sprach: »Der Panzer meiner Argo wird aus diesen Blitzen gewebt sein. Meine Argo ist ein goldener Pfeil, der von der Erde zur Sonne geschossen wird. Zur Genüge ist die Sonnigkeit bei uns zu Besuch gewesen. Nun empfange du, Sonne, selbst liebe Gäste ... Meine Argo wird in den Weltraum dringen, und dort wird sie für den Blick der Erdenwesen verlöschen gleich einem Funken.«

Und wieder erhob der gekrümmte, von Geburt an taube Begleiter die Augenlider zum Argonauten: Augen hatte er nicht.

☆

Am Ufer verabschiedeten sie sich voneinander. Eine Wolke stand vor der untergehenden Sonne und verstreute goldene Perlen. Der blasse Unbekannte zog die Schirmmütze in die Stirn und schlug den Kragen hoch; dann eilte er zur Stadt. Mit seinen Stiefeln trat er in die Wasserpfützen; und aus der Kragenöffnung stand der besenartige Bart hervor.

Die Hausschilder ergossen sich in Feuer. Auf den smaragdenen Strömen trieben Sonnenstrahlen. Das war der Tanz des Sonnenlichts. Das waren goldene Würmer. Dann wurden die Würmer rubinrot. Die flammenden Fenstergläser wurden zu Barren von Rotgold, und Sonnigkeit durchfloß die abendlichen Zimmer. Man konnte sie mit Eimern schöpfen. An einem abendlichen Fenster stand der Träumer, in bernsteinfarbenes Licht getaucht. Er hielt die Hand ans Herz gedrückt …

Fünf Jahre waren vergangen. In der neuen periodischen Druckschrift blies man zum Angriff. Die Stadt wurde von goldenem Fieber erfaßt. Die Zeitschrift *Das Goldene Vlies* zählte Tausende von Abonnenten. In den Salons traf man auf bleichgesichtige junge Menschen in tadellosen Smokings mit goldenen Ansteckern am Revers. Sie hießen die Ritter des Ordens vom Goldenen Vlies. In der Gesellschaft nannte man sie die Argonauten. Es erschallte der Name des Meisters dieses Ordens, des Redakteurs vom *Goldenen Vlies*. Es gab nicht wenig Gerüchte über das riesenhafte Werk der »Interplanetarischen Verkehrsgesellschaft«. Hier wurde nach den Plänen des taubstummen Ingenieurs ein riesiges Schiff gebaut, die Argo, die die Argonauten würde zur Sonne überführen können. Die Energie der Sonnenstrahlen wurde in einen Sonnenkondensator geleitet. Der luftige Glanz ging hier in strahlende Flüssigkeit über, die durch weitere Kondensierung zum goldgeschmiedeten Panzer für die Argo wurde. Wenn man ihn isoliert hatte, unterlag dieser Panzer nicht mehr den Einwirkungen des Feuers. Wenn man die Isolierung unterbrach, konnte man den Panzer wieder der langsamen Umformung in Sonnenstrahlen unter Entwicklung derjenigen Wärmeenergie aussetzen, welche für die Reise der Argo und ihrer Passagiere durch den Weltraum zur Sonne benötigt wurde. Der Ordensmeister der Argonauten sollte gemeinsam mit dem Erfinder der Argo als erster in die Höhe steigen. Daraufhin sollte die reguläre Umsiedlung der Menschheit zur Sonne vorgenommen werden.

Zur Morgenröte des 23. Jahrhunderts, nach zweihundertjähriger Skepsis, tat sich der Quell religiöser Wiedergeburt auf. Diese Religion selbst hatte einen besonderen Charakter. Es war eine Pilgerreligion. Überall wirkten die Agenten der Sonne. Sie sprachen vom Sonnenkongreß. Die Redaktion des *Goldenen Vlieses* wurde zum Zentrum des geistigen Lebens im ganzen Lande. Man veranstaltete sogar religiöse Prozessionen der Ritter des Goldenen Vlieses.

Es nahte die Stunde des Abflugs. Der goldene Drache hob sich mit seinen ausgebreiteten Schwingen reliefartig von dem purpurroten Sonnenuntergang ab. Man hatte ihn auf dem Flachdach des Redaktionsgebäudes befestigt. Auf dem Platz waren übergroße Tribünen errichtet, von wo die aus aller Welt eingetroffenen Pressevertreter den Moment des Abflugs beobachten konnten. Bildnisse derjenigen waghalsigen Kerle, die als erste ohne zu sterben die Erde verlassen sollten, wurden an alle Bürger der Erde verteilt. Den Ordensmeister verglich man mit einem neuen Moses, der die Menschheit zur Sonne emporführte.

Die glanzvollen Versammlungssäle waren überfüllt. Man gab einen Galaabend für die Argonauten. Die höchste Blüte der Gesellschaft war gekommen. Der zum Abflug bereite Genius war in das Ordensgewand gekleidet. Das bestand aus einem Harnisch von Sonnenhaftigkeit. Wie goldene Ähren gingen die Lichtstrahlen von diesem Panzer aus. Ein grauer Bart lag auf Gold. Der Meister schüttelte den Umstehenden die

Hände und sagte gutmütig immer wieder: »Ja nun, ich fliege … Auf der Erde gibt es nichts mehr zu tun …«

Die Argonauten tanzten in ihren Rittergewändern mit den Damen. Von Zeit zu Zeit versammelten sie sich auf den Ruf eines Fanfarenbläsers hin um den Ordensmeister. Dann gruppierten sie sich um ihn herum und ließen die Schwerter erdröhnen, als beabsichtigten sie, ihn mit Leib und Leben vor einem Angriff zu schützen. So war das Ritual, und ein jeder verstand das.

Als der Höhepunkt des Abends gekommen war, da bemerkten alle das unangemessene Erscheinen einer Abteilung in schwarze Dominokostüme gewandeter Gestalten mit Abbildungen von Totenköpfen auf den Kapuzen. Man konnte sich nicht entschließen, sie aus der Gesellschaft zu entfernen, wo man sonst doch nur geladenen Gästen Einlaß bot. Andererseits wunderte man sich, wer daran Interesse hätte, ein solches Schauspiel zu liefern. Die Dominos tanzten fröhlich in Gemeinschaft mit den Argonauten.

Der taubstumme Gefährte des Großmeisters trat des Abfluges wegen nicht aus der Menge hervor. Sein bleiches Gesicht mit den gesenkten Augen drückte nicht viel Aufmerksamkeit aus. Aber da, wo er vorüberging, spürten die Menschen unwillkürlich ein Schauern wie von einem durchziehenden Windstoß. Manchmal, wenn der Fanfarenbläser der Argonauten einen Alarm gab und die Geharnischten zur Rettung ihres Führers stürzten, um das Ritual zu vollziehen, tanzte ein spöttisches Lächeln über die gummiroten Lippen in seinem starren Gesicht.

Es wurde spät. Ein purpurroter Streifen zog am Horizont auf, und die goldenen Schwingen des Drachen, der auf dem Dach des Redaktionsgebäudes befestigt war, versprühten rubinrote und goldene Funkengarben. Es erschallte das Fanfarensignal der Argonauten. Die Geharnischten drängten sich um ihren Befehlshaber. Plötzlich ertönte ein Pfiff, und die schwarzen Dominos formierten sich geschwind den Argonauten gegenüber. Die Anwesenden drückten sich angstvoll an die Wand. Mitten im Saal verblieben nurmehr die Abteilungen der Argonauten und der schwarzen Dominos. Die schwarzen Dominos schwangen Säbel. Es schien, als ergösse sich ein Silberstrom für einen Augenblick die scharfen Klingen entlang und würde von einem Saal in den nächsten fortgetragen. Er schimmerte auf und verlosch wieder, weil sie die Säbel in die Scheiden steckten. Aber die Frische der Silberströme verspürten alle Anwesenden. Eine Zeitlang meinte man, es gäbe nichts Tödlicheres als eine solche Frische, wie sie von den Säbelklingen der maskierten Unbekannten ausging. Man hätte denken können, daß das alles ernst sei, denn auch die Argonauten erstarrten zu glänzenden Statuen.

Doch in einem Augenblick war alles verändert. Die Masken luden die Damen höflich zum Tanz. Ihre langen Ärmel wehten, und die Kapuzen mit den Totenkopfdarstellungen hüpften, als sie fröhlich mit den Damen einhersprangen. Die Argonauten lächelten lieblich über den unerwarteten Scherz der Maskierten, und alles hatte seine Ordnung.

Und morgendliche Rubinströme ergossen sich zum Fenster hinein.

Der Großmeister stand zwischen den Schwingen des Drachen und war selbst ganz golden und verzückt. Der bleiche, stumme Ingenieur – er war ganz gekrümmt von Gestalt – nahm mit entstelltem Gesicht am Steuer Platz. Es ertönte der Abschiedsgruß der vieltausendköpfigen Menschenmenge, die den Platz anfüllte. Die Argo schlug mit den Flügeln. Die Argo enteilte in die blaue Höhe.

Der Großmeister sprach, zwischen den Flügeln der Argo sitzend: »Flieg, mein Vogel. Sieh, da ist eine goldene Nuß aus dem Meer aufgetaucht ... Flieg, mein Vogel ... Ich möchte von solch goldenen Nüßchen naschen!« Bald schon flogen sie über dem Meer. In smaragdenen Strömen spiegelte sich die Argo. Wenn man hinunterschaute, konnte man zusehen, wie sich ihr Spiegelbild verkleinerte, indem es in die Tiefe enteilte. Plötzlich verhüllte eine dunkle Wolke die Sonne. Ihre die Wolke durchdringenden Strahlen fielen aufs

Meer. Auf den Wellen tanzten sonnige Blitze und umrissen die Gestalt des riesigen entschwindenden Drachen. Der sprachlose, stumme Gefährte am Steuer erhob die Augenlider auf den großen Meister: Aus diesen Augen drangen abgrundtiefe Weiten, weil es dort keine Augen gab.

Als die goldene Argo flügelschlagend wie ein leuchtendes Pünktchen unwiederbringlich im Blau des Himmels entschwand, stürmte eine Abteilung maskierter Dominos auf das Dach des Redaktionsgebäudes vom *Goldenen Vlies*. Sie faßten einander bei der Hand und vollführten einen Reigentanz. Ihre schwarzen Ärmel und ihre Kapuzen wehten, als sie dröhnend über das Eisendach sprangen. Dann rissen sie sich alle zusammen die Masken herunter und riefen »Vivat …« Unter den Masken zeigten sich sämtlich bekannte Gesichter. Die Mutter auf der Tribüne erkannte ihren Sohn, die Frau ihren Ehemann. Das war nur ein Scherz gewesen …

Als sie wieder zum Himmel emporblickten, sahen sie, daß dort, wo der goldene Punkt gewesen war, nur noch azurne Bläue verblieb. Masken gab es schon nicht mehr auf dem Flachdach des Redaktionsgebäudes. Dort standen Menschen in Dominogewändern ohne Masken, versonnene Menschen, verlegen ob ihres Scherzes, unwillkürlich darüber bekümmert, daß sie das strahlende Entzücken der Trennung vertan hatten.

Kühles Dämmern wickelte die Argo ein, obwohl es Mittag war. Eiskalte Windstöße tönten von der Unwiederbringlichkeit. Der erstarrte Gefährte blickte unverwandt auf den Großmeister. So eilten sie ins Leere, da sie schon nicht mehr umkehren konnten. Hier, über das Irdische erhöht, wuchsen die Gedanken des Großmeisters zu übermenschlicher Klarheit. Es wurden alle Mängel des geflügelten Projektes offenbar, aber man konnte sie schon nicht mehr korrigieren. Der Untergang der Luftschiffer war vorauszusehen, und ebenso der Untergang all derer, die ihnen folgen würden. Die Menschheit würde in naher Zukunft eine Menge von Sonnenschiffen konstruieren, aber ihnen allen ist der Untergang vorausbestimmt. Denn erst mit Abstand von der Erde, wenn es zum Umkehren bereits zu spät ist, enthüllen sich diejenigen Umstände, die man auf der Erde nicht vorhersehen kann. Voll Entsetzen erkannte der Großmeister, daß, obschon sein Name auf der Erde als der einer neuen Gottheit gerühmt wird, man ihn in einigen Jahrhunderten den *Henker der Menschheit* nennen wird. Voller Haß griff er seinen Gefährten, der ihn in dieses Unheil hineingebracht hatte, bei der Hand, doch die Hand des tauben Ingenieurs löste sich vom Arm ab: das war nur ein mit Stroh gefütterter Handschuh. Das war nur eine Strohpuppe mit Maske und kein Mensch.

Sie zogen fort in die Leere. Vor ihnen war es leer. Und hinter ihnen ebenfalls. Der Argonaut fand seine Ruhe wieder. Er stellte sich die Begeisterung vor, die in naher Zukunft die ganze Menschheit bei dem Gedanken erfassen wird, daß es einen Weg zur Sonne gäbe. Das wird eine Explosion noch nie dagewesener Begeisterung vor einem in diesen Ausmaßen noch nie dagewesenen Untergang. Aber jetzt war er beruhigt, er verstand, daß allein die Begeisterung am Untergang die Menschheit vor dem endlosen Dahinvegetieren ohne Glauben an eine bessere Zukunft bewahren kann. Mit dieser Täuschung wird alles zu Ende gehen. Als der Großmeister in dieser Leere erfror, flüsterte er beruhigt: »Ja, mag ich auch ihr Gott sein, denn es hat auf Erden noch niemanden gegeben, der die allerletzte Täuschung erdacht hätte, die auf ewig die Menschheit von ihren Leiden erlösen wird …«

Ein erstarrter Körper lag zwischen den goldenen Schwingen der Argo. Vorn war Leere. Und hinten ebenfalls.

Hundert Jahre waren vergangen.

Auf den smaragdenen Strömen trieben Sonnenstrahlen. Das war der Tanz des Sonnenlichts. Das waren goldene Würmer. Dann wurden die Würmer rubinrot. Die flammenden Fenstergläser wurden zu Barren von Rotgold, und Sonnigkeit durchfloß die abendlichen Zimmer. Man konnte sie mit Eimern schöpfen. An einem abendlichen Fenster stand der Träumer, in bernsteinfarbenes Licht getaucht. Er hielt die Hand ans Herz gedrückt. In der Ferne, am spiegelroten Horizont strebten kleine feurige Fädchen empor. Das waren goldene Pfeile. Da drangen die Flotillen der sonnenhaften Panzerkreuzer in die Höhe und überführten die Menschheit zur Sonne.

Vladimir Nabokov
Frühling in Fialta

Der Frühling in Fialta ist wolkig und trüb. Alles ist feucht: die scheckigen Stämme der Platanen, die Wacholdersträucher, die Geländer, der Kies. Weit entfernt erblickt man zwischen den gezackten Kanten bläulich-fahler Häuser, die sich wankend von den Knien erheben, um den Hang zu erklimmen (eine Zypresse weist ihnen den Weg), verschwommen den wässerig-verschleierten Mt. Sankt Georg, der seinem Abbild auf jenen Ansichtskarten unähnlicher denn je sieht, die seit etwa 1910 (diese Strohhüte, diese jugendlichen Droschkenkutscher!) den Touristen von ihrem traurigen Ständerkarussell aus umwerben, umgeben von Steinbrocken mit Amethystzähnen und den Konsolenträumen von Seemuscheln. Ein schwacher Geruch nach Verbranntem hängt in der Luft, die windstill ist und warm. Das Meer, dessen Salz von einer Regenlösung überspült wird, ist eher grau als bläulich-grün, und seine Wellen sind zu schwerfällig, um schäumend zu brechen.

An einem solchen Tag in den frühen dreißiger Jahren fand ich mich, alle meine Sinne weit geöffnet, in einer der steilen kleinen Straßen Fialtas und nahm alles gleichzeitig in mich auf – das maritime Rokoko in der Bude, die Korallenkruzifixe in einem Schaufenster, den verzagten Anschlag eines Wanderzirkus (eine Ecke des durchnäßten Papiers hatte sich von der Mauer gelöst) und ein gelbes Stück unreifer Apfelsinenschale auf dem alten, schieferblauen Gehsteig, der sich hier und da eine schwindende Erinnerung an ein uraltes Mosaikmuster bewahrt hatte. Ich liebe Fialta; ich liebe es, weil ich in der Höhlung dieser veilchenblauen Silben die süße, dunkle Feuchtigkeit der krumpeligsten aller kleinen Blumen spüre und weil seine Viola den Alt des Namens einer wunderschönen Stadt auf der Krim nachbildet; und auch darum liebe ich es, weil gerade in der Schlaftrunkenheit seiner feuchten Vorosterzeit etwas liegt, das der Seele besonders wohltut. So war ich denn glücklich, wieder dort zu sein, dem kleinen Bach im Rinnstein entgegen bergan zu steigen, ohne Hut, mit nassem Kopf, die Haut schon von Wärme durchtränkt, obwohl ich über dem Hemd nur einen leichten Regenmantel trug.

Ich war mit dem Capparabella-Expreß gekommen, der mit jenem leichtfertigen Schwung, welcher Eisenbahnzügen in gebirgiger Gegend eigen ist, sich donnernd Mühe gegeben hatte, während der Nacht so viele Tunnel wie möglich zu bewältigen. Einen oder zwei Tage, gerade so lange, wie es mir eine Atempause während einer Geschäftsreise erlaubte – länger gedachte ich nicht zu bleiben. Frau und Kinder hatte ich zu Hause gelassen, und sie bildeten eine Insel des Glücks, die im klaren Norden meines Wesens immerfort gegenwärtig war, die mich ständig begleitete, ja die, möchte ich sagen, durch mich hindurchtrieb, sich aber dennoch meist an der Außenseite meiner selbst hielt.

Ein Kind männlichen Geschlechts, ohne Hosen und mit einem prallen, schlammgrauen kleinen Bauch, trat unsicher von einer Türstufe und tappelte O-beinig davon, es versuchte, drei Apfelsinen auf einmal zu tragen, doch dauernd ließ es die jeweils dritte fallen, bis es selber hinfiel, worauf ein etwa zwölfjähriges Mädchen mit einer schweren Perlenkette um den dunklen Hals und einem Rock, der so lang war wie der einer Zigeunerin, prompt alle drei mit ihren geschickteren und zahlreicheren Händen fortnahm. In der Nähe, auf der nassen Terrasse eines Cafés, wischte ein Kellner die Tischplatten ab; ein melancholischer Brigant, der die Bonbon-Spezialitäten des Ortes feilbot, kunstvoll aussehende Dinger mit mondartigem Glanz, hatte einen hoffnungslos vollen Korb auf die geborstene Balustrade gestellt, über die hinweg sich die beiden unterhielten. Der Nieselregen hatte entweder aufgehört, oder Fialta hatte sich so daran gewöhnt, daß es selber nicht mehr wußte, ob es feuchte Luft oder warmen Regen atmete. Ein Engländer in Knickerbockern, einer von der soliden, exportfähigen Sorte, der sich im Gehen aus einem Gummibeutel mit dem Daumen die Pfeife stopfte, kam unter einem Bogen hervor und betrat eine Apotheke, wo große bleiche Schwämme in einem blauen Gefäß hinter dem Glas verdursteten. Wie köstlich das Wohlgefühl, das ich durch meine Adern rieseln spürte, wie dankbar antwortete alles in mir auf die Vibrationen und Emanationen dieses grauen Tages, der mit einer Frühlingsessenz gesättigt war, welcher er selber anscheinend nur langsam gewahr wurde! Meine Nerven waren nach einer schlaflosen Nacht ungewöhnlich empfänglich; ich sog alles in mich ein: den Gesang einer Drossel in den Mandelbäumen jenseits der Kapelle, den Frieden der verfallenden Häuser, den Puls der entfernten See, die im Nebel keuchte, all das und dazu das eifersüchtige Grün des Flaschenglases, welches eine Mauerkrone stachelig bewehrte, und die haltbaren Farben eines Zirkusplakats, auf dem ein federgeschmückter Indianer auf dem Rücken eines aufgebäumten Pferdes zu sehen war, der mit seinem Lasso gerade ein kühnermaßen endemisches Zebra einfing, während einige gründlich genarrte Elefanten brütend auf ihren sternenübersäten Thronen saßen.

Nach kurzer Zeit überholte mich derselbe Engländer. Während ich ihn mit dem übrigen zusammen in mich aufnahm, bemerkte ich zufällig, wie sich sein großes blaues Auge plötzlich seitwärts bewegte, den geröteten Lidwinkel zu verziehen suchte und wie er schnell die Lippen befeuchtete – wegen der Trockenheit jener Schwämme, nahm ich an; doch dann folgte ich der Richtung seines Blickes und sah Nina.

Jedesmal, wenn ich ihr im Laufe der fünfzehn Jahre unserer – nun, das genaue Wort für unsere Art der Beziehung will mir nicht einfallen – begegnet war, hatte sie mich offenbar nicht sogleich erkannt, und auch dieses Mal verharrte sie auf dem Gehsteig gegenüber einen Augenblick lang ganz still, in sympathischer Ungewißheit, in die sich Neugier mischte, halb mir zugewandt, und nur ihr gelber Schal hatte sich schon in Bewegung gesetzt, wie jene Hunde, die einen noch vor ihren Herren erkennen – und dann stieß sie einen Schrei aus, ihre Hände flogen hoch, alle ihre zehn Finger vollführten einen Tanz, und mitten auf der Straße küßte sie mich dreimal mit mehr Mund als Gefühl, allein dank der freimütigen Impulsivität alter Freundschaft (genau wie sie jedesmal, wenn wir uns trennten, schnell ein Kreuz über mir schlug), und dann ging sie neben mir her, hängte sich ein, paßte ihren Schritt dem meinen an, von ihrem engen braunen, unten an der Seite sportlich geschlitzten Rock behindert.

»Aber ja, Ferdie ist auch hier«, erwiderte sie und erkundigte sich ihrerseits sofort höflich nach Elena.

»Er muß mit Segur irgendwo herumbummeln«, fuhr sie fort und meinte wieder ihren Mann. »Und ich muß noch etwas einkaufen; wir fahren nach dem Mittagessen. Warte mal, wo bringst du mich eigentlich hin, Victor, mein Guter?«

Zurück in die Vergangenheit, zurück in die Vergangenheit, wie jedesmal, wenn ich sie traf und alles wiederholte, was sich an Handlung angesammelt hatte, von den Anfängen an bis zu dem letzten Zuwachs – genau wie in russischen Märchen das bereits Erzählte bei jeder neuen Wendung der Geschichte noch einmal zusammengefaßt wird. Dieses Mal hatten wir uns im armen und nebligen Fialta getroffen, und ich hätte die Gelegenheit nicht mit größerer Kunst feiern, hätte die Liste der früheren Dienste des Schicksals nicht mit leuchtenderen Vignetten ausschmücken können, selbst wenn ich gewußt hätte, daß dies sein letzter Dienst war; doch, der letzte – denn ich kann mir kein himmlisches Vermittlungsbüro vorstellen, das bereit wäre, dafür zu sorgen, daß ich ihr jenseits des Grabes noch einmal begegne.

Meine Eingangsszene mit Nina hatte sich vor ziemlich langer Zeit in Rußland abgespielt, um 1917, würde ich sagen, nach gewissem linken Theatergepolter hinter der Bühne zu urteilen. Es war während einer Geburtstagsfeier auf dem Landsitz meiner Tante bei Luga, in den tiefsten Falten des Winters (wie gut erinnere ich mich an das erste Anzeichen dafür, daß wir uns dem Ort näherten: eine rote Scheune in einer weißen Wildnis). Ich hatte soeben die Abschlußprüfung am Kaiserlichen Lyzeum bestanden; Nina war bereits verlobt: Obwohl sie genauso alt war wie ich und das Jahrhundert, sah sie mindestens wie zwanzig aus, und das trotz oder gerade wegen ihrer zierlichen, schlanken Figur, während sie dank eben dieser Zierlichkeit mit zweiunddreißig jünger wirkte. Ihr Verlobter war bei der Garde und hatte gerade Fronturlaub – ein gutaussehender, schwerer Mensch, unglaublich wohlerzogen und phlegmatisch, der jedes Wort auf die Waagschale des allergenauesten gesunden Menschenverstands legte und in einem samtenen Bariton sprach, der noch weicher wurde, wenn sich seine Worte an sie richteten; seine Anständigkeit und Ergebenheit gingen ihr schließlich wohl auf die Nerven; und heute ist er ein erfolgreicher, wenngleich etwas einsamer Ingenieur in einem weit entlegenen tropischen Land.

Fenster werden hell und strecken ihre leuchtende Länge über den dunklen, buckligen Schnee; zwischen ihnen bleibt Raum für den Widerschein des fächerartigen Lichtes über der Haustür. Jede der beiden Säulen zur Seite ist mit einem flaumigen Weiß überzogen, was die Linien des Bildes einigermaßen verdirbt, das sonst ein vollkommenes Exlibris für das Buch unserer beider Lebensläufe abgegeben hätte. Ich kann mich nicht entsinnen, warum wir alle aus dem hallenden Flur in die stille Dunkelheit hinausgetreten waren, die von Tannen bevölkert war, welche der Schnee zu ihrer doppelten Größe hatte anwachsen lassen; hatte der Wächter uns nahegelegt, einen düsteren roten Schein am Himmel zu besichtigen, ein schlimmes Vorzeichen kommender Brandstiftung? Möglich. Waren wir hinausgegangen, um einer Pferdestatue aus Eis Bewunderung zu zollen, die der Schweizer Hauslehrer meiner Cousins in der Nähe des Teiches geschaffen hatte? Auch das ist möglich. Mein Gedächtnis erwacht erst auf dem Rückweg zum symmetrisch erleuchteten Herrenhaus wieder zum Leben: Wir gingen im Gänsemarsch eine enge Furche zwischen Schneebänken entlang, und nur das Knirschen unserer Schritte war zu hören – der einzige Kommentar, den eine schweigsame Winternacht über menschliche Wesen abgibt. Ich war der letzte; drei knirschende Schritte vor mir ging eine kleine, gebeugte Gestalt; ernst wiesen die Tannen ihre beladenen Pfoten. Ich rutschte aus und ließ die tote Taschenlampe fallen, die mir jemand aufgezwungen hatte, sie wiederzufinden erwies sich als verteufelt schwer; und von meinem Geschimpf sogleich angelockt, drehte sich Nina, eines Spaßes gewärtig, mit einem begierigen, tiefen Lachen undeutlich nach mir um. Ich nenne sie Nina, aber noch konnte ich ihren Namen kaum wissen, noch hatten wir beide keine Zeit für irgendwelche Präliminarien gehabt. »Wer ist denn das?« fragte sie interessiert – und schon küßte ich ihren Hals, der glatt war und brennend heiß von dem langen Fuchspelz ihres Mantelkragens, welcher mir in den Weg kam, bis sie mir die Hand auf die Schulter legte und mit der ihr eigenen Freimütigkeit sanft ihre großzügigen, pflichteifrigen Lippen auf die meinen preßte.

Doch als plötzlich wie mit einer Heiterkeitsexplosion im Dunkel das Thema »Schneeballschlacht« seinen Anfang nahm, trennten wir uns, und jemand klomm – fliehend, fallend, knirschend, lachend und keuchend – auf eine Schneewehe, versuchte zu rennen und stöhnte schrecklich auf: Tiefer Schnee hatte die Amputation eines Filzstiefels bewirkt. Und bald darauf trennten wir uns alle, und jeder fuhr nach Hause, ohne daß ich mit Nina gesprochen oder irgendwelche Zukunftspläne gemacht hätte, Pläne für jene fünfzehn Jahre der Wanderschaft, die bereits auf den trüben Horizont zu gezogen waren, beladen mit den Einzelteilen unserer niemals zusammengefügten Wiedersehen. Während ich sie in dem Durcheinander der Gebärden und der Schatten von Gebärden beobachtete, aus dem der Rest des Abends bestand (wahrscheinlich Gesellschaftsspiele – und Nina beharrlich auf der gegnerischen Seite), staunte ich, wie ich mich entsinne, nicht so sehr darüber, daß sie mir nach jener Wärme im Schnee keinerlei Aufmerksamkeit schenkte, sondern viel mehr über die naive Natürlichkeit dieser Unaufmerksamkeit, denn ich wußte noch nicht, daß es nur eines Wortes von mir bedurft hätte, und schon hätte sich ihre Gleichgültigkeit in eine wundervoll aufleuchtende Freundlichkeit verwandelt, wäre sie munter und anteilnehmend zu jeglicher Mitwirkung aufgelegt gewesen, ganz als wäre die Liebe einer Frau ein Quellwasser voller gesunder Salze, von dem sie jedermann auf den leisesten Wink bereitwilligst zu trinken gab.

»Warte, wo haben wir uns zuletzt gesehen?« begann ich (zu Ninas Fialta-Version gewandt), um auf ihr kleines Gesicht mit den vorstehenden Backenknochen und den dunkelroten Lippen einen bestimmten, wohlbekannten Ausdruck zurückkehren zu sehen; und wirklich, wie sie den Kopf schüttelte und die Stirn runzelte, das schien nicht so sehr auf Vergeßlichkeit zu deuten, wie die Plattheit eines alten Scherzes zu beklagen; oder um genauer zu sein, so war es, als seien all die Städte, in denen das Schicksal unsere verschiedenen Rendezvous arrangiert hatte, ohne ihnen jemals persönlich beizuwohnen, als seien all die Bahnsteige und Treppen und dreiwändigen Zimmer und dunklen Seitenstraßen banale Szenerien, Überbleibsel irgendwelcher anderen, längst abgeschlossenen Lebensläufe, und als hätten sie so wenig mit der weiteren Darstellung unseres eigenen, ziellosen Schicksals zu tun, daß es fast schlechter Geschmack war, sie überhaupt zu erwähnen.

Ich begleitete sie in einen Laden unter den Arkaden; dort, im Zwielicht hinter einem Perlenvorhang, betastete sie ein paar Geldbeutel aus rotem Leder, die mit Seidenpapier ausgestopft waren, und spähte auf die Preisschilder, als wolle sie ihre Museumsnamen lernen. Sie wünsche, sagte sie, genau diese Form, aber in rehbraun, und als der alte Dalmatiner nach zehn Minuten fieberhafter Raschelei durch ein Wunder, das mir immer noch ein Rätsel ist, eben solch eine Rarität ausfindig gemacht hatte, da besann sich Nina, die schon drauf und dran gewesen war, mir etwas Geld aus der Hand zu nehmen, eines anderen und verließ den Laden durch die wehenden Perlen, ohne etwas gekauft zu haben.

Draußen war es so milchig trübe wie zuvor, der gleiche Geruch nach Verbranntem, der tatarische Erinnerungen weckte, kam aus den bloßen Fenstern der bleichen Häuser; ein kleiner Mückenschwarm war damit beschäftigt, über einer Mimose, die lustlos blühte und ihre

Ärmel bis auf den Boden sinken ließ, die Luft zu stopfen; zwei Arbeiter mit breitkrempigen Hüten aßen Käse und Knoblauch zu Mittag; ihre Rücken ruhten an einem Zirkusplakat, auf dem ein roter Husar und eine Art orangefarbener Tiger abgebildet waren; komisch – in der Absicht, das Tier so wild wie möglich zu machen, war der Künstler so weit gegangen, daß er schließlich von der anderen Seite zurückkam, denn das Gesicht des Tigers hatte geradezu menschliche Züge.

»*Au fond* wollte ich einen Kamm«, sagte Nina in verspäteter Reue.

Wie vertraut waren mir ihr Zögern, ihre Nachgedanken, ihre Nachgedanken zu den Nachgedanken, die die frühesten widerspiegelten, ihre kurzlebigen Kümmernisse zwischen zwei Zügen. Immer war sie gerade eingetroffen oder im Aufbruch, und es fällt mir schwer, daran zu denken, ohne daß mich die Vielzahl komplizierter Reiserouten demütigt, denen man fieberhaft folgt, nur um jene abschließende Verabredung einzuhalten, um deren Unvermeidbarkeit selbst der eingeschworenste Weltenbummler weiß. Wäre ich gezwungen, Richtern unseres irdischen Daseins ein Musterbeispiel ihrer durchschnittlichen Haltung zu unterbreiten, so würde ich sie sich vielleicht auf einen Ladentisch in Cook's Reisebüro lehnen lassen, die linke Wade über dem rechten Schienbein, während der linke Zeh auf den Fußboden trommelt, ihre spitz angewinkelten Ellbogen zusammen mit einer Handtasche, aus der die Geldstücke quellen, auf dem Ladentisch ruhen und der Angestellte, einen Bleistift in der Hand, mit ihr über den Plan eines ewigen Schlafwagens berät.

Nach dem Exodus aus Rußland sah ich sie – und das war das zweite Mal – im Haus einiger Bekannter in Berlin. Es war kurz vor meiner Hochzeit; sie hatte sich gerade von ihrem Verlobten getrennt. Als ich das Zimmer betrat, erblickte ich sie sofort, und nach einem Blick auf die anderen Gäste war mir instinktiv klar, welche der anwesenden Männer mehr von ihr wußten als ich. Sie saß in der Ecke einer Couch, die Füße angezogen, den kleinen Körper bequem zu einem Z gefaltet; neben ihren Absätzen stand schräg auf der Couch ein Aschenbecher; sie schielte zu mir herüber, hörte sich meinen Namen an, dann nahm sie ihre langstielige Zigarettenspitze aus dem Mund und sagte langsam und voller Freude: »Also daß ich gerade dich treffe …« – und sofort wurde es allen klar, bei ihr angefangen, daß wir seit langem innig miteinander befreundet waren: Zweifellos hatte sie den tatsächlichen Kuß völlig vergessen, doch dank jenem trivialen Vorkommnis erinnerte sie sich undeutlich an ein Stück warmer, wohltuender Freundschaft, die es in Wahrheit zwischen uns niemals gegeben hatte. So beruhte die ganze Form unserer Beziehung fälschlich auf einer eingebildeten Freundschaft – die nichts mit ihrem blindlings bewiesenen guten Willen zu tun hatte. Was die Worte anbetraf, die wir einander sagten, so erwies sich unsere Wiederbegegnung als völlig bedeutungslos; aber es gab keine Schranken mehr zwischen uns; und als ich an jenem Abend beim Essen zufällig neben sie zu sitzen kam, erprobte ich schamlos das Ausmaß ihrer geheimen Geduld.

Dann verschwand sie wieder; und als meine Frau und ich ein Jahr darauf meinen Bruder an den Zug nach Posen gebracht hatten und auf der anderen Seite des Bahnsteigs dem Ausgang zustrebten, erblickte ich neben einem Wagen des D-Zugs nach Paris plötzlich Nina, das Gesicht in einen Blumenstrauß gesteckt, den sie in der Hand hielt; im Kreis um sie herum stand eine Gruppe von Menschen, mit denen sie sich ohne mein Wissen angefreundet hatte und die sie anstarrten wie müßige Passanten eine Rauferei auf der Straße, ein Kind, das sich verlaufen hat, oder das Opfer eines Verkehrsunfalls. Strahlend winkte sie mir mit ihren Blumen zu; ich stellte sie Elena vor, und in der belebenden Atmosphäre eines großen Bahnhofs, wo alles bebend am Rand einer Veränderung steht und daher festgehalten und mit Liebe umgeben werden muß, genügten ein paar Worte, um zwei völlig verschiedene Frauen dahin zu bringen, sich bei ihrem nächsten Zusammentreffen bei ihren Kosenamen zu nennen. An jenem Tage wurde im blauen Schatten des Wagens nach Paris Ferdinand zum ersten Mal erwähnt: Es verursachte mir einen lächerlichen Schmerz, zu erfahren, daß sie im Begriff stand, ihn zu heiraten. Schon wurden die Türen zugeschlagen; hastig, aber andächtig küßte sie ihre Freunde, kletterte in den Gang, verschwand; und dann sah ich durch das Glas, wie sie sich in ihrem Abteil einrichtete – wir waren plötzlich vergessen, oder sie war in eine andere Welt eingegangen –, und wir alle, die Hände in den Taschen, schienen ein völlig ahnungsloses Leben zu bespitzeln, das sich dort in jenem Aquariumsdämmer bewegte, bis sie unserer gewahr wurde, erst an die Fensterscheibe trommelte, dann die Augen hob und sich an dem Fensterrahmen zu schaffen machte, als wolle sie ein Bild aufhängen; doch nichts geschah, ein Mitreisender half ihr, und sie lehnte sich heraus, hörbar und wirklich, strahlend vor Freude; neben dem unmerklich anfahrenden Wagen einherlaufend, reichte ihr einer von uns eine Zeitschrift und einen Tauchnitz-Band (sie las nur auf Reisen englische Bücher); alles entglitt mit wunderschöner Leichtigkeit, und ich hielt eine bis zur Unkenntlichkeit zerknüllte Bahnsteigkarte in der Hand, während ein Lied aus dem vergangenen Jahrhundert (wie Gerüchte behaupten, hing es mit irgendeinem Pariser Liebesdrama zusammen) mir unablässig durch den Kopf ging, Gott weiß warum aus der Musikbox des Gedächtnisses aufgetaucht, eine rührselige Romanze, die eine alte, unverheiratete Tante von mir einstmals zu singen pflegte, eine Frau mit einem Gesicht so gelb wie russisches Kirchenwachs, der die Natur indessen eine so mächtige, so hinreißend volle Stimme gegeben hatte, daß sie in der Pracht einer feurigen Wolke aufzugehen schien, sobald sie anhob:

»*On dit que tu te maries,*
 tu sais que j'en vais mourir«,

und diese Melodie, der Schmerz, das Unrecht, die vom Rhythmus hergestellte Verbindung zwischen Hymen und Tod und die Stimme der toten Sängerin selbst, welche als alleinige Eigentümerin des Liedes die Erinnerung begleitete, ließen mich für einige Stunden nach Ninas Abreise nicht zur Ruhe kommen und stiegen sogar später noch in immer größer werdenden Abständen in mir auf, wie die letzten niedrigen kleinen Wellen, die ein vorüberfahrendes Schiff an den Strand schickt und deren Anschlag immer seltener und verträumter wird, oder wie die bronzene Agonie eines vibrierenden Glockenstuhls, nachdem sich der Glöckner bereits wieder im frohen Kreis seiner Familie niedergesetzt hat. Und wiederum nach ein oder zwei Jahren hielt ich mich geschäftlich in Paris auf; und eines Morgens, auf dem Treppenabsatz eines Hotels, in dem ich einen Filmschauspieler aufgesucht hatte, sah ich sie wieder – sie trug ein graues Kostüm, wartete auf den Fahrstuhl, der sie hinunterbringen sollte, ein Schlüssel hing an ihrer Hand. »Ferdinand ist fechten gegangen«, sagte sie gesprächsweise; ihr Blick ruhte auf der unteren Hälfte meines Gesichts, als wollte sie mir etwas von den Lippen ablesen, und nach kurzem Nachdenken (ihr erotisches Verständnis hatte nicht seinesgleichen) drehte sie sich um und führte mich wiegenden Ganges auf schmalen Fußgelenken schnell den mit meerblauen Teppichen ausgelegten Flur entlang. Ein Stuhl an der Tür ihres Zimmers trug ein Tablett mit den Überresten des Frühstücks – ein honigbeschmiertes Messer, Krümel auf grauem Porzellan; doch das Zimmer war bereits aufgeräumt, und in dem plötzlichen Luftzug, den wir verursachten, wurde eine Welle mit weißen Dahlien bestickten Musselins flatternd und knatternd zwischen die empfindlichen Hälften eines französischen Fensters gesaugt, und erst, als die Tür verriegelt war, ließen sie mit einer Art wollüstigem Seufzer den Vorhang wieder los; eine Weile später trat ich auf den winzigen Gußeisenbalkon jenseits des Vorhangs hinaus und atmete einen aus welkem Ahornlaub und Benzin gemischten Geruch – der Abhub der dunstigen, blauen, morgendlichen Straße, und da ich von der wachsenden krankhaften Rührung, die meine folgenden Begegnungen mit Nina so vergällen sollte, noch nichts merkte, war ich wahrscheinlich ebenso gefaßt und unbekümmert wie sie, als ich sie vom Hotel zu irgendeinem Büro begleitete, um einen Koffer, der ihr abhanden gekommen war, wiederzufinden, und von dort aus zu dem Café, wo ihr Mann eine Sitzung mit seinem augenblicklichen Hofstaat abhielt.

Ich werde den Namen dieses Mannes, dieses französisch-ungarischen Schriftstellers nicht nennen (und die Bestandteile, die ich hier dennoch preisgebe, erscheinen in geziemender Verkleidung) … Lieber wäre es mir, mich gar nicht mit ihm zu befassen, aber ich kann nicht anders – mit Gewalt bringt er sich unter meinem Federhalter zur Geltung. Heutzutage macht er nicht mehr viel von sich reden; und das ist gut so, denn es beweist, daß ich recht tat, seinem bösen Zauber zu widerstehen, ein Frösteln mein Rückgrat entlangkriechen zu spüren, wenn dieses oder jenes neue Buch von ihm meine Hand berührte. Der Ruhm von seinesgleichen breitet sich geschwind aus, doch bald wirkt er schwer und abgestanden; und was die Literaturhistorie angeht, so wird dieser Umstand seinen Lebenslauf auf den Bindestrich zwischen zwei Daten beschränken. Hager und arrogant, jederzeit bereit, mit einem giftigen Wortspiel nach einem zu züngeln, und einen seltsam erwartungsvollen Blick in seinen mattbraunen verschleierten Augen, hatte dieser falsche Witzbold allerdings eine unwiderstehliche Wirkung auf kleine Nagetiere. Da er es in der Kunst verbaler Erfindung zur Meisterschaft gebracht hatte, war es sein besonderer Stolz, ein Wörterdrechsler zu sein, ein Titel, der ihm mehr galt als der eines Schriftstellers; ich für mein Teil konnte niemals einsehen, wozu es gut sein sollte, sich Bücher auszudenken und Dinge niederzuschreiben, die sich nicht in der einen oder anderen Form tatsächlich ereignet haben, und ich entsinne mich, wie ich einmal dem Hohn seines ermutigenden Nickens die Stirn bot und ihm sagte, daß ich, wäre ich ein Schriftsteller, allein meinem Herzen Phantasie zubilligen und mich für alles übrige auf mein Gedächtnis verlassen würde, diesen langen Sonnenuntergangsschatten der ureigenen Wahrheit.

Ich kannte seine Bücher, bevor ich ihn selbst kennenlernte; ein leichter Ekel trat bereits an die Stelle des ästhetischen Vergnügens, das ich mir noch von seinem ersten Roman bereiten ließ. Zu Beginn seiner Laufbahn war es vielleicht noch möglich gewesen, durch die Glasfenster seiner erstaunlichen Prosa irgendeine menschliche Landschaft, einen alten Garten, eine wie aus einem Traum her vertraute Baumgruppe zu erkennen … doch mit jedem neuen Buch wurden die Farben noch dichter, das Rot und das Purpur noch unheildrohender; heute kann man durch dieses heraldisch bemalte, gräßlich bunte Glas überhaupt nichts mehr sehen, und es hat den Anschein, als müßte sich die schaudernde Seele einer völligen schwarzen Leere gegenüber finden, wenn man es zerschlüge. Indessen, wie gefährlich war er in seinen besten Jahren, was verspritzte er für Gift, was für Peitschenschläge teilte er aus, sobald er provoziert wurde! Der Tornado seines vorüberziehenden Spottes ließ kahle Verwüstung zurück, eine Reihe gefällter Eichen – noch wirbelte der Staub, und der unglückselige Verfasser irgendeiner unfreundlichen Besprechung drehte sich brüllend vor Schmerz wie ein Kreisel im Sand.

Zu der Zeit, als wir uns kennenlernten, erregte sein »Passage à niveau« gerade in Paris Aufsehen; er hatte, wie man so sagt, ein Gefolge, und Nina (deren Anpassungsfähigkeit ein erstaunlicher Ersatz für die Bildung war, die ihr abging) hatte bereits die Rolle wenn nicht einer Muse, so doch wenigstens einer Seelengefährtin und klugen und feinfühligen Ratgeberin übernommen, die Ferdinands schöpferischen Konvolutionen folgte und seinen künstlerischen Geschmack getreulich teilte; denn obwohl es mehr als unwahrscheinlich ist, daß sie sich auch nur durch ein einziges seiner Bücher hindurchgequält hatte, so besaß sie doch ein übernatürliches Geschick dafür, sich die besten Stellen aus der Fachsimpelei seiner literarischen Freunde zusammenzustoppeln.

Eine Damenkapelle spielte, als wir das Café betraten; als erstes bemerkte ich in einer der Spiegelsäulen die Straußenkeule einer Harfe, dann sah ich den zusammengesetzten Tisch (bestehend aus mehreren kleinen Tischen, die man aneinandergeschoben hatte, um einen langen zu bilden), an dem, den Rücken zur Plüschwand, Ferdinand den Vorsitz führte, und seine ganze Haltung, die Stellung seiner ausgebreiteten Hände, die sämtlich ihm zugewandten Gesichter seiner Tischgenossen erinnerten mich einen Augenblick lang auf groteske, albtraumhafte Art an etwas, das mir nicht sogleich ganz klarwurde, aber als es mir nachträglich einfiel, schien mir der angedeutete Vergleich kaum weniger blasphemisch als das Wesen seiner Kunst. Er trug einen weißen Rollkragenpullover unter einer Tweedjacke; sein glänzendes Haar war von den Schläfen aus zurückgekämmt, und darüber hing Zigarettenrauch wie ein Heiligenschein; sein knochiges, pharaohaftes Gesicht verzog sich nicht: Nur die Augen wanderten bald hier-, bald dorthin, voll von trüber Genugtuung. Die zwei oder drei wahrscheinlichsten Lokale, wo naive Liebhaber montparnassischen Lebens ihn anzutreffen erwartet hätten, hatte er aufgegeben und dafür dieses durch und durch bürgerliche Etablissement zu frequentieren begonnen, seinem eigenartigen Sinn für Humor zuliebe, aufgrund dessen er auch der erbärmlichen *spécialité de la maison* ein teuflisches Vergnügen abgewann – dieser Kapelle aus einem halben Dutzend müde wirkender, verlegener Damen, die auf einem überfüllten Podium milde Harmonien ineinander verwoben und (wie er sagte) nicht wußten, wohin mit ihren mütterlichen Busen, welche in der Welt der Musik durchaus überflüssig waren. Nach jeder Nummer schüttelte ihn ein Anfall von epileptischem Applaus, von dem die Damen keine Notiz mehr nahmen und der, glaubte ich, bereits einige Zweifel bei dem Inhaber und den Stammkunden des Cafés wachgerufen hatte, Ferdinands Freunden indessen höchst amüsant vorkam. Unter diesen erinnere ich mich an einen Maler mit einem makellos kahlen, obwohl leicht abgeplatzt aussehenden Schädel, den er unter den verschiedensten Vorwänden immer wieder in seine Augen-und-Gitarre-Bilder hineinmalte; an einen Dichter, dessen besonderer Gag in seiner Fähigkeit bestand, auf Verlangen mit Hilfe von fünf Streichhölzern Adams Sündenfall darzustellen; an einen bescheidenen Geschäftsmann, der surrealistische Veröffentlichungen finanzierte (und die Apéritifs bezahlte), wenn ihm gestattet wurde, in einer Ecke Elogen auf die von ihm ausgehaltene Schauspielerin anzubringen; an einen Pianisten, der, was sein Gesicht anging, ganz präsentabel war, dessen Finger jedoch einen gräßlichen Ausdruck hatten; an einen forschen, aber sprachlich impotenten sowjetischen Schriftsteller frisch aus Moskau mit einer alten Pfeife und einer neuen Armbanduhr, der lächerlicherweise nicht die mindeste Ahnung hatte, in was für einer Gesellschaft er sich da befand, es waren noch mehrere andere Herren anwesend, die in meiner Erinnerung durcheinandergeraten sind, und zwei oder drei aus der Schar hatten ohne Zweifel intime Beziehungen zu Nina gehabt. Sie war die einzige Frau am Tisch; gebückt saß sie da, saugte eifrig an einem Strohhalm, der Spiegel ihrer Limonade sank mit einer Art kindlicher Schnelligkeit, und erst, als der letzte Tropfen gurgelnd und glucksend verschwunden war und sie den Halm mit der Zunge fortgeschoben hatte, erst dann fing ich ihren Blick auf, den ich beharrlich gesucht hatte, immer noch dem Umstand nicht ganz gewachsen, daß sie Zeit gehabt hatte, zu vergessen, was am Morgen geschehen war –

es so gründlich zu vergessen, daß sie meinen Blick mit einem ausdruckslosen, fragenden Lächeln erwiderte und sich erst nach genauerem Hinsehen plötzlich besann, was für ein Lächeln ich zur Antwort erwartete. Da die Damen ihre Instrumente wie gleichgültige Möbelstücke beiseite geschoben und das Podium zeitweise verlassen hatten, machte Ferdinand inzwischen seine Kumpane hämisch auf einen ältlichen Esser in einer entfernten Ecke des Lokals aufmerksam, der an seinem Revers wie viele Franzosen aus irgendeinem Grund ein kleines rotes Band oder etwas Ähnliches trug und dessen grauer Vollbart zusammen mit einem schmatzenden Mund ein gemütliches gelbliches Nest bildete. Die Attribute des Alters pflegten Ferdie zu erheitern.

Ich blieb nicht lange in Paris, doch diese eine Woche reichte, um zwischen ihm und mir jene falsche Vertraulichkeit einreißen zu lassen, die er einem mit soviel Talent aufzudrängen wußte. In der Folge erwies ich mich ihm sogar nützlich: Meine Firma erwarb die Filmrechte an einer seiner verständlicheren Geschichten, und er hatte seinen Spaß daran, mich mit Telegrammen zu behelligen. Die Jahre vergingen, und hin und wieder ergab es sich, daß wir uns irgendwo anstrahlten, doch ich fühlte mich nie wohl in seiner Gegenwart, und auch an jenem Tag in Fialta empfand ich dasselbe wohlbekannte Mißvergnügen, als ich erfuhr, daß er in der Nähe herumstrich; etwas jedoch heiterte mich beträchtlich auf: der Durchfall seines neuen Stückes.

Und da kam er uns auch schon entgegen, in einem absolut wasserdichten Mantel mit Gürtel und Taschenklappen, einen Fotoapparat über der Schulter, doppelte Gummisohlen an seinen Schuhen, und mit einer Unerschütterlichkeit, die komisch wirken sollte, lutschte er an einer langen Stange zuckrigen Mondgesteins, dieser Spezialität von Fialta. Neben ihm ging der schmucke, puppenhafte, rosige Segur, ein Kunstfreund und ein Dummkopf obendrein; ich habe niemals herausbekommen, wozu Ferdinand ihn benötigte; und immer noch höre ich Nina mit einer stöhnenden Zärtlichkeit, die sie auf nichts festlegte, ausrufen: »Ach, Segur, der ist so ein lieber Kerl!« Sie kamen näher; Ferdinand und ich begrüßten uns herzlich, indem wir versuchten, in unser Händeschütteln und Auf-den-Rücken-Klopfen soviel Wärme wie möglich zu legen – aus Erfahrung wußten wir, daß dies alles war, doch wir taten, als sei es nur der Auftakt; und so war es jedesmal: Nach jeder Trennung wurden beim Wiedersehen in geschäftiger Herzlichkeit und einem Durcheinander Platz nehmender Gefühle aufgeregt die Saiten gestimmt; doch dann schlossen die Platzanweiser die Türen, und niemand wurde eingelassen.

Segur beklagte sich bei mir über das Wetter, und zuerst verstand ich gar nicht, wovon er eigentlich redete; selbst wenn das feuchte, graue Gewächshausklima Fialtas »Wetter« genannt werden konnte, so lag es allem, was uns als Gesprächsgegenstand dienen konnte, ebenso fern wie etwa Ninas schlanker Ellbogen, den ich zwischen Zeigefinger und Daumen hielt, oder ein Stückchen Stanniolpapier, das jemand fallengelassen hatte und das in einiger Entfernung in der Mitte der kopfsteingepflasterten Straße glitzerte.

Zu viert gingen wir weiter, vage Einkäufe vor uns. »Meine Güte, was für ein Indianer!« rief Ferdinand plötzlich mit stürmischer Befriedigung, indem er mir einen kräftigen Rippenstoß versetzte und auf ein Plakat deutete. Ein Stück weiter, an einem Brunnen, gab er seine Zuckerstange einem einheimischen Kind, einem dunkelhäutigen Mädchen mit Perlen um den hübschen Hals; wir blieben stehen, um auf ihn zu warten: Er hatte sich hingekauert und redete auf ihre rußschwarzen gesenkten Wimpern hinab, dann holte er uns grinsend ein und machte eine jener Bemerkungen, mit denen er seine Reden zu würzen liebte. Darauf zog ein unglückseliger Gegenstand in einem Andenkenladen seine Aufmerksamkeit auf sich: eine fürchterliche Marmorimitation des Mt. Sankt Georg mit einem schwarzen Tunnel in seinem Fuß, der sich als die Öffnung eines Tintenfasses erwies, und mit einer Rinne für Federhalter, die Geleise vorstellen sollte. Mit offenem Mund, bereit herauszuprusten und ganz aus dem Häuschen vor höhnischem Triumph wendete er das staubige, hinderliche und völlig schuldlose Ding in den Händen hin und her, bezahlte ohne zu feilschen und kam immer noch offenen Munds mit dem Monstrum in der Hand heraus. Wie ein Herrscher, der sich mit Buckligen und

Zwergen umgibt, wandte er seine Zuneigung diesem oder jenem greulichen Gegenstand zu; seine Huld währte von fünf Minuten bis zu mehreren Tagen, oder sogar noch länger, wenn das Ding zufällig lebendig war.

Nina deutete sehnsüchtig an, daß es Mittagessenszeit sei, und als Ferdinand und Segur in ein Postamt gingen, ergriff ich die Gelegenheit und führte sie eilig hinweg. Immer noch frage ich mich, was sie mir eigentlich bedeutete, diese kleine dunkle Frau mit den schmalen Schultern und den »lyrischen Gliedmaßen« (um den Ausdruck zu gebrauchen, den ein gezierter Emigrantendichter geprägt hatte, einer der wenigen Männer, die ihr platonisch nachgeseufzt hatten), und noch weniger verstehe ich, welchen Zweck das Schicksal damit verfolgte, daß es uns immer wieder zusammenführte. Nach meinem Aufenthalt in Paris hatte ich sie eine ganze Zeitlang nicht gesehen, und als ich eines Tages aus dem Büro nach Hause kam, saß sie da, trank Tee mit meiner Frau und prüfte auf ihrer seidenbespannten Hand – der Ehering glänzte durch die Seide hindurch – das Gewebe irgendwelcher auf der Tauentzienstraße billig erstandenen Strümpfe. Einmal zeigte man mir ihr Bild in einer Modezeitschrift voller Herbstblätter und Handschuhe und windiger Golfplätze. An einem bestimmten Weihnachtsfest schickte sie mir eine Ansichtskarte mit Schnee und Sternen. An einem Rivierastrand entging sie hinter ihrer Sonnenbrille und ihrem Terracotta-Teint beinahe meiner Aufmerksamkeit. Als mich ein andermal eine Besorgung zur Unzeit in das Haus unbekannter Leute führte, wo gerade eine Gesellschaft gegeben wurde, erblickte ich ihren Schal und ihren Pelzmantel unter fremden Vogelscheuchen auf einem Garderobenständer. In einem Buchladen nickte sie mir aus einer Seite in einer der Geschichten ihres Mannes entgegen, aus einer Seite, auf der von einem episodischen Dienstmädchen die Rede ist und Nina gegen den Willen des Verfassers hereingeschmuggelt wird: »Ihr Gesicht«, schrieb er, »war eher ein Schnappschuß der Natur als ein genaues Porträt, so daß … als er es sich vorzustellen versuchte, nur flüchtige Eindrücke zusammenhangloser Gesichtszüge vor Augen hatte: den flaumigen Umriß ihrer *pommettes* in der Sonne, die bernsteinbraune Dunkelheit munterer Augen, ihre Lippen, zu einem freundlichen Lächeln verzogen, das immer bereit war, sich in einen feurigen Kuß zu verwandeln.«

Immer wieder tauchte sie flüchtig am Rand meines Lebens auf, ohne seinen eigentlichen Text auch nur im mindesten zu beeinflussen. An einem Sommermorgen (einem Freitag – denn die Dienstmädchen klopften im sonnenstaubigen Hof Teppiche), meine Familie war auf dem Land, döste und rauchte ich im Bett, als es wie wild klingelte – und dann stand sie in der Diele, ein unerwarteter Besuch, der (nebenbei) eine Haarnadel und (hauptsächlich) einen großen, mit Hotelschildern illustrierten Reisekoffer zurückließ, den ein netter österreichischer Junge vierzehn Tage später für sie abholte – nach ungreifbaren, aber sicheren Symptomen zu schließen, gehörte er zu der gleichen, recht kosmopolitischen Genossenschaft wie ich. Gelegentlich fiel mitten in einer Unterhaltung ihr Name, und ohne den Kopf zu wenden, lief sie die Stufen eines zufälligen Satzes hinab. Auf einer Reise in die Pyrenäen verbrachte ich eine Woche in einem Château, das Leuten gehörte, bei denen sie und Ferdinand sich gerade aufhielten, und nie werde ich meine erste Nacht dort vergessen: wie ich wartete, wie ich sicher war, daß sie aus eigenem Antrieb in mein Zimmer schleichen würde, wie sie nicht kam, und den Lärm, den Tausende von Grillen in der delirierenden Tiefe des felsigen, von Mondschein triefenden Gartens vollführten, die tollen murmelnden Bäche und meinen Kampf zwischen wohltuender südlicher Müdigkeit nach einem langen Tag der Jagd auf den Geröllhängen und dem wilden Verlangen nach ihrem heimlichen Kommen, ihrem tiefen Lachen, ihren rosa Fußgelenken über dem Schwanendaunenbesatz hochhackiger Pantoffeln; die Nacht indessen tobte weiter, ohne daß sie kam, und als ich ihr am Tag darauf im Laufe einer gemeinschaftlichen Bergwanderung von meinem Warten erzählte, faltete sie bestürzt die Hände – und taxierte sofort mit schnellem Blick, ob die Rücken Ferdinands (er gestikulierte) und seines Freundes weit genug entfernt waren. Ich erinnere mich, über halb Europa hinweg (in einer geschäftlichen Angelegenheit ihres Mannes) mit ihr telefoniert und ihre eifrige, bellende Stimme anfangs gar nicht erkannt zu haben; und ich erinnere mich, wie ich einmal von ihr träumte: Ich träumte, meine älteste Tochter käme hereingelaufen, um mir zu sagen, daß der Hausmeister in arger Bedrängnis sei – und als ich zu ihm hinunterging, sah ich Nina in tiefem Schlaf auf einem Koffer liegen, eine Rolle grober Leinwand unter dem Kopf, mit bleichen Lippen und in ein wollenes Tuch gehüllt, so wie elende Flüchtlinge auf gottverlassenen Bahnhöfen schlafen. Und was mir oder ihr in der Zwischenzeit auch zustieß, es kam nie zu irgendwelchen Aussprachen zwischen uns, da wir in den Pausen unseres Schicksals niemals aneinander dachten, so daß sich bei jedem Wiedersehen das Tempo des Lebens auf der Stelle änderte, alle seine Atome neu kombiniert wurden und wir in einem anderen, leichten Zeitmedium lebten, dessen Maß nicht die langwierigen Trennungen, sondern die wenigen Begegnungen waren, aus denen auf diese Weise künstlich ein kurzes, vermeintlich leichtfertiges Leben entstand. Und mit jeder neuen Begegnung wurde ich besorgter; nein, meine Gefühle wurden nicht aus der Bahn geworfen, nicht geisterte der Schatten der Tragödie durch unsere Freuden, meine Ehe wurde nicht in Mitleidenschaft gezogen, während auf der anderen Seite ihr in erotischer Hinsicht eklektischer Ehegatte ihre beiläufigen Affären übersah, obwohl er aus ihnen einigen Vorteil in Form angenehmer und nützlicher Beziehungen schlug. Ich wurde besorgt, weil etwas Wunderschönes, Zartes und Unwiederholbares vergeudet wurde: etwas, das ich mißbrauchte, wenn ich mir in großer Eile armselige helle Stückchen davon abbrach und dabei den bescheidenen, aber wahren Kern verschmähte, den es mir möglicherweise in einem Mitleid heischenden Wispern darbot. Ich war besorgt, weil ich schließlich Ninas Leben irgendwie doch akzeptierte, die Lügen, die Vergeblichkeit, das Kauderwelsch dieses Lebens. Obwohl es keinerlei Gefühlsdissonanz gab, fühlte ich mich verpflichtet, nach einer vernünftigen, wenn schon nicht moralischen Erklärung meines Daseins zu suchen, und das hieß, zwischen der Welt zu wählen, in der ich Modell saß für mein Porträt, mit meiner Frau, meinen kleinen Töchtern, dem Dobermannpinscher (idyllische Girlanden, ein Siegelring, ein dünner Spazierstock), zwischen dieser glücklichen, weisen und guten Welt ... und was? Bestand irgendeine praktische Chance, ein Leben gemeinsam mit Nina zu führen, ein Leben, das ich mir schwer auch nur vorzustellen vermochte, denn ich wußte, es wäre mit einer leidenschaftlichen, unerträglichen Bitterkeit durchtränkt und jeder seiner Augenblicke wäre sich einer Vergangenheit bewußt, in der es von proteischen Partnern wimmelte. Nein, das Ganze war absurd. Und war sie darüber hinaus nicht durch etwas Stärkeres als Liebe an ihren Gatten gekettet – die unerschütterliche Freundschaft zwischen zwei Strafgefangenen? Absurd! Doch was denn hätte ich mit dir anfangen sollen, Nina, wie hätte ich mich dieser aufgespeicherten Traurigkeit entledigen können, die sich als Ergebnis unserer scheinbar unbekümmerten, in Wahrheit jedoch hoffnungslosen Begegnungen angesammelt hatte?

Fialta besteht aus einer Alt- und einer Neustadt; hier und da sind Vergangenheit und Gegenwart miteinander verflochten und liegen im Kampf, um sich entweder voneinander freizumachen oder gegenseitig vollends auszustoßen; jede hat ihre eigenen Methoden: Die Neue liefert einen ehrlichen Kampf – sie importiert Palmen, richtet schmucke Reisebüros ein und bemalt die rote Fläche der Tennisplätze mit hellgelben Linien; wohingegen die heimtückische Stadt von dazumal hinter einer Ecke in Gestalt einer auf Krücken gehenden Gasse hervorkommt oder in der von Treppenstufen, die nirgendwo hinführen. Auf unserem Weg zum Hotel kamen wir an einer halbfertigen, weißen, innen mit Abfällen übersäten Villa vorbei, an deren einer Wand wieder die gleichen Elefanten auf gewaltigen, buntbemalten Trommeln saßen, ihre ungetümen Babyknie weit gespreizt; eine (bereits mit einem Bleistiftschnurrbart versehene) Kunstreiterin in ätherischem Ballettröckchen ruhte auf der breiten Kruppe eines Pferdes; und ein Clown mit Tomatennase lief über ein Drahtseil, einen Schirm balancierend, der mit jenen immer wiederkehrenden Sternen geschmückt war – eine auf vage Weise sinnbildhafte Erinnerung an die himmlische Heimat der Zirkuskünstler. Hier, in Fialtas Rivierateil, knirschte der nasse Kies luxuriöser, deutlicher war das träge Aufseufzen der See zu vernehmen. Im Hinterhof des Hotels jagte ein mit einem Messer bewaffneter

Küchenjunge hinter einem Huhn her, das wild gluckend um sein Leben lief. Ein Schuhputzer bot mir mit zahnlosem Lächeln seinen uralten Thron. Unter den Platanen standen ein Motorrad deutscher Herkunft, eine schlammbespritzte Limousine und ein gelber, langrumpfiger Icarus, der wie ein gigantischer Skarabäus aussah (»Das ist unser – Segurs, meine ich«, sagte Nina und fügte hinzu: »Warum kommst du nicht mit, Victor?« – obwohl sie sehr wohl wußte, daß ich nicht mitkommen konnte). In den Lack seiner Flügeldecken war ein Guaschbild mit Himmel und Gezweig versenkt; das Metall eines seiner bombenförmigen Scheinwerfer spiegelte einen Augenblick lang uns selbst, hagere Fußgänger aus dem Land des Films, die über die konvexe Oberfläche glitten; und dann, nach einigen Schritten, warf ich einen Blick zurück und sah sozusagen beinahe optisch voraus, was in Wirklichkeit erst etwa eine Stunde später geschah: wie die drei in Sturzhelmen einstiegen, lächelten und mir zuwinkten, durchsichtig für mich wie Gespenster, durch welche die Farbe der Welt hindurchleuchtet, und sich dann in Bewegung setzten, sich entfernten, kleiner wurden (Ninas letzter zehnfingriger Abschied); in Wirklichkeit jedoch rührte sich das Automobil, glatt und heil wie ein Ei, noch nicht von der Stelle, und Nina schritt unter meinem ausgestreckten Arm durch einen von Lorbeer flankierten Eingang, und als wir uns setzten, konnten wir durch das Fenster Ferdinand und Segur, die einen anderen Weg genommen hatten, langsam näher kommen sehen.

Auf der Veranda, wo wir unsere Mittagsmahlzeit einnahmen, befand sich niemand außer dem Engländer, der mir unlängst aufgefallen war; vor ihm warf ein hohes Glas mit einem knallroten Drink ein ovales Lichtmuster auf das Tischtuch. In seinen Augen nahm ich das gleiche blutunterlaufene Verlangen wahr, aber jetzt stand es mit Nina in keinem Zusammenhang; der gierige Blick galt nicht ihr, er war unverwandt auf die obere rechte Ecke des breiten Fensters gerichtet, neben dem er saß.

Nina hatte die Handschuhe von den kleinen, dünnen Händen gestreift und aß zum letzten Mal in ihrem Leben jene Krustentiere, für die sie eine solche Vorliebe hatte. Auch Ferdinand beschäftigte sich mit dem Essen, und ich nutzte seinen Hunger aus, ein Gespräch anzufangen, das mir einen Anschein von Macht über ihn gab: Genauer gesagt, ich erwähnte den Mißerfolg seines neuen Stückes. Nach einer kurzen Periode religiösen Umgangs, wie er gerade in Mode war, in deren Verlauf er der Gnade teilhaftig wurde und mehrere reichlich zweideutige Pilgerfahrten unternahm, die in einem entschieden skandalösen Abenteuer endeten, hatte er seinen matten Blick gen Moskau gewandt, das barbarische Moskau. Nun habe ich mich, offen gesagt, immer über die selbstgefällige Überzeugung geärgert, daß ein kleines Wellchen Bewußtseinsstrom, ein paar gesunde Obszönitäten und eine Prise Kommunismus in irgendeinem alten Spüleimer auf alchimistische Weise und ganz von allein ultramoderne Literatur ergäben; und bis man mich erschießt, werde ich darauf beharren, daß Kunst, sobald sie mit Politik in Berührung gebracht wird, unvermeidlich auf das Niveau beliebigen ideologischen Plunders herabsinkt. In Ferdinands Fall allerdings war all dies unerheblich: Die Muskeln seiner Muse waren außergewöhnlich kräftig, ganz zu schweigen von dem Umstand, daß ihm das Elend der Unterdrückten völlig egal war; doch wegen gewisser, auf dunkle Weise bösartiger Unterströmungen dieser Art war seine Kunst noch widerwärtiger geworden. Bis auf ein paar Snobs hatte kein Mensch das Stück verstanden; selber hatte ich es nicht gesehen, aber jene komplizierte kremleske Nacht, an deren unmöglichen Spiralen entlang er verschiedene Räder zerstückelter Symbole kreisen ließ, konnte ich mir gut vorstellen; und jetzt fragte ich ihn nicht ohne Schadenfreude, ob er kürzlich eine bestimmte kleine Kritik gelesen hätte.

»Kritik!« rief er. »Schöne Kritik! Jeder geleckte Affe hält es für angebracht, mir Lehren zu erteilen. Keine Ahnung zu haben von meinem Werk, ist ihr Stolz. Meine Bücher werden behutsam angefaßt, wie etwas, das in die Luft gehen könnte. Kritik! Man untersucht sie unter jedem Aspekt, nur unter dem wesentlichen nicht. Es ist, als ob ein Naturforscher, der das genus equus beschreiben will, anfinge, über Sättel oder Mme de V. zu quasseln (er nannte eine bekannte literarische Salondame, die in der Tat große Ähnlichkeit mit einem grinsenden Pferd hatte). Ich möchte auch etwas von diesem Taubenblut«, fuhr er im gleichen scharfen Ton fort, jetzt an den Kellner gewandt, der seinen Wunsch erst begriff, als er in die Richtung des Fingers mit dem langen Nagel blickte, der unmanierlich auf das Glas des Engländers deutete. Aus irgendeinem Grund erwähnte Segur Ruby Rose, die Dame, die Blumen auf ihren Busen malte, und die Unterhaltung nahm einen weniger beleidigenden Charakter an. Inzwischen kam der große Engländer plötzlich zu einem Entschluß, stieg auf einen Stuhl, trat von da auf das Fensterbrett und reckte sich, bis er die erstrebte Ecke des Fensterrahmens erreichte, wo ein kompakter, pelziger Nachtfalter saß, den er behende in eine kleine Schachtel steckte.

»… etwa wie Wouwermans Schimmel«, sagte Ferdinand in Zusammenhang mit dem, worüber er gerade mit Segur sprach.

»*Tu es très hippique ce matin*«, bemerkte letzterer.

Bald gingen sie beide telefonieren. Ferdinand hatte eine besondere Vorliebe für Ferngespräche und dazu ein besonderes Geschick, sie – egal, über welche Entfernung hin – mit freundlicher Wärme auszustatten, wenn es galt, wie zum Beispiel jetzt, eine kostenlose Übernachtung zu ergattern.

Von weit her kamen Musikgeräusche – eine Trompete, eine Zither. Nina und ich begaben uns wieder nach draußen und bummelten durch die Straßen. Offenbar hatte der Zirkus auf seinem Weg nach Fialta eine Vorausabteilung vorgeschickt: Eine Reklameprozession zog vorüber. Ihr Anfang allerdings entging uns, da sie bergauf in eine Nebenallee abgebogen war: Die vergoldete Rückwand irgendeines Gefährts entschwand, ein Mann im Burnus führte ein Kamel, vier hintereinandergehende mittelmäßige Indianer trugen an Stangen Plakate, und hinter ihnen saß dank einer Sondererlaubnis der kleine Sohn eines Touristen im Matrosenanzug andächtig auf einem winzigen Pony.

Wir kamen an einem Café vorbei, wo die Tische jetzt fast trocken, aber immer noch leer waren, der Kellner begutachtete einen gräßlichen Findling (hoffentlich adoptierte er ihn später), das absurde Tintenfaßungeheuer, das Ferdinand im Vorübergehen auf der Balustrade ausgesetzt hatte. An der nächsten Ecke zog uns eine alte steinerne Treppe an, wir stiegen hinauf, und ich blickte unverwandt auf den spitzen Winkel, den Ninas Schritt beim Hinaufsteigen bildete – sie hob ihren Rock, und seine Enge erforderte die gleiche Geste wie früher die Rocklänge; eine mir vertraute Wärme ging von ihr aus, und während ich neben ihr hinaufstieg, kam mir unser letztes Wiedersehen in den Sinn. Es war in einem Haus in Paris gewesen, viele Leute waren anwesend, und mein guter Freund Jules Darboux, im Wunsch, mir einen erlesenen ästhetischen Gefallen zu erweisen, hatte mich am Ärmel berührt und gesagt: »Darf ich dich vorstellen ...« und mich dann zu Nina geführt, die in der Ecke einer Couch saß, ihre Gestalt zu einem Z gefaltet, einen Aschenbecher neben dem Schuhabsatz; sie hatte eine lange Türkiszigarettenspitze von den Lippen genommen und freudig und langsam gerufen: »Also daß ich gerade dich treffe ...« – und dann, den ganzen Abend lang, war mir, als wolle mir das Herz zerspringen, während ich mit einem klebrigen Glas in der Faust von Gruppe zu Gruppe ging, hin und wieder aus der Ferne nach ihr Ausschau hielt (ihre Augen suchten mich nicht), einzelne Gesprächsbrocken erhaschte und mithörte, wie ein Mann zu einem anderen sagte: »Komisch, daß sie alle gleich riechen, durch jedes Parfum hindurch nach verbranntem Laub, diese dunkelhaarigen Mädchen mit den scharfen Gelenken«, und wie es oft geschieht, klammerte sich eine triviale Bemerkung über irgendeinen unbekannten Gegenstand an die eigene vertraute Erinnerung, hielt sich daran fest und krümmte sich, ein Parasit ihrer Traurigkeit.

Oben auf der Treppe angekommen, fanden wir uns auf einer Art Terrasse. Von hier aus war der zarte Umriß des taubengrauen Mt. Sankt Georg mit einem Haufen knochenweißer Flecken (irgendein kleines Dorf) auf einem seiner Hänge zu sehen; der Rauch eines unsichtbaren Zuges wellte sich um seinen runden Fuß – und verschwand plötzlich; noch weiter unten, über dem Dächergewirr, konnte man eine einsame Zypresse erkennen, die Ähnlichkeit hatte mit der feuchten, gezwirbelten schwarzen Spitze eines Tuschpinsels; zur Rechten sah man einen kleinen Teil des Meeres, das grau war und silbrige

Falten warf. Zu unseren Füßen lag ein rostiger alter Schlüssel, und an der Wand des halbverfallenen Hauses neben der Terrasse hingen immer noch irgendwelche Drahtenden ... Es kam mir in den Sinn, daß es hier einst Leben gegeben, eine Familie die Kühle der Abenddämmerung genossen hätte, daß ungeschickte Kinder im Licht einer Lampe mit Malbüchern beschäftigt gewesen wären ... Wir verweilten dort oben, als horchten wir auf irgend etwas; Nina, die höher stand als ich, legte mir eine Hand auf die Schulter und lächelte, und mit Sorgfalt, auf daß ihr Lächeln nicht knitterte, küßte sie mich. Mit unerträglicher Heftigkeit erlebte ich noch einmal (so scheint es mir wenigstens) alles, was, angefangen mit einem ähnlichen Kuß, je zwischen uns gewesen war; und ich sagte (anstelle unseres billigen, förmlichen »Du« jenes seltsam volle und bedeutungsschwere »Sie« verwendend, zu dem der Weltumsegler in jeder Hinsicht bereichert zurückkehrt): »Schauen Sie – was wäre, wenn ich Sie liebe?« Nina sah mich kurz an, ich wiederholte die Worte, ich wollte hinzusetzen ... aber etwas wie eine Fledermaus strich kurz über ihr Gesicht, ein schneller, sonderbarer, fast häßlicher Ausdruck, und sie, die in völliger Unschuld grobe Worte in den Mund nehmen konnte, wurde verlegen; auch ich war verlegen ... »Keine Sorge, ich habe nur Spaß gemacht«, sagte ich rasch und legte leicht den Arm um ihre Taille. Von irgendwoher erschien ein fester Strauß kleiner, dunkler, selbstlos duftender Veilchen in ihren Händen, und bevor sie zu ihrem Gatten und Auto zurückkehrte, standen wir noch eine kurze Weile an der Steinbrüstung, und unsere Affäre war hoffnungsloser denn je. Doch der Stein war warm wie Menschenhaut, und plötzlich verstand ich etwas, das ich gesehen hatte, ohne es zu begreifen – warum ein Stückchen Stanniolpapier auf dem Pflaster so geglitzert, warum auf einem Tischtuch der Abglanz eines Glases gezittert hatte, warum die See ein einziger Lichtschimmer war: Irgendwie hatte sich allmählich der weiße Himmel über Fialta unmerklich mit Sonnenschein gesättigt, und nun war er ganz und gar von Sonne durchdrungen, und das überströmende weiße Leuchten wurde weiter und weiter, alles löste sich darin auf, alles verschwand, alles verging, und ich stand auf dem Bahnsteig von Mlech, in der Hand eine soeben gekaufte Zeitung, aus der ich erfuhr, daß der gelbe Wagen, den ich unter den Platanen gesehen hatte, hinter Fialta einen Unfall gehabt hatte, als er in voller Geschwindigkeit in den Lastwagen eines Wanderzirkus auf dem Weg in die Stadt gerast war, einen Unfall, aus dem Ferdinand und sein Freund, diese unverwundbaren Schurken, diese Salamander des Schicksals, die glücklichen Basilisken, mit örtlichen und heilbaren Verletzungen ihrer Schuppenhaut hervorgegangen waren, während Nina trotz ihrer anhaltenden und getreulichen Versuche, es ihnen gleichzutun, sich am Ende doch als sterblich erwiesen hatte.

Marina Zwetajewa
Über Deutschland

Meine Leidenschaft, meine Heimat,
Wiege meiner Seele! Festung des Gei-
stes, die gewöhnlich für ein Gefäng-
nis der Körper gehalten wird!
Die kleine Ortschaft *Loschwitz* bei
Dresden, ich bin sechzehn Jahre alt,
in einer Pfarrersfamilie – rauche ich, trage kurzgeschnittenes Haar,
fünf Werschok hohe Absätze (ein *Luftkurort* nach dem System von
Dr. Lahmann – die ganze Ortschaft in Sandalen!) – gehe zum Ren-
dezvous mit der Statue eines Kentauren im Wald, unterscheide rote
Bete nicht von Karotten (in einer Pfarrersfamilie!), – unmöglich, alles
Abstoßende aufzuzählen!

Wie denn – wirkte ich abstoßend? Nein, sie liebten mich, nein, sie
duldeten es, nein, sie *ließen mich sein*. Bekam ich dort jemals von
irgend jemandem einen Verweis? Zumindest einen schrägen Blick?
Zumindest in Gedanken?

Das ist das Land der Freiheit. Ich bezeuge es. Das Land des höchsten Zusammenschlusses von Qualität und Qualität, von Quantität
und Qualität, von Persönlichkeit und Persönlichkeit, Unpersönlichkeit
und Persönlichkeit. Ein Land, wo das Gesetz (des Zusammenlebens)
nicht nur mit der Ausnahme rechnet, sondern sie verehrt. Denn in jedem Kontoristen schlummert ein Dichter. Denn in jedem Schneider

erwacht ein Geiger. Denn in jedem Kneipenlöwen wird auf den Ruf des Vaterlands hin ein wirklicher Löwe erwachen.

Ich weiß noch, in früher Kindheit, an der Riviera, der an Tuberkulose sterbende achtzehnjährige Deutsche Röver. Bis zu seinem achtzehnten Lebensjahr saß er in Berlin, zuerst in der Schule, dann im Kontor. Muffig, schweißig, langweilig.

Ich weiß noch, abends, angezogen von seiner deutschen Musik und meiner russischen Mutter – Mutter beherrschte un-weiblich das Klavierspiel! – zur Musik seines geheiligten Bach, im dunkelnden italienischen Zimmer, wo die Fenster wie Türen waren – lehrte er Assja* und mich die Unsterblichkeit der Seele.

Ein Stückchen Papier über der Petroleumlampe: das Papier schrumpft zusammen, verglimmt, die Hand, die es hielt – läßt los und ... – »*Die Seele fliegt!*«

Ein Stückchen Papier flog davon! Flog an die Decke, die sich natürlich auftun wird, um die Seele in den Himmel durchzulassen!

Ich hatte ein Album. Einer dreißigjährigen Frau, Mutter von zwei Kindern, ist es peinlich, ein Album zu führen, also führte Mutter welche für Assja und mich – unsere. Die ganze schwindsüchtige Genueser Küste schrieb hinein. Und da steht, zwischen Uhland, Tennyson und Nekrassow, folgende, aus der Feder eines Deutschen seltsame Wahrheit:

»*Tout passe, tout casse, tout lasse ...*«**

– mit dem durchaus deutschen – in sorgfältigen, beinahe einen Werschok großen Buchstaben geschriebenen – Zusatz: »*Excepté la satisfaction d'avoir fait son devoir.*«***

Der Deutsche Reinhardt Röver, ein vorbildlicher Kontorist, und ein nicht weniger vorbildlicher Sterbender (Fieberthermometer, Thiokol,

---

*   Meine Schwester
**   »Alles vergeht, zerbricht, ermattet ...«
*** »Ausgenommen die Genugtuung, seine Pflicht getan zu haben.«

Rückkehr nach Hause bei Sonnenuntergang) – der Deutsche Röver starb im zweiundzwanzigsten Lebensjahr zur Zeit des Karnevals in Nervi.

Sie hatten ihn schon in ein Privatquartier verlegt (in einer Pension darf man nicht sterben), in eines der oberen Zimmer eines hohen düsteren Hauses. Assja und ich brachten ihm die ersten Veilchen, Mutter – die ganze Musik ihres ungewöhnlichen Wesens.

»Wenn Sie einen ansehen, gnädige Frau, klingt's so recht wie Musik!«

Und da kommen Assja und ich eines Tages hereingestürmt mit Veilchen, *»confetti«*, den Mund voller Neuigkeiten … Die Tür steht sperrangelweit auf. – *»Herr Röver!«*

Und das erschrockene Zischen der Krankenwärterin:

*»Zitto, zitto, e morto il Signore!«**

Der geöffnete Mund, durch den die Seele entflogen war, die geschäftigen Zipfel des Kopftuchs über der sterblichen Hülle. Wir traten näher, legten die Blumen nieder, küßten ihn (»Küßt nur nicht! Auf jeden Kubikmillimeter Luft kommen Milliarden von Miasmen« – so hatten es uns alle beigebracht und nicht damit gerechnet, daß man mit acht Jahren weder Kuben, noch Millimeter, Milliarden oder Miasmen kennt – nichts, außer Kuß und Luft!)

Wir küßten ihn, standen eine Weile und gingen dann. Auf der Treppe – eine Wendeltreppe, die laut widerhallte – bekamen wir Angst: Röver jagt uns nach!

Drei Tage lang hingen Matratze, Kopfkissen und Bettlaken zum Fenster seines Sterbezimmers heraus – in Erwartung neuer Mieter. Seine Habseligkeiten (Malkasten, Fieberthermometer, einige Garnituren Wäsche, sein Lieblingsbändchen Lenau) wurden nach Hause geschickt, ins Kontor.

Und nichts blieb von dem Deutschen Reinhardt Röver – *»excepté la satisfaction d'avoir fait son devoir«.*

---

* Still, still, der gnädige Herr ist tot!

Von meinem Röver bis zum weltbekannten Novalis ist es nur ein Atemzug. »*Die Seele fliegt*« – etwas Größeres hat auch Novalis nicht gesagt. Etwas Größeres hat niemand jemals gesagt. Hierin ist sowohl Platon wie Gr. August von Platen, hierin seid ihr und alle, und *weiter gibt es nichts.*

Aus einem Kindervergnügen und einer Alben-Inschrift, aus zwei Worten: Seele und Pflicht –

Seele ist Pflicht. Pflicht der Seele ist der Flug. Pflicht ist die Seele des Flugs (ich fliege, weil ich muß) ... Mit einem Wort, so oder anders: *die Seele fliegt!*

»*Ausflug*«. Hört doch nur einmal genau hin: Flug *aus* – der Enge ... (der Stadt, des Zimmers, des Körpers, – *Genitiv*). Allsonntäglicher Ausflug *ins Grüne*, allstündlicher – *ins Blaue, Aether, heilige Luft!*

Vielleicht sage ich hier etwas ganz Ungereimtes, aber für mich ist Deutschland ein fortgesetztes Griechenland, das antike, jugendliche. Die Germanen sind seine Erben. Und ich nehme, da ich kein Griechisch kann, jenen Nektar, jene Ambrosia aus keinen anderen Händcn, aus keinem anderen Mund als dem deutschen entgegen.

Über die Jungen. Ich weiß noch, in Deutschland – ich war noch eine Halbwüchsige – in der kleinen Ortschaft »*Weißer Hirsch*« bei Dresden, wohin Vater Assja und mich geschickt hatte, damit wir bei einem Pfarrer Hauswirtschaft lernten, schaute sich ein fünfzehnjähriger, unangenehm dreister und unangenehm schüchterner rosiger Junge einmal meine Bücher an. Er sieht »*Zwischen den Rassen*« von Heinrich Mann, mit dem von meiner Hand vorangesetzten Epigraph:

Blonde enfant qui deviendra femme,
Pauvre ange qui perdra son ciel. *
(Lamartine)

---

* Blondes Kind, das Frau werden wird,
Armer Engel, der seinen Himmel verliert.

»Ist's wirklich Ihre Meinung?«

Und meine Erwiderung:

»Ja, wenn's durch einen wie Sie geschieht!«

Assja dagegen führte ein anderer Junge, auch rosig und blond, aber schon ganz und gar schüchtern und angenehm schüchtern – ein kleiner *commis*, der rührende dreizehnjährige *Christian* – feierlich wie seine Braut an der Hand. Er dachte vielleicht – sicher sogar! – gar nicht daran, aber diese Geste, in Dutzenden von Generationen (von Handlungsgehilfen!) erarbeitet, lag ihm *in der Hand*. Und der andere – der dunkelhaarige und hellaugige *Hellmuth*, dem wir zusammen mit den anderen Jungen nachts (Assja und ich waren »erwachsen«, »reich«, »frei«, sie aber *Schulbuben*, die man um 9 Uhr ins Bett jagte) das Rauchen beibrachten und Kuchen anboten und der Assja zum Abschied so lustig ins Album schrieb: »*Die Erde ist rund, und wir sind jung – wir werden uns wiedersehen!*«

Und der kleine Gymnasiast Wolodja – der so ganz anders war –, aber genauso begeistert die Höhe unserer Absätze maß – hier, im Heiligtum von Dr. Lahmann, wo sie sogar in Sandalen zur Welt kommen!

Hellmuth, Christian, kleiner Gymnasiast Wolodja! – wer von euch hat die Jahre 1914–1917 überlebt!

Ach, Macht des Bluts! Ich erinnere mich, Mutter schrieb bis an ihr Lebensende: *Thor, Rath, Theodor* – aus deutschem Patriotismus alter Zeiten, obwohl sie eine Russin war, und keineswegs aus Altersgründen, denn sie starb mit sechsunddreißig Jahren. – Ich mit meinem *Jat!*

Von Mutter habe ich Die Musik, Die Romantik und Deutschland geerbt. Einfach – Die Musik. Mein ganzes Ich.

Die Musik empfinde ich ganz eindeutig als Deutschland (so wie das Lieben – als Frankreich, die Schwermut – als Rußland.) Es gibt so ein Land – die Musik, seine Einwohner sind die Deutschen.

Rasins Perserin und Undine. Beide wurden geliebt, und beide wurden verlassen. Tod durch das Wasser. Rasins Traum (in meinen Gedichten) und der Traum des Ritters (bei *Lamotte-Fouqué* und bei Shukowskij).

Und beide: Rasin wie auch der Ritter mußten durch die Geliebte umkommen – nur kommt die Perserin mit all der Heimtücke Der Nicht-Liebenden und Persiens, sich »das Pantöffelchen holen«, Undine dagegen mit all der Hingabe Der Liebenden und Deutschlands, sich einen Kuß holen.

Treue – wie das klingt!

Die Franzosen vermochten aus ihrer *fidélité* lediglich einen *Fidèle* zu machen. (Fidelka!)

Bei Heine gibt es eine Prophezeiung über unsere Revolution:

»*... Und ich sage euch, es wird einmal ein Winter kommen, wo der ganze Schnee im Norden Blut sein wird ...*«

Überhaupt steht bei Heine Interessantes über Rußland. Über das Demokratische einer Nation. Über Peter den Großen – den regierenden Revolutionär. (Die gekrönte Revolution)

– Heine! – Ein Buch, das ich schreiben würde. Und zwar – *ohne* Archive, ohne den Luxus des persönlichen Durchdringens, einfach nur – Auge in Auge mit den sechs Bänden der fürchterlichsten deutschen Ausgabe Ende der achtziger Jahre. (Illustrierte Gedichte! Und da Heine häufig über Frauen schreibt – lauter Würste!)

Heine wird immer jedes Ereignis meines Lebens überlagern, und das nicht, weil ich ... (das Ereignis, das Leben) schwach bin, sondern weil er stark ist!

Zusammenstoßen – und, ohne sich entschuldigt zu haben, auseinandergehen –, was für eine Grobheit liegt in dieser Geste! Ich denke an Heine, der, in Paris angekommen, absichtlich angerempelt werden wollte – nur um die Entschuldigung zu hören.

In Heine herrschen Germanien und Romanien gleichzeitig nebeneinander. Ich kenne nur noch einen dieser Art – eine andere Formation, ein anderes Seelen-Thema, eine andere Größenordnung –, aber in seinem Doppelt-Beheimatetsein Heine gleich –: Romain Rolland.

Aber Romain Rolland ist, dem Hörensagen nach, Gallo-Germane, Heine – wie jeder weiß – Jude. Und damit wird das Wunder erklärbar. Ich aber hätte gern ein unerklärbares (wirkliches) Wunder: durch und durch Franzose und liebt (spürt) Deutschland wie ein Deutscher, durch und durch Deutscher und liebt (spürt) Frankreich wie ein Franzose. Ich rede nicht von Stilisierungen – die sind leicht und langweilig –, sondern von durchbrochenen Sackgassen und auseinandergeschobenen Grenzen der Geburt und des Bluts. Von organischem (nationalem) Schaffen, das nicht mit der Zoologie zusammenhängt. Mit einem Wort, daß ein Franzose ein neues Nibelungenlied schüfe, und ein Deutscher – ein neues Rolandslied.

Das »*kann*« nicht sein, das muß sein.

Die blinde Mathilde – eine Kindheitserinnerung.

In Freiburg, im Mädchenpensionat, kam jeden Sonntag eine Frau zu uns – *die blinde Mathilde*. Sie trug immer ein dunkelblaues Satinkleid – etwa fünfundvierzig Jahre alt – halbgeschlossene hellblaue Augen – gelbes Gesicht. Der Reihe nach mußte jedes Mädchen Briefe für sie schreiben und, auf eigene Kosten, frankieren. Wenn das Briefeschreiben zu Ende war, setzte sie sich zum Dank an den Flügel und sang.

Den deutschen Mädchen: »*Ich kenn ein Kätzlein wunderschön*«.

Assja und mir: »*Der rothe Sarafan*«.

Und nun die Frage: Wem hat *die blinde Mathilde* so viele Briefe geschrieben? Wer die Antwort auf diese Frage weiß, wird einen Roman schreiben.

Wie habe ich – mit Sehnsucht! bis zum Wahnsinn! – den Schwarzwald geliebt. Die goldfarbenen Täler, die widerhallenden, bedrohlich-behaglichen Wälder – gar nicht erst zu reden von den Dörfern mit ihren Aufschriften auf den Wirtshausschildern: »*Zum Adler*«, »*Zum Löwen*«. (Wenn ich ein Wirtshaus hätte, dann hieße es: »*Zum Kuckuck*«.)

Niemals werde ich die Stimme vergessen, mit der der Wirt des kleinen »*Gasthauses zum Engel*« im kleinen Schwarzwald ausrief, indem er auf das Portrait Kaiser Napoleons, das einzige im Saal, zeigte:

»*Das war ein Kerl!*«

Und nach einer Pause, die volle Genugtuung bezeugte: »*Der hat's der Welt auf die Wand gemalt, was* wollen *heißt!*«

Nach Eckermann kann ich nur noch das »*Mémorial de Sainte Hélène*« von Las Cases lesen – und wenn ich jemanden in meinem Leben beneidet habe – so nur Eckermann und Las Cases.

Seltsam. Hier der Gipfel des Glücks, dort der Gipfel des Unglücks und nach beiden Büchern dieselbe Traurigkeit – als ob Goethe ebenfalls nach Weimar *verbannt* worden wäre!

Oh, Napoleon war für Goethe (1829) schon eine Legende!
Oh, Napoleon war für Napoleon (1815) schon eine Legende!

Goethe, den die nach außen gekehrte grüne Uniform Napoleons rührt.

An Goethe stört mich seine »*Farbenlehre*«, an Napoleon stören mich alle seine Feldzüge.
(Eifersucht)

Neulich gehe ich über den Kusnezkij Most und plötzlich, auf einem Aushängeschild: »*Farbenlehre*«.
Ich erstarre.
Ich gehe näher heran: »*Fabergé**«.

In mir sind viele Seelen. Doch meine Hauptseele ist deutsch. In mir sind viele Ströme, doch mein Hauptstrom ist der Rhein. Der Anblick gotischer Buchstaben versetzt mich sogleich auf einen Turm hinauf: auf die allerhöchste Zacke! (Nicht Buchstaben, son-

---

* der berühmte Juwelier und Goldschmied

dern *Zacken*. Was für eine Pracht!) In der Deutschland-Hymne ver-
gehe ich.

Lieb Vaterland, magst ruhig sein –
Hört doch nur auf dieses »*magst*«, – wie ein Löwe – zu seinem
Löwenjungen! Das ist doch der Rhein selbst, der da spricht, Vater
Rhein! Wie kann man da nicht ruhig sein?!

Wenn man mich fragt: wer ist Ihr Lieblingsdichter, verschlucke ich
mich zuerst, dann schleudere ich gleich ein Dutzend deutscher Namen auf einmal hervor. Um sofort antworten zu können, bräuchte ich
zehn Münder, damit sie im Chor, alle auf einmal herauskämen. Der
Rangstreit unter den Dichtern in meinem Herzen ist weit grausamer
als der bei Hof. Jeder will der erste sein, denn er *ist* der erste, jeder will
der einzige sein, denn es *gibt* keinen zweiten. Heine ist meinetwegen
eifersüchtig auf Platen, Platen auf Hölderlin, Hölderlin auf Goethe,
nur Goethe ist auf niemanden eifersüchtig: ein Gott!

»Was lieben Sie an Deutschland?«
»Goethe und den Rhein.«
»Nun, und das gegenwärtige Deutschland?«
»Leidenschaftlich.«
»Wie, ohne Rücksicht *auf* …«
»Nicht nur ohne Rücksicht – *ohne es zu sehen!*«
»Sind Sie blind?«
»Sehend.«
»Sind Sie taub?«
»Absolutes Gehör.«
»Was sehen Sie denn?«
»Goethes Stirn über den Jahrtausenden.«
»Was hören Sie denn?«
»Das Rauschen des Rheins durch die Jahrtausende hin.«
»Aber da reden Sie von der Vergangenheit!«
»Von der Zukunft!«

Goethe und der Rhein haben sich noch nicht *erfüllt*. Genauer kann ich es nicht sagen.

Frankreich ist für mich zu leicht, Rußland – zu schwer, Deutschland – genau richtig. Deutschland ist ein Baum, eine Eiche, die *heilige Eiche* (Goethe! Zeus!). Deutschland ist die genau passende Hülle meines Geistes, Deutschland ist mein Leib: seine *Ströme* sind meine Hände, seine *Haine* – meine Haare, es ist ganz mein, und ich bin ganz sein!

Edelstein. – In Deutschland würde ich Brillanten lieben. *(Edelstein, Edelfrucht, Edelmann, Edelwein, Edelmuth, Edelblut …)*
　　Und auch: *Leichtblut.* Leichtes Blut. Nicht Leichtsinn, sondern Leichtblut. Und dann: *Übermuth:* Über-Kraft, Überschuß, Übermaß. *Leichtblut und Übermuth* – wie mich das wiedergibt, ohne allen verdächtigen »Leichtsinn«, ohne allen schwerfälligen »Überschuß an Lebenskraft«.
　　Leichtblut und *Übermuth* – sind das nicht all *jene* Götter? (Die einzigen.)
　　Und vor allem: das schließt nichts aus, weder Opfer noch Untergang – nur eben: ein leichtes Opfer, ein leichter Untergang!

Und »*Götterjüngling*!« Ersteht da nicht der ganze Phoebus im Kreis seiner Lieblinge?!
　　Und »*Urkraft*«, ist das nicht das ganze erwachende Chaos?!
　　Diese Vorsilbe: *Ur! Urquelle, Urkunde, Urzeit, Urnacht.*
　　Urahne, Ahne, Mutter und Kind
　　In dumpfer Stube beisammen sind …
　　Das ist doch die Ewigkeit, die da heult! Wie ein Wolf, im Ofenrohr. Jede solche *Urahne* – eine Parze.

»*Drache*« und »*Rache*« – und schon das ganze »*Nibelungenlied*«!

Deutschland ist das Land der Sonderlinge. »*Land der Sonderlinge*«. So würde ich das Buch nennen, das ich darüber schriebe (auf deutsch). *Sonderlich. Wunderlich. Sonder* und *Wunder* miteinander verwandt. Mehr noch: ohne *Sonder* – kein *Wunder*, und ohne *Wunder* – kein *Sonder*.

Oh, ich habe sie gesehen: die *Naturmenschen* mit den Haarschöpfen von Rothäuten, die Pfarrer, die in Dionysos vernarrt waren, die Pfarrfrauen, die in Chiromantie vernarrt waren, die ehrbaren alten Frauen, die sich jeden Abend nach dem Abendessen mit dem verstorbenen »Geliebten« (ihrem Mann) beratschlagten – und andere alte Frauen (die *»Märchenfrau«*), Märchenerzählerinnen aus Berufung und als Handwerk, Handwerkerinnen des Märchens. Das Märchen als Handwerk und wie ein Handwerk *nährend* – Wißt dieses Land zu schätzen.

Oh, ich habe sie gesehen! Ich kenne sie! Erzählt jemand anderem von der Vernünftigkeit und der Langweiligkeit der Deutschen! Das ist das Land der Verrückten, der vom Verstand zur höchsten Vernunft – zum Geist – Gerückten.

»Die Deutschen sind Kleinbürger …« Nein, die Deutschen sind *Bürger*. Von *Burg:* Festung. Die Deutschen sind Burgvolk, Leibeigene des Geistes.

Kleinbürger, Bürger, *bourgeois, citoyen*, bei den Deutschen ist das unteilbar eins: *Bürger*. Zum Ausdruck von Kleinbürgerlichkeit und bourgeoisem Wesen dient der Zusatz *klein: kleinbürgerlich*.

Kann es kein einzelnes Wort für den Grundzug einer ganzen Nation geben? Darüber wäre nachzudenken.

Mein ewiges *»Schwärmen«*. In Deutschland ist das in der Ordnung der Dinge, in Deutschland bin ich ganz in der Ordnung der Dinge, ein weißer Rabe unter weißen. In Deutschland bin ich eine von vielen, *beliebig*.

Eingeengt ist in Deutschland nur der Einengende, das heißt der, der sich – äußerlich – über die ihm zugewiesene Grenze hinaus, sie sei räumlich oder zeitlich, ausbreitet.

So breite ich mich zum Beispiel, wenn ich nach 10 Uhr auf meinem Zimmer Flöte spiele, über die Zeitgrenze hinaus aus, die vom menschlichen Zusammenleben festgelegt wurde, und enge damit meinen Nachbarn ein, im allergenausten Sinn beenge (verkürze) ich seinen Schlaf. – Verstehe, schweigend zu spielen!

Ich, die ich bis zu einer gewissen Leidenschaft gleichgültig gegen äußere Dinge bin, fühle mich in Deutschland ungebunden.

An Deutschland verlockt mich das Geregelte (das heißt Vereinfachte) des äußeren Lebens – das, was es in Rußland nicht gibt und niemals gab. Den Alltag haben sie hier kirre gemacht – damit man sich ihm voll und ganz unterordne.

In der Beschränkung zeigt sich erst der Meister,
Und das Gesetz nur kann uns Freiheit geben.

Kein einziger Deutscher lebt in diesem Leben, aber sein Körper ist pflichtbewußt und genau. Pflichtbewußtsein und Genauigkeit der deutschen Körper nehmt ihr für Knechtschaft der deutschen Seelen! Es gibt keine freiere Seele, keine aufrührerischere, hochmütigere! Sie sind uns Russen Brüder, aber sie sind weiser (älter?) als wir. Der Kampf ist vom Marktplatz des Alltags voll und ganz auf die Höhen des Geistes verlegt. Hier brauchen sie nichts. Daher ihre Fügsamkeit. Selbstbeschränkung *hier* für unbegrenzte Herrschaft *dort.* Sie haben keine Barrikaden, aber sie haben philosophische Systeme, die die Welt sprengen, und Gedichte, die sie wieder von neuem erschaffen. Der wahnsinnige Dichter Hölderlin übt dreißig Jahre lang unentwegt auf einem stummen Cembalo. Der Geisterseher Novalis sitzt bis ans Ende seiner Tage hinter dem Gitterfenster eines Bankschalters. Und weder fühlt sich Hölderlin durch sein Gefängnis noch Novalis durch seines – bedrückt. Sie bemerken es nicht. Sie sind frei.

Deutschland, das ist: Schraubstöcke für die Körper und elysische Gefilde – für die Seele. Ich mit meiner Maßlosigkeit brauche Schraubstöcke.

»Und was ist mit dem Krieg?«

Mit dem Krieg ist das so: nicht Alexander Blok – gegen Rainer Maria Rilke, sondern Kugel gegen Kugel. Nicht Alexander Skrjabin gegen Richard Wagner, sondern Dreadnought gegen Dreadnought. Fiele Blok – würde ich um Blok trauern (das beste Rußland), fiele Rilke –

würde ich um Rilke trauern (das beste Deutschland), und kein Sieg, er sei unser oder ihrer, könnte da trösten.

Im Völkerkrieg fühle ich *nichts*, im Bürgerkrieg – *alles*.

»Und was ist mit den deutschen Bestialitäten?«

Aber ich sprach doch vom qualitativen Deutschland, nicht vom quantitativen. Qualität, die von der Quantität erzeugt wird – das ist Bestialität. Der Mensch für sich allein ist kein Tier (es gibt keinen Grund und keinen Gegenstand). Bestialität beginnt mit Kain und Abel, mit Romulus und Remus, das heißt mit der Zahl zwei. Von dieser verhängnisvollen Zahl des ersten menschlichen Zusammenlebens an bis zur zweistelligen Zahl und weiter – ein katastrophales Anwachsen von Bestialität, die sich mit jeder weiteren Stelle vertausendfacht. (Erinnert euch an Kindheit und Schule.)

Kurz: wenn »*pour aimer il faut être deux*«*, dann um so mehr – *pour tuer**. (Adam konnte einfach die Sonne lieben, Kain brauchte, zum Mord, Abel.)

Um zu lieben, braucht es nur einen, um zu morden, braucht es einen zweiten.

Wenn Menschen, die sich langweilen, das Gesicht verlieren, werden sie zuerst zur Herde und dann zur Meute.

Wartet nur, es wird die Zeit kommen, da werdet ihr das heroische Deutschland beweinen, so wie heute das heroische zerstörte Frankreich. Heute – die Kathedrale von Reims, morgen den Kölner Dom: *die Höhen stören dieses Jahrhundert!* Das ist nicht Haß der Deutschen auf die Franzosen oder der Franzosen auf die Deutschen, das ist der Haß des Quadrats – auf die Spitze, des Platten – auf die Schärfe, der Horizontalen – auf die Vertikale.

Die Kathedrale von Reims ist für mich eine größere Wunde als für euch: in ihr *erfüllte* sich meine Johanna! – und indem ich die Kathedrale beweine, beweine ich mehr als ihr: nicht Johanna, nicht Frank-

---

* »um zu lieben, braucht es zwei«
** um zu töten

reich – das Jahrhundert der Scheiterhaufen, das abgelöst wurde vom Jahrhundert des Eisenbetons!

»Den Deutschen haben wir die Bolschewiken zu verdanken.« – »Den Deutschen haben wir den plombierten Lenin zu verdanken ...«

In diplomatischen Geschenken kenne ich mich nicht aus, aber selbst wenn es wahr sein sollte, Hand aufs Herz – wären wir an ihrer Stelle gewesen und auf diesen Gedanken gekommen – hätten wir es nicht ebenso gemacht?

Der Waggon, der Lenin brachte – ist er nicht ebenjenes trojanische Pferd?

Politik ist bekanntermaßen eine Abscheulichkeit, von ihr hat man nichts anderes zu erwarten. Eine Ethik haben – und in die Politik gehen?!

Aber ob das nun eine deutsche Abscheulichkeit ist oder eine russische – das kann ich nicht unterscheiden. Das kann überhaupt niemand unterscheiden. So wie die Internationale etwas Böses ist, so ist auch Das Böse – international.

Vous avez pris l'Alsace et la Lorraine,
Mais notre cœur, vous ne l'aurez jamais!
Vous avez cru germaniser la plaine
Mais malgré vous nous resterons français ... *

Damit bin ich aufgewachsen. (Die hochbetagten französischen Gouvernanten.) Und das ist mir genauso heilig wie die »*Wacht am Rhein*«. Und das streitet sich nicht in mir. Erhabene Übereinstimmung der Höhen.

Leidenschaft für jedes einzelne Land wie für das einzige – das ist meine Internationale. Keine dritte, sondern die ewige.

---

* Marina Zwetajewa variiert »Alsace et Lorraine« (1873) von G. Villemer und H. Nazet-Ben Tayoux:
Elsaß und Lothringen habt ihr genommen,
Unser Herz aber werdet ihr nie bekommen!
Ihr habt geglaubt, das Land zu germanisieren,
Doch euch zum Trotz werden wir französisch bleiben ...

Anna Achmatowa
Alexander Blok

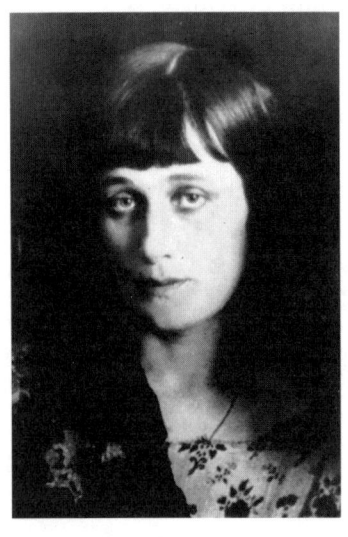

Im Herbst 1913, am Tag der Feiern
für Verhaeren, der Rußland besuch-
te, fand in Petersburg bei den Bestu-
shew-Kursen ein großer geschlosse-
ner Abend (das heißt nur für die
Kursistinnen) statt. Eine der Veran-
stalterinnen war darauf gekommen,
mich einzuladen. Ich sollte an sich Verhaeren feiern, den ich zärtlich
liebte, nicht wegen seines berühmten Urbanismus, sondern wegen eines kleinen Gedichts — »Auf einer hölzernen Brücke am Rande der
Welt«.

Ich sah die Pracht der Petersburger Restaurantfeiern vor mir, die
immer irgendwie einer Totenfeier gleichen, Frack, guter Champagner
und schlechtes Französisch, und Toaste und entschied mich für die
Kursistinnen.

Zu Gast waren an diesem Abend auch die Patronessen, die ihr Leben dem Kampf für die Gleichberechtigung der Frauen gewidmet hatten. Eine dieser Damen, die Schriftstellerin Ariadna Wladimirowna
Tyrkowa-Wergeshskaja, die mich von Kind an kannte, sagte, nachdem
ich gelesen hatte: »Ja, Anitschka hat für sich die Gleichberechtigung
erobert.«

In der Künstlergarderobe traf ich Blok.

Ich fragte ihn, warum er nicht zur Verhaeren-Feier gegangen sei. Der Dichter antwortete mit bestechender Aufrichtigkeit: »Weil man dort gebeten wird zu sprechen, und ich spreche nicht französisch.«

Eine Kursistin kam mit der Liste zu uns und sagte, daß ich nach Blok lesen würde. Ich flehte: »Alexander Alexandrowitsch, ich kann nicht nach Ihnen lesen.« Er – vorwurfsvoll – zur Antwort: »Anna Andrejewna, wir sind keine Tenöre.« Blok war zu der Zeit schon der sehr bekannte Dichter Rußlands. Ich hatte seit zwei Jahren ziemlich oft Gedichte in der »Dichterwerkstatt«, in der »Gesellschaft der Förderer des künstlerischen Wortes« und im »Turm« Wjatscheslaw Iwanows gelesen, aber hier war alles ganz anders.

So sehr die Bühne den Menschen verhüllt, so unerbittlich enthüllt ihn die Estrade. Die Estrade ist so etwas wie ein Richtplatz. Vielleicht empfand ich das damals zum erstenmal. Die Anwesenden schienen sich für den Vortragenden in eine vielköpfige Hydra zu verwandeln. Einen Saal zu beherrschen ist sehr schwer – Soschtschenko war darin genial. Auch Pasternak war gut auf der Estrade.

Niemand kannte mich, und als ich heraustrat, scholl es durch den Saal: »Wer ist das?«

Blok riet mir »Wir alle sind Trinker hier« zu lesen. Ich widersprach: »Wenn ich lese ›Ich trag meinen engen Rock‹ lachen alle.« Er antwortete: »Wenn ich lese ›Und Trinker mit den Augen von Kaninchen‹, lachen sie auch.«

Nicht dort, glaube ich, sondern auf irgendeinem literarischen Abend hörte Blok Igor Sewerjanin, kam in die Künstlergarderobe zurück und sagte: »Er hat die fettige Stimme eines Advokaten.« An einem der letzten Sonntage des Jahres 13 ging ich zu Blok, um mir in seine Ausgabe etwas schreiben zu lassen. Er schrieb in jeden Band einfach: »Für Achmatowa – Blok.« (Hier: die »Verse von der Schönen Dame«.) Aber in das dritte Buch schrieb der Dichter das mir gewidmete Madrigal: »Grausam ist Schönheit.« Nie trug ich einen spanischen Schal, in dem ich da beschrieben werde, aber zu dieser Zeit war Carmen sein Traum, und er hispanisierte auch mich. Auch die rote Rose habe ich selbstverständlich nie im Haar getragen. Es ist kein Zufall, daß dieses Gedicht in der spanischen Romancero-Strophe geschrieben ist. Und bei unserer letzten Begegnung hinter den Kulissen des Großen Dramatischen Theaters im Frühjahr 1921 kam Blok auf mich zu und fragte:»Und wo ist der spanische Schal?« Das sind die letzten Worte, die ich von ihm hörte.

Dieses eine Mal, als ich bei Blok war, erwähnte ich übrigens, daß der Dichter Benedikt Lifschiz sich darüber beklage, er, Blok,»hindere ihn durch seine bloße Existenz, Gedichte zu schreiben«. Blok lachte nicht, sondern antwortete vollkommen ernst:»Das verstehe ich. Mich hindert Lew Tolstoi am Schreiben.«

Im Sommer 1914 war ich bei meiner Mutter in Darniza bei Kiew. Anfang Juli fuhr ich über Moskau nach Hause zurück, in das Dorf Slepnjowo. In Moskau nahm ich den ersten besten Postzug. Ich rauche draußen auf der Plattform. Irgendwo, auf einer leeren Station, bremst die Lokomotive, ein Sack mit Briefen wird hinausgeworfen. Da taucht vor meinem erstaunten Blick überraschend Blok auf. Ich schreie auf:»Alexander Alexandrowitsch!« Er sieht sich um, und da er nicht nur ein großer Dichter, sondern auch ein Meister taktvoller Fragen war, fragt er:»Mit wem reisen Sie?« Ich kann noch antworten:»Allein.« Der Zug setzt sich in Bewegung.

Heute, einundfünfzig Jahre danach, schlage ich Bloks»Notizbuch« auf und lese unter dem 9. Juli 1914:»Mit Mutter besichtigten wir das Sanatorium bei Podsolnetschnaja. – Mich piesackt der Teufel. – Anna Achmatowa im Postzug.«

Blok notiert an einer anderen Stelle, ich, Delmas und E. J. Kusmina-Karawajewa hätten ihn am Telefon heimgesucht. Ich glaube, ich kann dazu gewisse Aussagen machen.

Ich rief Blok an. Alexander Alexandrowitsch fragte mit der ihm eigenen Unverblümtheit, in seiner Art laut zu denken:»Sie rufen sicher an, weil Ihnen Ariadna Wladimirowna Tyrkowa mitgeteilt hat, was ich über Sie gesagt habe.« Krank vor Neugier fuhr ich an einem ihrer Empfangstage zu Ariadna Wladimirowna und fragte, was Blok gesagt habe. Aber sie war unerbittlich: »Anitschka, ich sage meinen Gästen nie, was die anderen über sie gesagt haben.«

Bloks »Notizbuch« ist voller kleiner Geschenke, aus dem Abgrund des Vergessens holt es die halbvergessenen Ereignisse herauf und gibt ihnen ihr Datum zurück: Wieder schwimmt die Isaak-Holzbrücke lodernd zur Mündung der Newa hinunter, und ich blicke mit meinem Begleiter voller Entsetzen auf dieses nie gesehene Schauspiel, und dieser Tag hat ein Datum, das Blok festhielt – 11. Juli 1916.

Wieder treffe ich – schon nach der Revolution (21. Januar 1919) – im Eßraum des Theaters einen abgemagerten Blok, Wahnsinn in den Augen, und er sagt: »Wir treffen uns hier alle wie im Jenseits.« Und da essen wir zu dritt (Blok, Gumiljow und ich) Mittag (am 5. August 1914) auf dem Bahnhof von Zarskoje Selo in den ersten Tagen des Krieges (Gumiljow schon in Uniform). Blok besucht in diesen Tagen die Familien der Eingezogenen, um ihnen Hilfe zu bringen. Als wir allein waren, sagte Kolja zu mir: »Schickt man ihn etwa auch an die Front? Das ist doch, als ob man Nachtigallen brät.«

Und ein Vierteljahrhundert später in dem gleichen Dramatischen Theater – ein Abend zur Erinnerung an Blok (1946), und ich lese das eben geschriebene Gedicht:

> Und er hat recht. Laterne, Apotheke,
> Die Newa, Schweigen, Granit …
> Ein Denkmal des Jahrhundertanfangs
> Steht dieser Mensch dort, steht:
> Wie er dem Puschkin-Haus am Ufer
> Lebewohl zuwinkte mit der Hand
> Und dann die Mattigkeit, den Tod
> Als unverdiente Ruhe annahm.

Juri Olescha
Liompa

Der Knabe Alexander hobelte in der Küche Leisten. Die Schnittwunden an seinen Fingern überzogen sich mit goldgelben eßbaren Krusten.

Die Küche ging auf den Hof hinaus; es war Frühling, die Türen standen offen, an der Schwelle wuchs Gras, es glitzerte das über den Stein ausgegossene Wasser. Im Müllkasten zeigte sich eine Ratte. In der Küche röstete man kleingeschnittene Kartoffeln. Der Primuskocher wurde angezündet. Das Leben des Primuskochers begann glanzvoll: in einer Fackel bis zur Decke. Er verschied in einem kurzen blauen Feuerchen. Im siedenden Wasser hüpften die Eier. Ein Mieter kochte sich Krebse. Den lebenden Krebs faßte er mit zwei Fingern um die Taille. Die Krebse waren von grünlicher Farbe, Wasserrohrfarbe. Aus dem Hahn sprangen plötzlich ganz von selbst zwei, drei Tropfen. Der Hahn schneuzte sich leise. Danach wurden oben mit mehreren Stimmen die Rohre wach. Dann brach sofort die Dämmerung herein. Nur ein Glas leuchtete fort auf dem Fensterbrett. Es empfing durch die Pforte die letzten Sonnenstrahlen. Der Wasserhahn hielt Reden. Rund um den Herd begann ein vielfältiges Knistern und Sichregen.

Die Dämmerung war herrlich. Die Menschen aßen Sonnenblumenkerne, Gesang klang auf, gelbes Zimmerlicht fiel auf den Fußweg, im Licht erstrahlte hell der kleine Lebensmittelladen.

In einem der Küche benachbarten Zimmer lag der schwerkranke Ponomarjow. Er lag in dem Zimmer allein, eine Kerze brannte, ein Fläschchen mit Arznei stand über seinem Kopf, das Fläschchen zog ein Rezept hinter sich her.

Wenn Bekannte zu Ponomarjow kamen, sagte er:

»Gratuliert mir. Ich sterbe.«

Gegen Abend setzten die Fieberphantasien bei ihm ein. Das Fläschchen sah ihn an. Das Rezept dehnte sich wie eine Schleppe. Das Fläschchen war eine Herzogin im Brautschmuck. Das Fläschchen hieß »Kaisersgeburtstag«. Der Kranke phantasierte. Er wollte ein Traktat schreiben. Er unterhielt sich mit der Bettdecke.

»Du schämst dich wohl gar nicht?« flüsterte er.

Die Bettdecke saß neben ihm, sie legte sich neben ihn, sie entschwand, sie teilte Neuigkeiten mit.

Den Kranken umgaben nur wenige Dinge: die Arznei, der Löffel, das Licht, die Tapete. Die übrigen Dinge hatten sich davongemacht. Als er begriffen hatte, daß er schwer erkrankt war und sterben mußte, hatte er auch begriffen, wie groß und vielgestaltig die Welt der Dinge war und daß nur wenige in seiner Macht verblieben. Tag um Tag verringerte sich die Anzahl der Dinge. Ein so nahegelegener Gegenstand wie eine Zugfahrkarte war schon unwiederbringlich weit von ihm entfernt. Zuerst schrumpfte die Menge der Dinge an der Peripherie, weit weg von ihm; danach kam die Schrumpfung immer schneller auf das Zentrum, auf ihn, auf das Herz zu – in den Hof, ins Haus, in den Flur, ins Zimmer.

Anfangs löste das Schwinden der Dinge bei dem Kranken keine Schwermut aus.

Verschwunden waren Länder, Amerika, die Möglichkeit, schön oder reich zu sein, eine Familie (er war ledig) … Zum Verschwinden dieser Dinge hatte die Krankheit keinerlei Beziehung: sie entschlüpften in dem Maße, wie er alt wurde. Der eigentliche Schmerz kam, als ihm deutlich wurde, daß sich auch Dinge, die immer auf gleicher Stufe mit ihm standen, von ihm zu entfernen begannen. So verließen ihn an einem Tag: die Straße, der Dienst, die Post, die Pferde. Und dann war das Verschwinden neben ihm, in nächster Nähe, ungestüm im Gange: Schon war der Flur seiner Macht entglitten, und mitten im Zimmer, vor seinen Augen, endete die Bedeutung des Mantels, des Türriegels, der Schuhe. Er wußte: Der Tod auf dem Weg zu ihm vernichtet die Dinge. Aus ihrer ganzen riesigen, eitlen Menge ließ ihm der Tod nur ein paar, und das waren Dinge, die er, läge es in seiner Macht, in seinem Haushalt nie zulassen würde. Er bekam einen Schieber. Er empfing die schrecklichen Besuche und die Blicke der Bekannten. Er begriff, das er nicht fähig war, sich gegen den Einfall dieser, wie er stets geglaubt hatte, ungebetenen und unnötigen Dinge zu schützen. Doch jetzt waren sie einzig und allein da und unanfechtbar. Er hatte das Recht verloren, die Dinge auszuwählen.

Der Knabe Alexander baute ein fliegendes Modell.

Der Knabe war viel komplizierter und ernsthafter, als die anderen von ihm dachten. Er zerschnitt sich die Finger, verspritzte Blut, warf mit Spänen um sich, kleckste mit Kleister, bat um Seide, weinte, steckte Kopfnüsse ein. Die Erwachsenen glaubten sich völlig im Recht. Indessen handelte der Junge ganz erwachsen, mehr noch – er handelte so, wie nur wenige Erwachsene es können: Er handelte in voller Übereinstimmung mit der Wissenschaft. Das Modell baute er nach einer Skizze, er nahm Berechnungen vor – der Junge kannte die Gesetze. Er hätte den Angriffen der Erwachsenen den Wortlaut der Gesetze entgegenhalten können, die Vorführung der Versuche, doch er schwieg, weil er sich nicht für berechtigt hielt, ernsthafter zu scheinen als die Erwachsenen.

Rings um den Jungen lagerten Gummischnuren, Draht, Leisten, Seide, leichtes billiges Gewebe, Leimgeruch. Der Himmel funkelte, Insekten wanderten über den Stein. Im Stein versteinerte eine kleine Muschel.

Dem arbeitenden Jungen näherte sich ein anderer Junge, ein winziger, nackter, in blauer Turnhose. Er faßte die Sachen an, er störte. Alexander scheuchte ihn weg. Der nackte Gummijunge lief durchs

Haus, durch den Korridor, wo das Fahrrad stand. (Das Fahrrad war mit dem Pedal gegen die Wand gelehnt. Auf der Tapete hatte das Pedal eine Schramme gezogen. An dieser Schramme hielt sich das Fahrrad wohl an der Wand fest.)

Der kleine Junge kam zu Ponomarjow gelaufen. Der Kopf des Knirpses schimmerte fern über dem Bettrand. Der Kranke hatte bleiche Schläfen wie ein Blinder. Der Junge ging sehr nahe an den Kopf heran und betrachtete ihn. Er dachte, daß es in der Welt immer so war und ist: Der Mensch mit dem Bart liegt im Zimmer auf dem Bett. Der Knabe tat gerade die ersten Schritte beim Erkennen der Dinge. Er konnte den Unterschied im Zeitpunkt ihres Daseins noch nicht erkennen.

Er wandte sich um und begann durchs Zimmer zu wandern. Er sah die Täfelchen des Parketts, den Staub unter der Scheuerleiste, die Risse im Putz. Um ihn herum liefen Linien zusammen und auseinander, lebten Körper. Überraschend entstand ein Lichtfleck – der Junge eilte schon zu ihm, doch bevor er einen Schritt machen konnte, tilgte die Änderung der Entfernung den Brennpunkt – und der Junge schaute sich um, sah nach oben und unten, sah hinter den Ofen, suchte – und breitete fassungslos die Arme aus, als er ihn nicht fand. Jede Sekunde erschuf ihm ein neues Ding. Wunderbar war die Spinne. Die Spinne flüchtete schon bei dem Gedanken des Jungen, sie mit der Hand zu berühren.

Die entfliehenden Dinge ließen dem Sterbenden nur ihre Namen zurück.

In der Welt gab es den Apfel. Er glänzte im Laub, drehte sich ganz sacht, hielt und führte mit sich Stücke des Tags, die Bläue des Gartens, das Fensterkreuz. Das Gesetz der Anziehungskraft erwartete ihn unterm Baum, auf der schwarzen Erde, auf den Erdhäufchen. Zierliche Ameisen rannten zwischen den Hügelchen hin und her. Im Garten saß Newton. In dem Apfel regten sich insgeheim eine Menge Ursachen, die noch mehr Folgen hervorrufen konnten. Doch keine einzige dieser Ursachen war für Ponomarjow vorherbestimmt worden. Der Apfel wurde für ihn eine Abstraktion. Und dies, daß das Fleisch der Dinge vor ihm dahinschwand, die Abstraktion aber blieb, war quälend.

›Ich dachte, die äußere Welt existiert nicht‹, grübelte er, ›ich dachte, mein Auge und Ohr regieren die Dinge, ich dachte, die Welt hört auf zu sein, wenn ich aufhöre. Doch ach … ich sehe, wie sich alles von mir, dem noch Lebenden, abkehrt. Ich existiere doch noch! Weshalb existieren die Dinge denn nicht? Ich dachte, daß mein Gehirn ihnen Form, Gewicht und Farbe gab – doch ach, sie sind von mir gegangen, und nur ihre Namen – unnütze Namen, die ihre Herren verloren haben – schwirren in meinem Hirn. Was habe ich von diesen Namen?‹

Voll Schwermut sah Ponomarjow das Kind an. Es ging. Die Dinge jagten ihm entgegen. Es lächelte ihnen zu, ohne einen einzigen Namen zu kennen. Es ging fort, und die prunkvolle Schleppe der Dinge zuckte hinter ihm her.

»Hör zu«, rief der Kranke das Kind, »hör zu … Du weißt, wenn ich sterbe, bleibt nichts da. Kein Hof, kein Baum, kein Papa, keine Mama. Ich werde alles mit mir nehmen.«

In die Küche war die Ratte eingedrungen.

Ponomarjow hörte: Die Ratte schaltete und waltete, sie klapperte mit den Tellern, öffnete den Wasserhahn, raschelte im Eimer.

›Aha, sie ist Geschirrwäscherin‹, dachte Ponomarjow.

Und da kam ihm der rastlose Gedanke in den Kopf, die Ratte könne einen eigenen, den Menschen nicht bekannten Namen haben. Er begann einen solchen Namen auszudenken. Er war im Fieberwahn. In dem Maße, wie er erfand, überkam ihn immer heftiger die Angst. Er verstand, daß er, koste es, was es wolle, innehalten mußte und nicht daran denken durfte, welches der Name der Ratte war – statt dessen fuhr er fort, wissend, daß er in dem Augenblick, wenn dieser einzige, sinnlose und schreckliche Name ersonnen wäre, sterben mußte.

»Liompa!« schrie er jäh mit entsetzlicher Stimme.

Das Haus schlief. Es war früher Morgen – Anfang der sechsten Stunde. Der Knabe Alexander schlief nicht. Die Tür der Küche war zum Hof geöffnet. Die Sonne stand noch unten, irgendwo.

Der Sterbende ging durch die Küche, gebeugt in der Bauchgegend und die Arme mit schlaffen Händen vorgestreckt. Er ging, die Dinge zusammenzuraffen.

Der Knabe Alexander rannte durch den Hof. Das Modell flog vor ihm her. Es war das letzte Ding, das Ponomarjow sah.

Er nahm es nicht mit. Es flog davon.

Am Tag erschien in der Küche ein blauer Sarg mit gelben Verzierungen. Der Gummijunge sah aus dem Flur zu, die Hände auf dem Rücken verschränkt. Man mußte den Sarg lange hin- und herdrehen, um ihn durch die Tür zu bringen. Man streifte das Regal, eine Kasserolle, es rieselte Putz. Der Knabe Alexander kletterte auf den Herd und half, er stützte den Kasten von unten. Als der Sarg schließlich in den Korridor vordrang, im Nu war er schwarz geworden, lief der Gummijunge, mit den Sandalen schlappend, voraus.

»Opa, Opa!« rief er. »Sie bringen dir den Sarg.«

Michail Soschtschenko
Schwarzes Wasser

Schwarz wie Blei ist das Wasser,
In dem ewig Vergessen wohnt.

Zufällig bin ich in das Dorf gefahren, in dem ich meine Kindheit verbracht habe.

Ich hatte mir seit langem vorgenommen, dorthin zu fahren. Und siehe da, als ich die Uferstraße entlangpromenierte, entdeckte ich einen Dampfer an der Anlegestelle. Fast mechanisch stieg ich in den Dampfer und fuhr in das Dorf.

Es war das Dorf Peski an der Newa, nicht weit von Schlüsselburg. Mehr als zwanzig Jahre war ich nicht in dieser Gegend gewesen.

Der Dampfer legte beim Dorf Peski nicht an. Dort gab es keine Anlegestelle mehr. Ich überquerte die Newa im Kahn.

Ach, mit welcher Aufregung sprang ich ans Ufer! Sofort erkannte ich die kleine runde Kapelle. Sie war unversehrt. Ich erinnerte mich gleich an die Hütten von gegenüber, an die Dorfstraße und an die hohe Böschung an jener Stelle des Ufers, wo früher der Landungssteg gewesen war.

Alles erschien mir jetzt dürftig und winzig im Vergleich zu jener grandiosen Welt, die in meinem Gedächtnis erhalten geblieben war.

Ich ging die Straße lang, und alles war mir hier schmerzlich vertraut. Außer den Menschen. Keinen von denen, die mir begegneten, konnte ich wiedererkennen.

Dann kam ich in den Hof jenes Hauses, wo wir einst gewohnt hatten.

Im Hof stand eine nicht mehr ganz junge Frau. Sie hielt ein Ruder in der Hand. Eben hatte sie ein Kalb vom Hof gejagt, und nun stand sie erzürnt und erhitzt da.

Sie wollte nicht mit mir sprechen. Aber ich nannte einige Namen von Dorfbewohnern, an die ich mich noch erinnerte.

Nichts. Alle diese Namen gehörten Personen, die längst gestorben waren.

Dann nannte ich meinen Familiennamen, den meiner Eltern. Und jetzt lächelte die Frau unmerklich. Sie sagte, sie sei damals noch ein ganz junges Mädchen gewesen, sie erinnere sich aber noch ausgezeichnet an meine verstorbenen Eltern. Und dann begann sie die Namen unserer Verwandten, die hier gelebt hatten, und die unserer Bekannten herzusagen. Aber auch alle von ihr genannten Namen gehörten Personen, die schon gestorben waren.

Traurig kehrte ich zu meinem Kahn zurück.

Voller Wehmut ging ich die Dorfstraße entlang. Nur die Straße und die Häuser waren dieselben geblieben. Die Bewohner waren andere. Die von damals hatten hier wie Gäste gelebt, sie waren fortgegangen, um niemals hierher zurückzukommen. Sie waren gestorben.

Es war mir, als ob ich an diesem Tag begriffen hätte, was das Leben ist und was der Tod, und wie man leben muß.

Tieftraurig kehrte ich nach Hause zurück. Und zu Hause kam mir mein Suchen, meine Kindheit nicht einmal mehr in den Sinn. All das war mir gleichgültig geworden.

Alles schien mir im Vergleich zu jenem Bild vom kurzen Leben, das ich heute gesehen hatte, unsinnig.

Lohnt es sich denn nachzudenken, zu kämpfen, zu suchen, sich zu verteidigen? Lohnt es denn, sich in einem Leben häuslich einzurichten, das so rasend schnell vorübergeht, mit so beleidigender, ja grotesker Geschwindigkeit?

Ob es nicht besser ist, ergeben seine Zeit zu leben, wie es sich eben trifft, und dann seinen elenden Platz an die neuen Schößlinge der Erde abzutreten?

Im Nebenzimmer brach jemand in Lachen aus, als ich über diese Dinge nachdachte. Und es erschien mir seltsam und barbarisch, daß die Menschen lachen, scherzen, ja selbst, daß sie sprechen können, wenn alles so dumm, so sinnlos und so kränkend ist.

Es kam mir vor, als sei es leichter und einfacher zu sterben als gehorsam und dumpf des Schicksals zu harren, das jeden von uns ereilt. Diese Entscheidung hielt ich plötzlich für tapfer. Wie überrascht wäre ich gewesen, wenn man mir damals gesagt hätte, was ich heute weiß, daß es ganz und gar nicht tapfer, sondern im höchsten Grade infantil war. Es war diktiert von der Angst des Säuglings vor dem, was ich zu finden suchte. Es war Gegenwehr. Es war Flucht.

Ich beschloß, meine Suche einzustellen. Und über diesem Entschluß schlief ich ein.

In der Nacht schreckte ich aus einem gräßlichen Traum hoch. Meine Angst war so stark, daß ich noch immer zitterte, als ich schon längst aufgewacht war.

Ich machte Licht an und schrieb meinen Traum nieder, um am Morgen darüber nachzudenken, und sei es nur aus Neugierde.

Ich konnte jedoch nicht einschlafen und begann, über den Traum nachzusinnen.

Eigentlich war es ein sehr dummer Traum: Ein stürmischer dunkler Fluß, trübes, fast schwarzes Wasser. Im Wasser schwimmt etwas Weißes, ein Blatt Papier oder ein Lappen. Ich bin am Ufer. Ich renne, so schnell ich kann, vom Ufer weg, flüchte übers Feld … Das Feld ist aus irgendeinem Grunde blau. Jemand jagt hinter mir her und will mich schon an den Schultern packen. Seine Hand berührt mich bereits. Ich stürze vorwärts und entkomme.

Ich begann, über das Geträumte nachzugrübeln, aber ich begriff nichts davon.

Dann fiel mir ein, daß ich ja wieder das Wasser im Traum gesehen hatte. Dieses dunkle, schwarze Wasser ... Und unversehens kamen mir Verse von Blok in den Sinn:

> Alter, alter Traum. Aus Dunkelm
> Die Laternen fliehn – wohin?
> Dort – nur Wasser, schwarz und blind.
> Dort – Vergessen ewighin.

Dieser Traum glich dem meinen.

Ich floh vor dem schwarzen Wasser, vor dem »Dort – Vergessen ewighin.«

Ich begann die Träume zu rekapitulieren, in denen das Wasser eine Rolle spielte. Ich bade im stürmischen Meer. Ich kämpfe gegen die Wellen. Ich schleppe mich, bis zu den Knien im Wasser, mühsam irgendwohin. Oder ich sitze am Ufer, und das Wasser plätschert zu meinen Füßen. Oder ich gehe auf dem äußersten Rand des Kais. Und plötzlich steigt das Wasser höher und höher. Angst erfaßt mich. Ich fliehe.

Außerdem erinnerte ich mich an folgenden Traum: Ich sitze in meinem Zimmer. Auf einmal beginnt aus allen Ritzen des Fußbodens Wasser hervorzuquellen. Eine Minute noch, und das Zimmer ist ganz mit Wasser gefüllt.

Gewöhnlich wachte ich nach solchen Träumen gequält auf, krank und in schlechter seelischer Verfassung. Und meistens verstärkte sich meine Schwermut nach solchen Träumen.

Vielleicht hatten die häufigen Überschwemmungen in Leningrad meine Psyche beeinflußt? Vielleicht war noch etwas anderes mit dem Wasser verbunden?

Ich begann mir die Episoden ins Gedächtnis zurückzurufen, die ich auf der Suche nach dem unglücklichen Ereignis niedergeschrieben hatte. Ich erinnerte mich wieder an die Geschichte mit dem Ertrunkenen, die Geschichte von der Überschwemmung, die Szenen, wie ich und ein andermal meine Schwester um ein Haar ertrunken wären.

Es bestand kein Zweifel: Für mich war mit dem Wasser eine bestimmte starke Empfindung verknüpft! Aber welche?

Vielleicht fürchte ich mich überhaupt vor dem Wasser? Nein. Im Gegenteil. Ich habe das Wasser unendlich gern. Ich kann mich stundenlang am Meer berauschen. Ich reise gewöhnlich nur dahin, wo Meer, wo ein Fluß ist. Ich habe immer danach getrachtet, ein Zimmer mit Fenstern nach dem Wasser zu finden. Ich habe immer davon geträumt, irgendwo an einer Küste zu wohnen, ganz nahe am Wasser, so daß die Wellen an die Vortreppe meines Hauses schlügen.

In der Schwermut, die mich so oft heimsuchte, gaben mir das Meer oder der Fluß nicht selten meine Ruhe wieder.

Und wenn das nun nicht Liebe zum Wasser, sondern Angst vor dem Wasser ist? Wenn sich hinter dieser übertriebenen Liebe eine ehrfurchtsvolle Angst versteckt?

Vielleicht erfreue ich mich nicht am Wasser, sondern ich überwache es? Vielleicht weide ich mich daran, wenn es still ist, wenn es mich nicht gerade zu verschlingen droht?

Vielleicht beobachte ich es vom Ufer und vom Fenster meines Zimmers her? Vielleicht lasse ich mich so nahe wie möglich bei ihm nieder, um besser auf der Hut sein zu können, damit es mich nicht überrumpelt?

Vielleicht ist dies die Angst, die nicht in mein Bewußtsein vordringt, die in der unteren Etage meiner Psyche nistet, dahin verdrängt von der Logik, von der Kontrolle des Verstandes?

Ich mußte lachen, so komisch war es und wohl offenbar auch so zutreffend.

Es gab keinen Zweifel. Die Angst vor dem Wasser wohnte in meinem Verstand. Aber sie war deformiert. Sie sah nicht so aus, wie sie uns vertraut ist.

Dann glaubte ich meinen Traum verstanden zu haben. Er bezog sich zweifellos auf die Säuglingszeit. Um ihn zu begreifen, mußte man sich von den gewohnten Vorstellungen lösen, mußte man in den Bildern des Säuglings denken, mit seinen Augen sehen.

Natürlich nicht absolut in seinen Bildern, dafür waren sie zweifellos zu arm. Sie veränderten sich zugleich mit der Entwicklung. Doch ihr Symbolwert blieb offenbar der frühere.

Der trübe, stürmische Fluß ist die Wanne oder der Zuber mit dem Wasser. Das blaue Ufer ist die Decke. Der weiße Lappen die Windel, die im Zuber geblieben ist. Das Kind ist aus dem Wasser geholt worden, in dem man es gebadet hat. Das Kind ist »gerettet«. Doch die drohende Gefahr ist geblieben.

Wieder brach ich in Lachen aus. Es war komisch, aber doch glaubwürdig. Es war naiv, aber durchaus wahrscheinlich.

Wie konnte es dazu kommen? Alle Säuglinge werden gebadet. Alle Kinder werden ins Wasser getaucht. Und es bleibt keine Angst zurück. Warum war ich dann so erschreckt worden?

Das Wasser kann also nicht die eigentliche Ursache gewesen sein, überlegte ich. Also hat es noch andere angsterregende Momente gegeben, die mit dem Wasser in Verbindung standen.

Ich erinnerte mich dabei an das Prinzip der bedingten Reflexe. Ein Reizerreger konnte zwei Herde erregen, denn zwischen ihnen konnte eine bedingte Nervenverbindung zustande gekommen sein.

Das Wasser, in das ich getaucht wurde, hätte nicht von allein eine solche hochgradige Unruhe, wie sie tatsächlich vorhanden war, bewirken können. Also mußte das Wasser mit etwas anderem bedingt verbunden sein. Demnach war es keine Angst vor dem Wasser, sondern eine Angst, die das Wasser hervorrief, weil es durch Nervenverbindungen mit einer bestimmten zusätzlichen Gefahr verknüpft war. So kompliziert war das Problem also, und daher konnte das Wasser mir Angst einjagen. Aber womit war das Wasser verknüpft? Was war das für ein »Gift«, das es mit sich führte? Worin bestand der unglückselige zweite Reizerreger, der die Kombination einer so heftigen Antwort »zündete«?

Ich hatte vorläufig noch keinerlei Vermutung, worum es sich bei der zweiten Reizursache, dem zweiten Erregungsherd handeln konnte, dem die ersten Verbindungen so eindeutig zustrebten.

Übrigens war diese Reizursache in ebendiesem Traum zum Teil schon erkennbar. Die Welt des Säuglings ist arm, die Anzahl der Dinge ist auf das Geringste beschränkt. Die Reizerreger sind wenig zahlreich. Doch meine Unerfahrenheit erlaubte mir nicht, diese zweite Ursache sofort zu finden.

Das Rätsel war noch nicht gelöst, aber die Schlüssel zu ihm lagen in meinen Händen.

Später zeigte sich, daß ich im Wesentlichen recht hatte. Ich täuschte mich nur in der Anzahl der Erregungsherde – es waren nicht zwei, sondern mehrere. Und sie waren durch das komplizierteste Netz bedingter Verbindungen miteinander verflochten.

Die Kombination der ausgebildeten Erregungsherde gab die jeweilige Antwort.

Das Prinzip der bedingten Reflexe beruht darauf, daß die Nervenverbindungen zeitweiligen Charakter haben. Damit sie überhaupt entstehen und sich festigen, ist die mehrmalige Wiederholung der Versuche notwendig. Ohne diese erlöschen sie oder verschwinden völlig.

Aber wie denn? Das Wasser war im gegebenen Fall ein hervorragend geeigneter und ständig wiederkehrender Reizerreger im Leben des Säuglings. Die häufige Wiederholung war unumstritten. Noch wußte ich nicht, welcher Art die zweite Reizquelle war, doch war es mir klar, daß sich ihre bedingte Verbindung mit dem Wasser festigen konnte.

Später aber, mit der Entwicklung des Kindes, mußte diese Verbindung doch verschwinden. Die Wiederholung konnte ja nicht ewig währen. Wenn es das Kind und der Jüngling schon nicht schafften, so würde endlich der reife Mann die unrichtige, fehlgeleitete Verbindung zerreißen können. Und daß sie unrichtig und irrig war, das war offenkundig.

Die geistige Entwicklung kämpft in der Tat gegen unwahre, falsche, unlogische Vorstellungen. Das Kind aber konnte in seiner Entwicklung auf andere, logischere Beweisgründe für die Gefährlichkeit dessen, was es fürchtete, stoßen.

Wieder begann ich meine Erinnerungen, die mit dem Wasser in Verbindung standen, gründlich anzusehen.

Beweise für die Gefährlichkeit des Wassers gab es auf Schritt und Tritt.

Im Wasser ertrinken Menschen. Ich kann ertrinken. Das Wasser überflutet die Stadt. Man stürzt sich ins Wasser, wenn man sterben will.

Was für schwerwiegende Beweise für die Gefährlichkeit des Wassers!

Zweifellos konnte das Kind dadurch eingeschüchtert werden. Dies konnte ein Beweis sein, daß seine Säuglingsvorstellung richtig war.

Diese in ihrer Art »falschen« Beweise konnten mich das ganze Leben hindurch begleiten. Ganz gewiß war es auch so. Das Wasser bewahrte die Elemente der Abschreckung und nährte die Kindesangst. Die entstandenen zeitweiligen Verbindungen mit dem Wasser konnten nicht verschwinden, sondern wurden immer stärker und fester.

Die geistige Entwicklung des Menschen zerstört also die zeitweiligen Verbindungen nicht, sie baut sie nur um und bringt die falschen Beweise auf das jeweils von ihr erreichte Niveau. Und vielleicht findet sie diese Beweise übereifrig heraus, ohne sie besonders zu kontrollieren, denn sie vertragen sich, da sie auf einen kranken Boden fallen, auch ohne Überprüfung gut mit der Logik.

Diese falschen Beweisgründe verschmelzen nicht selten mit echten Beweisen. Das Wasser ist wirklich gefährlich. Doch der Neurotiker nimmt diese Gefahr nicht als solche wahr, und er reagiert auf diese Gefahr auch nicht so, wie er es im Normalfalle tun müßte.

☆

Wenn es aber so war, wenn das Wasser ein Element der Ängstigung, einer der Reizerreger in der Kombination meiner Psychoneurose war, was für ein trauriges und mitleiderregendes Bild tat sich dann vor meinen Augen auf!

Mit Wasser hatte man mich ja gerade behandelt. Ausgerechnet mit Wasser hatte man versucht, mich von der Schwermut zu befreien.

Von innen und außen war mir das Wasser verschrieben worden. Ich war in Wannen gesetzt, in nasse Laken gewickelt worden, man hatte mir Duschen verordnet. Und andauernd wurde ich zum Reisen und zum Baden ans Meer geschickt.

Mein Gott! Schon von dieser Behandlung allein konnte man schwermütig werden.

Diese Behandlung konnte den Konflikt verstärken und eine ausweglose Lage schaffen.

Und das Wasser war ja nur ein Teil des Unglücks, der geringste vielleicht.

Die Heilbehandlung schuf übrigens keine ausweglose Lage. Ich konnte ihr aus dem Wege gehen und handelte auch dementsprechend. Ich ließ mich nicht mehr behandeln. Ich dachte mir dazu die absurde Theorie aus, der Mensch müsse, um vollkommen gesund zu werden, ständig und ununterbrochen arbeiten. Ich hörte auf, in Kurorte zu fahren, da ich es für einen entbehrlichen Luxus hielt.

So befreite ich mich von der Behandlung.

Dem ständigen Zusammenprall mit dem, was mir Schrecken einjagte, konnte ich nicht entgehen. Die Angst verschwand nicht.

Aber diese Angst wurde mir nicht bewußt. Von ihrem Dasein wußte ich nichts, weil sie in die untere Etage meiner Psyche verdrängt war.

Die Wächter meines Verstandes ließen sie nicht in Freiheit. Sie hatte nur nachts das Recht hervorzukommen, wenn mein Bewußtsein nicht seine Kontrollfunktion ausübte.

Diese Angst führte ein Nachtleben, sie lebte in den Traumbildern. Am Tage aber, beim Zusammenstoß mit dem Angstauslöser, tauchte sie nur als mittelbares Bild auf, mit unverständlichen Symptomen, die jeden Arzt um den Verstand bringen konnten.

Wir wissen, was Angst ist, wir kennen ihre Wirkung auf unsere Körperfunktionen. Wir kennen ihre Abwehrreflexe. Sie beruhen auf dem Bestreben, die Gefahr zu meiden.

Die Angstsymptome sind verschiedenartig. Sie hängen von der Stärke der Angst ab. Sie äußern sich in einer Verengung der Blutgefäße, in Darmkrämpfen, in krampfhafter Muskelkontraktion, in Herzklopfen usw. Im äußersten Fall ruft die Angst eine totale oder teilweise Paralyse hervor.

Gerade solche Symptome rief die unbewußte Angst, die ich durchlebte, hervor. Sie bestanden mehr oder weniger in Herzanfällen, Atemnot, Krämpfen, krampfhaften Muskelzuckungen.

Es waren vorwiegend Angstsymptome. Die chronische Gegenwärtigkeit der Angst störte die normalen Körperfunktionen, sie brachte stabile Hemmungen hervor, führte zu chronischen Unpäßlichkeiten.

Diesen Symptomen lag eine »Zweckmäßigkeit« zugrunde: Sie verbauten mir den Weg zur »Gefahr«, sie bereiteten die Flucht vor.

Das Tier, das der Gefahr nicht fliehen kann, stellt sich tot.

Auch ich stellte mich zuweilen tot, krank, schwach, wenn es unmöglich war, vor der »Gefahr« davonzulaufen.

All das war die Antwort auf einen von außen empfangenen Reiz. Es war eine komplizierte Antwort, denn die bedingten Nervenverbindungen waren, wie wir im folgenden sehen werden, überaus kompliziert.

Man kann sich vorstellen, daß ein Kind so handelt, wenn es der Gefahr ausweichen möchte. Doch wie handelt der Erwachsene?

Wie reagierte ich? Kämpfte ich tatsächlich nicht gegen diesen Unsinn an? Rettete ich mich wirklich nur durch Flucht? War ich tatsächlich nur ein unglückliches, von jedem Zufall getriebenes Stäubchen?

Nein, ich kämpfte, ich verteidigte mich gegen dieses unwillkürliche Elend. Und die Verteidigung entsprach meinem jeweiligen Entwicklungsstand. In den Kinderjahren lief mein Verhalten hauptsächlich auf Flucht und gewissermaßen auf den Wunsch hinaus, das Wasser zu bezwingen, es mir »anzueignen«. Ich versuchte schwimmen zu lernen. Doch es gelang mir nicht. Die Angst hielt mich hartnäckig in ihren Fängen.

Erst als junger Mann, nachdem ich die Angst bezwungen hatte, lernte ich schwimmen.

Dies war der erste und wohl einzige Sieg. Ich erinnere mich, wie stolz ich darauf war.

Auch weiterhin lenkte mich mein Bewußtsein von diesem Kampf nicht ab. Es führte mich im Gegenteil zu ihm hin. Jedesmal war ich begierig, meinem mächtigen Gegner so schnell wie möglich zu begegnen, um noch einmal die Kräfte mit ihm zu messen.

Eben dieser Widerspruch maskierte meine Angst.

Ich habe niemals die Dampfer gemieden, ich bin keiner Seefahrt ausgewichen. Meiner Angst zum Trotz bin ich wie absichtlich in diesen Zweikampf gegangen. Mein Bewußtsein hatte kein Bedürfnis danach, Niederlagen oder gar Feigheit einzugestehen.

Ich erinnere mich an einen Zwischenfall an der Front. Ich führte ein Bataillon in Stellung. Vor uns tauchte ein Fluß auf. Einen Moment lang war ich bestürzt. Der Übergang war nicht schwer, aber trotzdem sandte ich Kundschafter nach beiden Seiten aus, die eine noch leichtere Übergangsstelle suchen sollten. Ich schickte sie in der heimlichen Hoffnung aus, daß sie einen ausgetrockneten Weg durch das Flußbett fänden.

Es war zu Beginn des Sommers, und es konnte keine solchen Wege geben.

Ich war nur einen Augenblick in Verlegenheit. Dann befahl ich, die

Kundschafter zurückzurufen. Und ich führte das Bataillon durch den Fluß.

Ich erinnere mich an meine Erregung, als wir ins Wasser einsanken. Ich erinnere mich an das Herzklopfen, das ich nur mit Mühe unterdrückte.

Es erwies sich, daß ich richtig vorgegangen war. Alle Übergänge glichen einander. Und ich war glücklich, nicht gezögert, sondern entschlossen gehandelt zu haben.

Ich war also kein blindes Werkzeug in den Händen meiner Angst. Mein Verhalten war immer von Pflicht, Gewissen, Bewußtsein diktiert gewesen. Aber der Konflikt, der hierbei nicht selten auftrat, verursachte mir Übelkeitszustände.

Die Angst wirkte außerhalb meines Verstandes. Die stürmische Antwort auf den empfangenen Reiz stand außerhalb meines Bewußtseins. Doch die Krankheitssymptome waren allzu augenscheinlich. Von ihrer Herkunft wußte ich nichts. Die Ärzte fixierten sie in grobem Überschlag als Neurosen, die durch Überanstrengung und Ermüdung hervorgerufen worden seien.

Obwohl ich die Ungleichheit der Kräfte fühlte, setzte ich den Kampf gegen die unbewußte Angst fort. Doch wie merkwürdig war dieser Kampf! Was für seltsame Wege mußte ich finden, um zu einem fragwürdigen Sieg zu gelangen!

Der dreißigjährige Mann wollte sich durch das Studium des Wassers von der Angst befreien. Der Kampf begann im Bereich der wissenschaftlichen Erkenntnisse.

Das überraschte um so mehr, als das Bewußtsein an diesem Kampf teilnahm. Es ist mir nicht ganz verständlich, wie sich diese Bahnen herausgebildet haben. Dem Bewußtsein waren die Mechanismen des Unglücks nicht bekannt, vielleicht fiel die Wahl deshalb auf den Weg, der im allgemeinen richtig sein mochte, im gegebenen Fall aber untauglich, ja sogar lächerlich war.

Alle meine Hefte und Notizbüchlein begannen sich mit Angaben über das Wasser zu füllen.

Diese Hefte liegen jetzt vor mir. Lächelnd sehe ich sie durch. Hier sind Aufzeichnungen über die stärksten Stürme und Überschwemmungen in der Welt. Hier sind detaillierte Angaben über die Tiefen der Meere und Ozeane. Hier finden sich Mitteilungen über die stürmischsten Gewässer. Über felsige Küsten, denen kein Schiff sich nähern kann. Über Wasserfälle.

Da sind Nachrichten von Ertrunkenen und von ersten Rettungsversuchen.

Da ist eine Eintragung mit rotem Stift unterstrichen:

»71% der Erdoberfläche sind von Wasser bedeckt, nur 29% sind Festland.«

Eine tragische Notiz! Mit Rotstift ist hinzugefügt:

»3/4 des Erdballs sind Wasser.«

Da gibt es andere tragische Notizen, aus denen man ersehen kann, wieviel Prozent Wasser im Körper der Menschen, der Tiere, der Pflanzen enthalten sind:

»Fische – 70-80 %, Medusen – 96 %, Kartoffeln – 75 %, Knochen – 50 % ...«

Was für eine ungeheure Arbeit steckt darin! Und wie sinnlos war sie!

Ein ganzes Heft ist vollgeschrieben mit Angaben über die Winde. Es ist verständlich: Wind ist die Ursache der Überschwemmungen, Grundlage der Stürme und Orkane.

Hier eine Probe aus der Eintragung:

»3 Meter pro Sekunde – die Blätter rascheln;

10 Meter pro Sekunde – große Zweige schwanken;

20 Meter pro Sekunde – starker Wind;

30 Meter pro Sekunde – Sturm;

35 Meter pro Sekunde – Sturm, der in Orkan übergeht;

40 Meter pro Sekunde – Orkan, der Häuser zerstört.«

Darunter die Information: »tai – außerordentlich, fun – Wind, Taifun im Jahr 1892 (Insel Mauritius) – 45 Meter pro Sekunde.«

Und hier ist noch ein Heft über die Überschwemmungen in Leningrad.

Zuerst lächelte ich, als ich die Hefte durchblätterte. Dann verwandelte sich mein Lächeln in ein Gefühl der Qual. So tragisch war also der Kampf. Einen so »intellektuellen« und zugleich so barbarischen Weg hatte das Bewußtsein gefunden, um sich mit Hilfe von Kenntnissen den Gegner zu »unterwerfen«, die Angst zu vernichten und den Sieg zu erringen.

Der Weg, der hier gefunden war, erwies sich als tragisch. Er entsprach meiner geistigen Entwicklung.

Dieser Weg hat auch in meiner Literatur Niederschlag gefunden.

Doch muß ich folgende Einschränkung machen: Ich will keineswegs sagen, daß dieser Weg – die Angst und der Wunsch, sie zu vernichten – mein Leben und alle meine Schritte, mein Verhalten, meine Melancholie, meine literarischen Absichten vorbestimmt habe.

Keineswegs. Mein Verhalten wäre ganz genauso gewesen, hätte es die Angst nicht gegeben. Aber sie komplizierte die Schritte und vermehrte das Unwohlsein. Die Angst verstärkte die Melancholie, die infolge von Umständen, welche in gleichem Maße auf alle Menschen zutrafen, auch ohne sie vorhanden war.

Die Angst bestimmte die Wege nicht vorher, aber sie war in der komplizierten Summe der Kräfte, die auf den Menschen wirkten, einer der Summanden.

Es wäre ein Fehler, diesen Summanden nicht zu berücksichtigen. Aber es wäre ein noch größerer Fehler, diesen Summanden als die Summe anzusehen, als etwas, das einzig und allein auf den Menschen wirkt.

Nur durch eine komplizierte Rechnung wurde die Frage gelöst.

Wir erkannten diese Kompliziertheit an meinem Verhalten. Der Grundantrieb meines Verhaltens war nicht die Angst, es waren andere Kräfte – Pflicht, Vernunft, Gewissen. Es zeigte sich, daß diese Kräfte bedeutend höher standen als die niedrigen, gemeinen Kräfte.

Mein Verhalten war im wesentlichen vernünftig. Die Angst führte mich nicht wie einen Blinden an der Hand. Aber sie wohnte in mir, sie störte die richtige Arbeit meines Körpers, sie zwang ihn, »Gefahren« zu meiden, wenn höhere Gefühle oder Verpflichtungen ausgeschaltet waren.

Dieser allgemeine Druck wirkte hauptsächlich auf mein physisches Befinden.

Mein Bewußtsein war gewillt, die Angst auszumerzen. Die geistige Entwicklung führte auf den Weg der Wissenschaft. Auch die Berufserfahrung des Literaten griff in diesen Kampf ein. Unter vielen Themen, die mich beschäftigten, war auch ein Thema, das mit dem Wasser zu tun hatte. Zu diesem Thema hatte ich eine besondere Neigung.

Ein halbes Jahr brachte ich über den Materialien von Epron zu, indem ich die Geschichte vom Untergang des »Schwarzen Prinzen« studierte.

Während der Arbeit an diesem Buch untersuchte ich sorgfältig alles, was damit zusammenhing. Ich fuhr an den Ort der Arbeiten, beschäftigte mich mit dem Tauchen, sammelte Literatur über alle Erfindungen auf diesem Gebiet.

Unmittelbar nachdem ich das Buch »Der schwarze Prinz« beendet hatte, ging ich daran, Material über den Untergang des Unterseeboots »55« zu sammeln. Dieses Buch habe ich nicht abgeschlossen. Das Thema beschäftigte mich nicht mehr, weil ich damals eine vernünftigere Art des Kampfes gefunden hatte.

Über das Studium des Wassers mit allen seinen Eigenschaften wollte ich mich also von dem Unglück, von der unbewußten Angst befreien; diese Angst betraf gar nicht das Wasser. Aber das Wasser rief sie hervor, denn es war mit einem anderen angstauslösenden Moment bedingt verbunden.

Der Kampf gegen die Angst, ich wiederhole es, stimmte mit meiner geistigen Entwicklung überein.

Was für ein tragischer Kampf war das! Wieviel Kummer und Niederlagen verhieß er mir! Welche Schläge hatte mein armer Körper zu gewärtigen!

Wie kann es denn aber Unglück geben, das sich von hoher Bewußtheit herleitet?

Einstweilen kann nur von einem Verstand gesprochen werden, dem es an Kenntnissen mangelt. Von dem kleinen unglücklichen Wilden, der einen Bergpfad erklimmt, kaum beleuchtet von den ersten Strahlen der Morgensonne.

Und so waren die ersten Schritte auf der Suche nach dem unglückseligen Vorfall getan.

Er hatte sich bei der ersten Bekanntschaft mit der Umwelt ereignet. In der Dämmerung, vor Tagesanbruch, vor Aufgang der Sonne.

Es war nicht einmal ein Vorfall. Es war ein Irrtum, ein unglücklicher Zufall, eine überraschende Kombination von Zufällen.

Dieser Zufall schuf falsche, krankhafte Vorstellungen von einigen Dingen, darunter vom Wasser.

Es war ein Drama, in dem meine Schuld nicht größer war als die Qual.

Aber dieses Drama ist noch nicht endgültig entschlüsselt.

»Zerhackt ward nur die Schlange,

nicht getötet,

Sie heilt und bleibt dieselb'…«

Man mußte die bedingten Nervenverbindungen finden, die vom Wasser zu jenem Unbekannten führten, zu dem vielleicht noch Schrecklicheren. Ohne dieses wäre das Wasser kein Gegenstand des Grauens.

Und so schritt ich im Bewußtsein meiner Kraft voran auf der Suche nach dem unglücklichen Vorfall.

SISYPHOS

Maxim Gorki
In Moskau

Am 26. Oktober liefen in Moskau
Gerüchte um von einer Schlacht in
den Straßen Petrograds, von fünfundsiebzigtausend Toten, von der
Zerstörung des Winterpalais bis auf
die Grundmauern, von zahllosen Plünderungen und Feuersbrünsten.

Der Russe liebt die Greuel wie ein Kind die Märchen und hat mehr
als einmal bewiesen und wird es auch noch öfter beweisen, daß er
fähig ist, solche Greuel selbst zu begehen. Aber die furchtbaren Gerüchte von Petersburg waren sogar für ihn kaum glaubhaft:

»Fünfundsiebzigtausend! Unsinn!«

Da er fühlte, wie sehr übertrieben wurde, zeigte er keine außerge-
wöhnliche Besorgnis.

Am 27. Oktober fielen gegen Mitternacht in der Nähe der Thea-
terpassage die ersten Schüsse; am Theater des Arbeiterrats wurde ein
verwundeter Soldat vorbeigeführt; das Gerücht verbreitete sich, man
schieße auf die Fähnriche, die in den Kreml zogen, um seine Bewa-
chung zu übernehmen. Man konnte nicht feststellen, wer geschossen
hatte, wahrscheinlich waren es jene ›Menschenjäger‹, die von der verworrenen Zeit und der russischen ›Tollkühnheit‹ zu Hunderten hervorgebracht wurden. Nach einigen Minuten gaben dieselben Helden
von einer Straßenecke aus sieben Revolverschüsse auf zwei Drosch-

kenkutscher ab, die in der Furkasowskaja-Straße standen; dies wurde dem Sowjet gemeldet, und die Soldaten, die man hinschickte, verhafteten einige der ›Franktireurs‹.

Die ganze Nacht hindurch wurde geschossen; die Milizsoldaten schossen aus Angst und die Rowdys zum Vergnügen; am Morgen knallte es überall in Moskau; in die Gewehrschüsse mischte sich das abscheuliche Knattern der Maschinengewehre; aufgescheuchte Dohlen schrien wütend; es klang, als zerrisse ein verrottetes Gewebe …

Das alles aber störte den normalen Ablauf des Lebens noch nicht: Die Gymnasiastinnen und Gymnasiasten gingen in ihre Schulen, die Bürger gingen spazieren, vor den Geschäften standen ›Schlangen‹, Dutzende neugieriger Zuschauer drängten sich an den Straßenecken zusammen und versuchten zu erraten, wo gerade geschossen wurde. Die Welt scheint wirklich zum Vergnügen der Tagediebe erschaffen zu sein! Am Denkmal des ersten russischen Buchdruckers steht eine dichte Menschenmenge von mindestens fünfhundert Personen, die ruhig der Schießerei auf dem Theaterplatz zuhören und dazu ihr Urteil abgeben:

»Vom Strastnoj-Kloster haben sie die Kuppel heruntergeschossen.«

»Jetzt schießen sie aufs ›Metropol‹.«

Das sind Menschen, die niemals etwas begreifen, für die jedes Ereignis, und sei es noch so tragisch, nur ein Schauspiel ist.

Plötzlich wird einer von ihnen durch eine Kugel am Fuß verletzt. Sofort umringen ihn etwa hundertfünfzig Menschen, führen ihn zum Polomnyj-Tor, schauen ihm neugierig ins Gesicht und fragen:

»Tut's weh?«

»Halb so schlimm, der Knochen ist scheint's heil.«

Selbstverständlich entwickelt auch dieser menschliche Abfall eigene Aktivität, die natürlich wie immer den Weg des geringsten Widerstandes einschlägt; die Menschen sind nun einmal so erzogen; die ganze russische Geschichte hat sich in dieser Linie entwickelt.

Plötzlich taucht vor der Menge ein Soldat auf, der offenbar vor

Angst den Kopf verloren hat. Er kniet nieder, zielt und schießt auf einen wehrlosen Fähnrich.

Die Menge, die den Schuß nicht verhindern konnte, stürzt sich auf den Soldaten, packt ihn und reißt ihn in Stücke. Ich bin überzeugt, daß die Menge auseinandergestoben wäre, wenn sie nicht einen, sondern drei Soldaten vor sich gehabt hätte.

Die Schießerei nimmt weiter zu, die Kugeln fliegen dicht und gefährlich nah vorbei; auf der Straße erscheinen Patrouillen, die die Zuschauer sehr besorgt zu überreden versuchen:

»Bitte, Genossen Bürger, geht auseinander! Seht ihr denn nicht, was hier vorgeht? Jeden Moment kann etwas passieren, so eine dumme Kugel kann jemanden töten oder verwunden. Wir bitten euch...«

Die Zuschauer gehen langsam auseinander, manche erkundigen sich bei den Patrouillen:

»Zu wem gehört ihr? Zur Duma oder zu den Sowjets?«

»Wir gehören zu niemandem. Ordnung muß sein, geht bitte auseinander...«

Unmittelbar darauf beginnen die Soldaten, die ›zu niemandem gehören‹, an einer Straßenecke aufeinander zu schießen; sie schießen nur ungern; ihre revolutionäre Pflicht, möglichst viele Leichen zu machen, erfüllen sie anscheinend gegen ihren Willen.

Mit jeder Stunde wird es deutlicher, daß der Aufstand nicht nach einem bestimmten ›strategischen‹ Plan abläuft, sondern daß die Aufständischen nach eigenem Gutdünken handeln, ›aufs Geratewohl‹ und ›wie's Gott einem gerade eingibt‹. Ein Teil der Soldaten marschiert in Richtung Kreml, wo sich die Fähnriche festgesetzt haben, die anderen vom Stadtzentrum durch die Mjasnizkaja zur Telefonzentrale und zum Hauptpostamt, durch die Pokrowka und durch die Nikitskaja zum Arbat, zur Alexander-Offiziersschule und zum Sadowaja-Boulevard.

In der Mjasnizkaja schießen Soldaten an einer Straßenecke in eine der Nebengassen. Irgendein Mann in Zivil will unbedingt dort hinein, man läßt ihn nicht passieren und redet ihm gut zu:

»Sie werden erschossen, Genosse! Dort sitzen welche…«

»Ist denn nicht das ganze Viertel in eurer Hand?«

»Woher wissen Sie das?«

Der Zivilist muß aber unbedingt in diese Gasse, die Soldaten lassen ihn nach langem Verhandeln passieren und bitten ihn mit naivem Lächeln:

»Genosse, zeigen Sie uns mit den Fingern, wie viele es sind!«

Der Zivilist lehnt den Auftrag ab, geht in die Gasse hinein und sieht, wie auf einem Hof hinter einem eisernen Torgitter neun Soldaten eine Barrikade aus Kisten und Fässern errichten; der zehnte sitzt an einer Mauer und verbindet mit finsterer Miene seinen blutüberströmten Fuß.

»Gegen wen kämpft ihr?«

»Dort hinter der Ecke sind sie.«

»Das sind doch sicher eure eigenen Leute, Sowjets?«

»Wie? Unsere? Sie haben eben gerade einen Mann verwundet…«

Der Zivilist überredet die Soldaten, mit den Gegnern zu verhandeln, übernimmt die Rolle des Unterhändlers und begibt sich in Begleitung eines Soldaten in die Mjasnickaja. Es stellt sich heraus, daß sich Soldaten ein und desselben Regiments beschossen hatten, und nun beginnt ein typisch russischer Dialog:

»Teufel, seid ihr denn blind?«

»Und ihr?«

»Wir haben euch für Fähnriche gehalten!«

»Wir euch auch.«

Der Krieg hört zur allgemeinen Freude auf. Man bittet den Zivilisten um Zigaretten und gibt ihm freundliche Ratschläge mit auf den Weg:

»Genosse, gehen Sie nicht dorthin. Sie hören doch, daß dort geschossen wird.«

Es hat zweifellos viele solcher ›Versehen‹ gegeben, und sicherlich haben Dutzende von Soldaten mit dem Leben dafür bezahlen müssen.

In den ersten Tagen glich die Stadt einem Blätterteig: eine Schicht ›Unsrige‹, eine Schicht ›Feinde‹, dann wieder eine Schicht ›Unsrige‹ und eine Schicht ›Feinde‹. In den winkligen, engen Moskauer Gassen wurde von vorn, hinten und allen Seiten völlig sinnlos geschossen; nachts kamen solche Schießereien zwischen Angehörigen gleicher Gruppen besonders häufig vor, und in den finsteren, von keiner Laterne erleuchteten Gassen herrschte das Grauen des Todes.

Um den Kreml herum stehen Sowjet-Truppen, auf dem Trubnaja-Platz erobert ein kleiner Trupp Fähnriche einen mit Gewehren beladenen Lastwagen und nimmt die dazugehörige Rote Garde gefangen. Man erzählt sich, im Stabe der Aufständischen sei ein Stoßtrupp von 110 Soldaten erschienen:

»Haben sich hier bei euch irgendwo Fähnriche festgesetzt? Gebt uns Gewehre, wir säubern das Nest!«

Man gab ihnen Gewehre, aber sie schlossen sich den Fähnrichen an, und durch dieses ›Versehen‹ wurde das Gemetzel natürlich noch viel schlimmer.

Erstaunlich war das herzliche Verhältnis der Soldaten zu den Bürgern, die sich auf die Straße gewagt hatten, um ›ein wenig zuzuschauen‹.

Es war zum Verzweifeln und schrecklich mit anzusehen, wie ein hungriger, kotbespritzter Proletarier im grauen Soldatenmantel sein Leben aufs Spiel setzte und sich bemühte, einen sauber gekleideten, neugierigen ›Bourgeois‹ zu überreden:

»Bürger, wo wollen Sie denn hin? Dort wird doch geschossen. Da kann man leicht eine abkriegen. Wir können keine Verantwortung übernehmen!«

»Ich war schon drei Tage nicht mehr auf der Straße!«

»Wer weiß, was alles passieren kann! Jetzt kann man nicht spazierengehen …«

Man möchte diese Leute fragen:

»Gegen wen kämpft ihr eigentlich, wenn ihr so sehr um das Leben eurer ›Klassenfeinde‹ besorgt seid?«

Fragt man sie aber, dann antworten sie:

»Gegen die Fähnriche, weil sie gegen das Volk sind ...«

Dieselben gutmütigen, abgehetzten und gequälten Menschen töten aber mit unmenschlicher Grausamkeit verwundete Fähnriche, indem sie ihnen mit Gewehrkolben die Schädel zertrümmern; dieselben Soldaten geben auf eine Menge, die in einer Gasse einen Laden plündert, drei Salven ab, und zurückbleiben etwa zwanzig Tote und Verwundete. Dann aber helfen sie dem Ladenbesitzer, die zerbrochenen Fenster und Türen mit Brettern zu vernageln.

Diese Menschen sind entsetzlich. Einerseits sind sie zu Heldentaten fähig, opfern sich auf, handeln uneigennützig, andererseits begehen sie die schamlosesten Verbrechen und die gemeinsten Vergewaltigungen.

Man haßt und bemitleidet sie von ganzem Herzen und fühlt, daß man nicht die Kraft hat, das Glimmen und Aufleuchten der Seele des eigenen Volkes zu verstehen.

Kanonen dröhnen: der Kreml wird von den Sperlingsbergen aus beschossen. Ein Mann, der wie ein verkleideter Soldat aussieht, sagt verächtlich:

»Diese Idioten schießen mit Schrapnells! Das ist ein Glück, sonst würden sie den ganzen Kreml zusammenschießen.«

Er erklärt seinen aufmerksamen Zuhörern ausführlich, in welchen Fällen es vorteilhaft ist, die Menschen mit Schrapnells zu vernichten, und wann man mit ›Brisanzgeschossen operieren‹ muß.

»Aber diese Narren schießen mit Schrapnells mit zu früher Zündung! Das ist zwecklos und dumm ...«

Jemand wendet etwas unsicher ein:

»Vielleicht schießen sie absichtlich so, weil sie den Leuten nur Angst einjagen und niemanden umbringen wollen?«

»Warum?«

»Aus Humanität?«

»Was weiß man bei uns schon von Humanität«, entgegnet der Fachmann für Mordtechnik ruhig.

Über die nassen Dächer fliegen Dohlen, die abscheulich krächzen; Maschinengewehre knattern; irgendwo in der Nähe fährt und schießt ein Panzerfahrzeug; ununterbrochen knallen Gewehre und Revolver. Man hat den Eindruck, als hätten sich Tausende von Menschen zu einem riesigen Haufen zusammengedrängt und als schlügen sie einander tot, als kämpfe jeder gegen jeden. Da rast ein Lastwagen vorbei, vollgestopft mit bewaffneten Männern. Sie schießen in die Luft, offensichtlich um ihren ›revolutionären Geist zu heben‹ und nicht daran zu denken, was sie tun.

Runde, ekelhafte Schrapnellkugeln prasseln wie ein Hagel auf die eisernen Dächer und fallen auf das Straßenpflaster; die Zuschauer wollen sich diese Kugeln ›zum Andenken‹ aufheben und kriechen im Schmutz umher.

In der Nähe des Kremls sind einige Häuserwände von Geschossen durchlöchert; in diesen Häusern sind wahrscheinlich Dutzende völlig unschuldiger Menschen umgekommen. Die Geschosse flogen völlig sinnlos umher; ebenso sinnlos war dieses ganze sechs Tage dauernde Gemetzel und die Zerstörung Moskaus.

Das Moskauer Gemetzel war im Grunde genommen ein grauenhafter, blutiger Kindermord. Auf der einen Seite blutjunge Rotgardisten, die nicht einmal wußten, wie man ein Gewehr hält, und Soldaten, die nicht wußten, warum sie in den Tod gingen und weshalb sie töteten; auf der anderen Seite ein verschwindend kleiner Haufen Fähnriche, die mutig ihre ›Pflicht‹ erfüllten, wie man es ihnen beigebracht hatte.

Es ist natürlich eine unverschämte Lüge, daß alle Fähnriche ›Söhne von Bourgeois und Gutsbesitzern‹ sind und daher ausgerottet werden müssen: Diese Lüge stammt von politischen Abenteurern und wildgewordenen Dogmatikern. Wenn die Zugehörigkeit zu einer bestimmten Klasse für das Verhalten der Menschen entscheidend wäre, dann müßte der Simbirsker Edelmann Uljanow-Lenin in den Reihen der russischen Großgrundbesitzer neben Purischkewitsch stehen, und Bronstejn-Trotzki den Beruf eines Handlungsreisenden ausüben.

In diesem verfluchten Land ist das Los der Jugend entsetzlich! Seit den sechziger Jahren hat unsere Jugend immer wieder versucht, die Mauern der Autokratie zu durchbrechen; fünfzig Jahre wurde die russische Jugend in Gefängnissen, Zuchthäusern und in der Verbannung vernichtet; heute haben wir das tragische Resultat dieser ›Politik‹ vor Augen; es gibt in Rußland keine fähigen Menschen, nicht einmal Menschen, die zu einfachen Arbeiten taugen. Die Autokratie hat die geistige Kraft des Landes vergeudet, der Krieg hat Hunderttausende von jungen Menschen vernichtet; und die Revolution, die sich ohne Enthusiasmus entwickelt, kann offenbar keine geistig starken Menschen erziehen und setzt den Prozeß der Ausrottung der Jugend fort.

Ich weiß, daß den wahnsinnigen Dogmatikern die Zukunft des Volkes gleichgültig ist: sie betrachten es als Material zu sozialen Experimenten; ich weiß, daß ihnen alle Gefühle und Gedanken, die jedem aufrechten Demokraten das Herz zerreißen, fremd sind; ich wende mich auch nicht an diese Leute.

Aber ist denn wirklich unsere ganze Demokratie wahnsinnig geworden? Gibt es wirklich keine Menschen mehr, die sich bewußt sind, daß hier etwas Schreckliches geschieht, und die bereit sind, die toll gewordenen Sektierer zu verjagen?

Larissa Reissner
Die Front

Brüderlichkeit! – verbrauchtes, un-
glückseliges Wort. Aber zuweilen, in
Augenblicken äußerster Not und Gefahr – dann ist es uneigennützig, heilig, groß, unantastbar. Und jener hat
niemals gelebt und weiß nichts vom
Leben, der nicht eines Nachts zerfetzt und verlaust auf dem schmutzigen Boden gelegen und sich nicht dabei gedacht hat, daß die Welt
herrlich, unendlich herrlich ist. Daß das Alte zusammengebrochen
ist, und daß das Leben mit nackten Händen um seine unumstöß-
liche Wahrheit kämpft, um die weißen Schwäne seiner Auferstehung,
um etwas unvergleichlich Größeres und Besseres als dieses Stück
Sternenhimmel, das durch die samtschwarzen Fenster mit der ausge-
schlagenen Scheibe sichtbar ist – um die Zukunft der ganzen Menschheit. Einmal im Jahrhundert berühren sie sich und tauschen ihr lebendiges Blut aus. Diese Worte, diese unmenschlich schönen Worte –
und der Geruch des lebendigen Schweißes, des lebendigen Atems der
andern, auf dem Boden Schlafenden. Das sind keine Fieberphantasien, keine Sentimentalitäten – denn morgen wird ein Morgen sein,
ein tschechischer Bolschewist, Genosse G., wird Setzeier für die ganze
»Bande« bereiten, der Stabschef wird in sein steifes, vereistes Hemd
kriechen, das er am Tage vorher gewaschen; es wird ein Tag kom-

men, an dem jemand sterben und dabei wissen wird, daß der Tod nur etwas unter anderen und nicht die Hauptsache ist, daß Swijaschsk wieder nicht genommen ist, und daß auf der schmutzigen Wand noch immer mit Kreide geschrieben steht: »Proletarier aller Länder vereinigt euch.«

Der Hauptkommandierende Wazetis kam in dem Augenblick an, als die Angriffsbewegung auf Kasan schon im vollen Gang war. Die meisten, darunter auch ich, wußten nichts Genaueres von dem Ergebnis der Konferenz – nur das eine wurde bald allgemein bekannt und von allen Seiten mit tiefer Befriedigung aufgenommen: Unser Alter (so nannte man unter uns den Kommandeur) erklärte sich gegen die Ansicht von Wazetis, der den Angriff auf Kasan auf dem linken Ufer vornehmen wollte und entschloß sich, Kasan auf dem rechten, die Stadt beherrschenden Ufer, und nicht auf dem linken, ungeschützten zu stürmen.

Gerade in dem Augenblick, als die ganze 5. Armee sich angestrengt auf den Angriff vorbereitete, als ihre Hauptkräfte nach schweren, tagelangen Kämpfen endlich unter fortwährenden Gegenangriffen der Feinde vorzudringen begannen – beschlossen die drei »Leuchten« des weißgardistischen Rußlands, der Swijaschsker Epopöe vereinigt ein Ende zu machen.

Ssawinkow, Kappel und Fortunatow unternahmen an der Spitze bedeutender Kräfte einen tollkühnen Vorstoß gegen eine Bahnstation neben Swijaschsk. Sie wollten auf diese Weise Swijaschsk und die Wolgabrücke endlich in ihre Hände bringen. Der Vorstoß wurde glänzend durchgeführt; nachdem sie einen weiten Umweg gemacht hatten, stürzten sich die Weißen auf die Bahnstation Schichrany, schossen sie kurz und klein, besetzten die Stationsgebäude, zerrissen die Verbindung mit der übrigen Linie und verbrannten den dort stehenden Munitionszug. Die wenig zahlreiche Besatzung von Schichrany wurde bis auf den letzten Mann niedergemetzelt.

Und nicht nur das: sie schlugen buchstäblich alles nieder, was in dieser Station lebte. Ich hatte Gelegenheit, Schichrany einige Stunden nach dem Vorstoß zu sehen. Es trug alle Spuren jener sinnlosen Zerstörung, die alle Siege dieser Herrschaften auszeichnete – sie fühlten sich niemals als die Herren und künftigen Bewohner des eroberten Bodens.

Im Hofe lag eine bestialisch erschlagene (erschlagene, nicht geschlachtete) Kuh, der Hühnerstall war voll toter Hühner, die auf eine unsinnige, allzu menschliche Weise ums Leben gebracht waren. Mit dem Brunnen, mit dem kleinen Gemüsegarten, dem Wasserturm und den Wohnhäusern wurde ebenso verfahren, als wenn es Gefangene, vor allem Bolschewisten und Juden, gewesen wären. Man hatte den Eindruck, als wenn allen Dingen die Gedärme herausgerissen seien. Tiere und Gegenstände lagen vergewaltigt, entstellt herum. Neben dieser erschreckenden Entstellung alles dessen, was früher eine menschliche Siedlung war, erschien der unbeschreibliche, nicht zu schildernde Tod von einigen überraschten Eisenbahnern und Rotarmisten als etwas ganz Natürliches.

Nur in den Illustrationen Goyas über den spanischen Feldzug und den Guerillakrieg findet man eine ähnliche Harmonie der durch den dunkeln Wind und die Schwere der Erhängten geneigten Bäume, des Staubes am Wege, des Blutes und der Steine.

Von der Station Schichrany schlug die Ssawinkowsche Abteilung den Weg nach Swijaschsk längs des Eisenbahndamms ein. Man schickte ihr unsern Panzerzug »Freies Rußland« entgegen, der, soviel ich mich erinnere, mit weittragenden Marinegeschützen armiert war. Sein Kommandeur war indes nicht auf der Höhe seiner Aufgabe. Von zwei Seiten, wie es ihm schien, umzingelt, verließ er seinen Zug und eilte zum Revolutionären Kriegsrat, »um ihm seine Meldung zu erstatten«.

Während seiner Abwesenheit wurde der »Freie Rußland« kurz und klein geschossen. Seine schwarzen, verbrannten Trümmer lagen lange Zeit am Gleise, in nächster Nähe von Swijaschsk. Nach der Vernichtung des Panzerzuges war der Weg zur Wolga frei. Die Weißen standen unmittelbar bei Swijaschsk, anderthalb bis zwei Kilometer vom Stab der 5. Armee entfernt. Es brach eine Panik aus. Ein Teil der Politischen Abteilung, oder gar die ganze, stürzte zu den

Anlegestellen, um auf den Dampfern zu entkommen.

Das Regiment, das fast am Ufer der Wolga, aber oberhalb des Laufes, kämpfte, geriet in Verwirrung, und flüchtete mit Kommandeuren und Kommissaren; am Morgen fand man Teile dieses Regiments auf den Stabsschiffen der Wolgaer Kriegsflottille an.

In Swijaschsk blieben nur der Stab der 5. Armee mit seinen Kanzleien und der Zug Trotzkis.

Leo Dawidowitsch Trotzki mobilisierte das ganze Zugpersonal, alle Schreiber, Telegraphisten, Sanitäter und die Schutzwache, die unter dem Kommando des Stabschefs der Flottille, Genossen Lepetenkow, stand (übrigens einem der mutigsten, aufopferungsfähigsten Soldaten der Revolution, dessen Biographie ein glänzendes Kapitel dieses Buches sein könnte) – mit einem Wort alles, was fähig war, ein Gewehr zu tragen.

Die Stabskanzleien standen verlassen – »Hinterland« gab es nicht mehr. Alles wurde den Weißen, die schon dicht vor der Station waren, entgegengeworfen. Der ganze Weg von Schichrany bis zu den ersten Häusern von Swijaschsk – und je näher zu Swijaschsk, um so mehr – war von Geschossen zerwühlt, mit toten Pferden, weggeworfenen Waffen und leeren Hülsen bedeckt. Nachdem die Weißen das starrende, rauchende und geschmolzene Gerippe des Panzerzugs erreicht haben, stockt ihr Angriff, flutet zurück und stürzt sich wieder gegen die schnell mobilisierten Reserveteile von Swijaschsk. Hier steht man sich eine Zeitlang gegenüber, hier gibt es viele Tote.

Die Weißen glaubten, als sie uns bemerkten, daß sie einen frischen, gut organisierten Truppenteil vor sich hätten, dessen Existenz selbst ihre Patrouillen nicht bemerkt hätten. Die von einem 48stündigen Kampf erschöpften Soldaten überschätzten die Kräfte des Gegners und ahnten nicht, daß sie nur ein zusammengewürfeltes Häuflein von Kämpfern vor sich hatten, hinter denen nichts war außer Trotzki und Slawin, die schlaflos in einer verrauchten Stube des verlassenen Stabs an einer Karte saßen, mitten im menschenleeren Swijaschsk, durch dessen Straßen die Gewehrkugeln pfiffen.

Auch diese Nacht stand Trotzkis Zug wie immer ohne Lokomotive da, und kein einziger Teil der für den Angriff bestimmten, weit nach Swijaschsk vorgeschobenen 5. Armee wurde diese Nacht beunruhigt und, um das fast wehrlose Swijaschsk zu decken, von der Front genommen. Die Armee und die Flottille erfuhren von dem nächtlichen Angriff erst, als alles zu Ende war, als die Weißen sich schon zurückzogen, fest davon überzeugt, daß sie nahezu eine ganze Division vor sich hatten.

Am nächsten Tage wurden 27 Deserteure gerichtet und erschossen, die im kritischen Augenblick auf die Dampfer geflohen waren. Darunter waren auch mehrere Kommunisten. Von dieser Erschießung der 27 wurde später viel gesprochen, besonders natürlich im Hinterlande, wo man nicht wußte, wie sehr der Weg nach Moskau und unser ganzer aus letzten Mitteln und Kräften unternommener Angriff gegen Kasan damals gefährdet waren.

Erstens sprach die ganze Armee davon, daß die Kommunisten sich als Feiglinge gezeigt hätten, daß es für sie kein Gesetz gäbe, daß sie ungestraft desertieren könnten, während man einen einfachen Rotarmisten wie einen Hund erschieße.

Ohne den außerordentlichen Mut Trotzkis, des Armeekommandeurs und der andern Mitglieder des Revolutionären Kriegsrats wäre das Ansehen der in der Armee arbeitenden Kommunisten für lange vernichtet gewesen.

Man kann einer Armee, die sechs Wochen lang die größten Entbehrungen leidet und nahezu mit nackten Händen kämpft, nicht mit Worten plausibel machen, daß Feigheit unter gewissen Umständen keine Feigheit sei, daß es »mildernde Umstände« für die Feigheit gebe. Man sagt, daß manche unter den Erschossenen gute Genossen waren, und zwar solche, deren Schuld durch die früheren Verdienste, durch Jahre von Zuchthaus und Verbannung aufgewogen wurde. Das mag zutreffen. Niemand behauptet ja, daß ihr Untergang die Folge jener »Exempel statuierenden« alten militärischen Ethik war, die unter Trommelwirbeln »Auge um Auge, Zahn um Zahn« richtete. Gewiß ist Swijaschsk eine Tragödie.

Aber jeder, der mit der Roten Armee gelebt hat und in den Kämpfen bei Kasan mit ihr geboren und erstarkt ist, kann bestätigen, daß der eiserne Geist dieser Armee sich niemals herauskristallisiert hätte, daß es niemals diesen engen Kontakt zwischen der Partei und der Soldatenmasse, zwischen den breiten Schichten und den Spitzen des Kommandos gegeben hätte, wenn die Partei selbst am Vortage des Sturmes auf Kasan, bei dem Hunderte von Soldaten ihr Leben lassen mußten, vor den Augen der ganzen Armee, die bereit war, der Revolution dieses große, blutige Opfer zu bringen, nicht deutlich gezeigt hätte, daß auch für sie die rauhen Gesetze der brüderlichen Disziplin bindend sind, daß sie den Mut hat, auch ihren eigenen Mitgliedern gegenüber die Gesetze der Sowjetrepublik rücksichtslos anzuwenden.

Die 27 wurden erschossen, und das füllte jene Bresche aus, die die Weißen in das Selbstbewußtsein und in die Geschlossenheit der 5. Armee immerhin geschlagen hatten. Den minderwertigen, wenig klassenbewußten, zum Desertieren neigenden Teil der Soldatenmasse (und einen solchen gab es natürlich auch) zwang diese Salve, die die Kommunisten ebenso wie die Kommandeure und einfachen Soldaten für Feigheit und Ehrlosigkeit im Kampfe strafte – sich aufzuraffen und jenen gleich zu sein, die bewußt und ohne jeden Zwang in den Kampf zogen.

Das Schicksal von Kasan entschied sich gerade in diesen Tagen und nicht nur das von Kasan, sondern auch das der gesamten weißen Intervention. Nach den langen Wochen der Verteidigung hat die Rote Armee ihr Selbstbewußtsein gefunden, sie hat sich verwandelt und gefestigt.

Unter der steten Gefahr und bei der größten Anspannung der moralischen Kräfte arbeitete sie ihre Rechte, ihre Disziplin, ihre neuen heroischen Statuten aus. Zum erstenmal verlor sich die panische Angst vor der vollkommeneren Technik des Gegners, hier lernte man jede Artillerie zu umgehen, und unwillkürlich, aus einfachem Selbsterhaltungsinstinkt, entstanden jene neuen Methoden der Kriegsführung, jene spezifischen Kampfmethoden, die schon jetzt in hohen Akademien als die Methoden des Bürgerkrieges studiert werden. Es ist sehr wichtig, daß in Swijaschsk gerade in diesen Tagen ein solcher Mann wie Trotzki war.

Wer es auch sei, und wie er auch heißen möge, klar ist, daß der Schöpfer der Roten Armee, der künftige Vorsitzende des Revolutionären Kriegsrats der Republik, in diesem Augenblick in Swijaschsk sein mußte, daß er die ganze praktische Erfahrung dieser Kampfwochen erleben und seinen ganzen Willen, sein ganzes organisatorisches Genie in die Verteidigung von Swijaschsk legen mußte, in die Sache der Verteidigung der geschlagenen und unter dem Feuer der Weißen neu erstehenden Armee.

Und dann gibt es im revolutionären Kriege noch eine Kraft, noch einen andern Faktor, ohne den es keinen Sieg geben kann: Das ist die gewaltige Romantik der Revolution, mit deren Hilfe die Menschen direkt von den Barrikaden sich in die harten Formen des militärischen Apparats ergießen, ohne ihren kurzen, bei den politischen Demonstrationen erworbenen leichten Schritt, ohne ihre Selbständigkeit und Elastizität zu verlieren, die in langjähriger illegaler Parteiarbeit erworben sind.

Um im Jahre 1918 zu siegen, mußte man das ganze Feuer der Revolution, ihre alles verzehrende Glut nehmen und in das vulgäre, widerwärtige, wie die Welt uralte Schema der Armee spannen.

Bisher löste die Geschichte diese Frage immer mit imposanten, aber verbrauchten theatralischen Effekten. Sie ließ eine Person auf die Bühne treten, »mit einem Dreispitz auf dem Kopf und einem grauen Feldrock« und dieser, oder ein anderer General auf einem weißen Roß, schnitt Republiken, Banner und Parolen aus lebendigem, revolutionärem Stoffe zurecht.

Die russische Revolution ging bei ihrem militärischen Aufbau ebenso wie in vielem andern ihre eigenen Wege. Der Aufstand und der Krieg verschmolzen zu eins, Armee und Partei wuchsen und verbanden sich untrennbar, und auf den Regimentsfahnen schrieben sie die Einheit ihrer Ziele in den schärfsten Formeln des Klassenkampfes nieder. Das alles war in jenen Tagen in Swijaschsk noch unausgebildet, hing noch in der Luft, suchte nach Ausdruck.

Die Arbeiter- und Bauernarmee mußte sich irgendwie zum Ausdruck bringen, ihr Äußeres, ihre eigenen Formen gestalten, aber wie – das konnte damals noch niemand genau voraussagen. Es gab damals natürlich keinerlei dogmatische Programme, keinerlei Rezepte, nach denen dieser gewaltige Organismus wachsen und sich entwickeln mußte.

In der Partei und in den Massen lebte nur eine Vorahnung, ein schöpferisches Erraten dieser noch nie dagewesenen kriegsrevolutionären Organisation, der jeder Kampftag einen neuen, realen Charakterzug verlieh. Trotzkis Verdienst besteht gerade darin, daß er die leiseste Bewegung der Massen, die bereits den Stempel dieser gesuchten, einzigartigen organisatorischen Formel an sich trug, im Fluge erfaßte.

Er sammelte und ordnete alle jene kleinen Methoden, mit deren Hilfe das belagerte Swijaschsk seine Kampfarbeit vereinfachte, ordnete und beschleunigte. Und dies nicht nur im engeren technischen Sinne. Nein, eine jede neue und gelungene Kombination der Tätigkeit eines Fachmanns und eines Kommissars, jenes, der befiehlt, und des andern, der den Befehl durchführt und dafür verantwortlich ist, wurde, wenn sie durch die Erfahrung geprüft war und sich bestätigt hatte, sofort in einen Befehl, in eine Verordnung, in ein Rundschreiben verwandelt. Auf diese Weise ging die revolutionäre Erfahrung nicht verloren, geriet nicht in Vergessenheit, wurde nicht entstellt.

Nicht das Mittelmaß wurde zu einer alle verpflichtenden Norm, sondern gerade das Beste, das Geniale, das von den Massen in den heißesten, schöpferischsten Augenblicken des Kampfes erdacht worden war. Im großen und im kleinen – mag es eine solche schwierige Sache sein wie die Arbeitseinteilung unter den Mitgliedern des Revolutionären Kriegsrats oder die schnelle, kurze, freundschaftliche Geste, mit der sich der Rote Kommandeur und der Soldat – beide beschäftigt, irgendwohin eilend – begrüßen, alles mußte dem Leben abgelauscht, erlernt und für den allgemeinen Gebrauch als Norm in die Massen zurückgeworfen werden. Und dort, wo es nicht vorwärts ging, wo es knarrte und stockte – dort mußte man den Fehler erraten, mußte man helfen, befreien, wie die Hebamme das Neugeborene bei einer schweren Geburt befreit.

Alexander Malyschkin
Der Fall von Dair

Am Strande bereitete man sich auf
die Besichtigung der roten Truppen
vor.

Vom Norden her kamen die Ar-
mee- und Divisionsautos mit den
Stäben. Von den Hügeln herab sah man im Sande eine halb abge-
brannte, verrostete Festung, den Überrest eines uralten Steppenreiches; Fahnen und blaue Karrees der Bataillone wiegten sich dort wie
ein Getreidefeld im Winde; am Ausgang des Dorfes standen im Kreise neugierige Bauern. Es war der Tag vor einer Schlacht, ein in düstere Unbestimmtheit blickender Tag.

Auf die Tribüne, die mitten im Felde stand, lief ein Mann ohne
Mütze, zerzaust, schwarzbärtig, wütend, begeistert. Der vom Winde
gezerrte Mantel hing auf einer Schulter. Die behaarten, nackten Arme
schrien ins Feld, in die Mengen, in die uferlosen, windigen Tag hinein:

Genossen!

Sie schrien von der letzten schwarzen Macht, von sonnigen Horizonten, hinter denen Glück, Brot und korngoldene Abende waren. Er
schrie zu ihnen von Opfern und Heldentum, zu ihnen, die auf den
Sohlen ihrer erbeuteten Stiefel durch ganz Rußland marschiert waren.
Die düsteren Bataillone schwiegen, lautlos schwankten über die Straße

im gelben Licht der Horizonte die Fahnen. Felder, gelbliche leere, kalte Felder dehnten sich hin zu den Horizonten und endlose, fahle, bleierne Gewässer, die in trüber Ferne verschwanden: dort lag die verhängnisvolle, grausame, von Müttern beklagte Grenze.

Eine riesenhafte Leinwand bewegte sich hinter der Tribüne: im grauen Tageswind, hoch oben in der Luft stießen die Gespenster des Roten und Schwarzen Reiters zusammen, Brust an Brust standen auf ihren Hinterbeinen die wilden Hengste, deren Augen Feuer sprühten. Wer wird den Gegner in dem tödlichen Zweikampf mitten in den dämmerigen Feldern erdrücken ... Hinter den Reitern verzieht sich die Nacht, korngoldene Morgenlichter brechen hervor.

Auf zum letzten Gefecht!

Die Orchester spielten. Nachdenklich und machtvoll lagen die Fernen; singende Winde zogen in verlangsamten Schritt wie ein Trauerzug heran; die Fahnen der unbeweglichen Bataillone schwankten. Mit ihren über Kreuz gezogenen Lederriemen liefen die Rottenführer raschen Schrittes die Front entlang. Im Zentrum des Kreises versammelten sich um den Oberbefehlshaber die Divisions- und Stabskommandeure. Der Kommandeur der Pensa-Division zwinkerte mit seinen erfrorenen Wimpern, beugte sich vor und sagte beleidigt:

»Schauen Sie nur meine Soldaten an, Genosse Oberbefehlshaber! Das sind ja keine Soldaten mehr – das ist ja ein richtiges Barfüßlerkommando! Soll das Gerechtigkeit sein? He?«

Längs der Reihen flogen gedämpfte Kommandoworte:

»Richt' euch!«

Nach einer Pause der Erstarrung aller Bewegung setzten die schreienden Trompeten und Trommelwirbel zweier Orchester ein. Kolonnenweise, nach Abteilungen geordnet, marschierten die Bataillone. Tausende von Füßen schlugen rhythmisch im Takte den Sand. In der Steppe widerhallten diese metallischen und singenden Laute – es klang schrill und traurig; es war ein Gesang von Sturm und wunderbaren Jahrhunderten.

An der Grenze der Zeiten stand der gelbe Tag in den Feldern; er diente als Hintergrund den Massen, die sich in feierlichem Zuge begaben zu den Trümmern eines prächtigen, vor Zeiten blühenden Steppenreiches, dem Kommandierenden der Armee, den Angehörigen der Stäbe, die, durchdrungen von der Ahnung des Kommenden, in strammer Haltung dahinschritten, den Winden und der Ungewißheit der noch nicht erlebten, noch nicht ausgekosteten Tage.

Die Tanks zogen hin, um die erste Hindernislinie zu durchbrechen. In einem Bauernhause saß der Kommandierende der Armee mit den Stabs- und Divisionskommandeuren. In die von den Tanks geschlagene Bresche sollte dann die ganze Armee in die Steppe von Dair zum letzten Kampf vorstürmen. Für einen Augenblick wurde das Geratter der Maschinengewehre still, nur ein Dröhnen ächzte und atmete schwer in der Erde: die Tanks hatten sich den Festungsgräben genähert, unaufhörlich dröhnten die Mörser hinter den Seen. Plötzlich begann es von links zu rattern, zu singen, wie mit Messingdrähten in die Höhe zu kreischen; hinter den Hügeln erhoben sich die Soldaten und liefen in die Steppen, zu den Seen; gebeugt, in dünnen Strömen eilten sie herbei, dem Geschrei, dem Toben entgegen, dorthin, wo die Tanks Knochen, Holz und Eisen zerstampften; immer neue Soldaten erhoben sich hinter den Hügeln, beugten sich vor und liefen hin; hinter ihnen wogte ein unübersehbares Feld von Menschen, das sich bis zu den Rändern der Steppe, bis zu den trüben, abendlichen Buchten erstreckte.

Der Kommandierende blieb ruhig, vielleicht darum, weil er das Gesetz der Massen kannte. Von ihm entsandt, rasten Meldereiter zu den freiwilligen berittenen Divisionen mit dem Befehl, den bedrängten Formationen zu Hilfe zu eilen. Die Divisionen, die eben noch naß und müde ihre Wagen und Maschinengewehre durchs Wasser gezogen hatten, strebten aber bereits aus eigenem Antrieb dahin, sie gingen, um den Weg in die Steppen, wo es Milch, Fleisch und Honig gibt, zu bahnen.

Von einer Bucht bis zur anderen sich erstreckend, raste eine Woge von Pferden, Filzmänteln, Wagen, flatternden Mähnen in den Abend hinein. Das Ende nahte heran. Gegenüber der Bresche, die zwischen der Bucht und den Armeetruppen gähnte, stellten sich in gigantischem Halbkreise Wagen auf, die die Wucht der in rasendem Lauf daherstürzenden Reiterphalangen auffingen.

In diesem Augenblick begann sich der Halbkreis der Wagen hin und her zu bewegen, auf ihn stürzte die pferdekeuchende, rasende Schwadron. Ein Feuer sprühte auf, von den Wagen kam es daher, aus den schrecklichen, beweglichen, mähenden Maschinengewehrläufen. Die Kugelströme kreuzten sich in den Reiterwolken, ließen sie im Ritt zusammenbrechen, stürzen, hinfallen, legten ganze Kolonnen nieder. Die zerschlagenen Knochen brachen zusammen, die noch gestern von Geliebten geküßten Lippen gähnten schwarz, zu blutigem Brei von Stiefeln getreten lagen die Straßen, Lichtfontainen, die Grazie alter Kulturen, die feierlichen Herrscherhymnen … Die Wagen rasten über die Liegenden hin, die rostigen Wagenachsen knarrten … Petuchow raste in seiner neuen Uniform, mit der Zigarette zwischen den Zähnen, und stemmte die Hände in die Seiten; hinter ihm saß das pockennarbige Mädchen, die Zähne zusammengebissen, und ließ das Maschinengewehr arbeiten; mit näselndem Gekreisch donnerte und sang der Tod.

Von beiden Flanken des Wagenhalbkreises rissen sich die Berittenen los und stürzten mit wildem Geschrei vor – eine in der Nacht unsichtbare Masse erhobener Fäuste, Lanzen, Filzmäntel und wehender Mähnen. Verblutend zog sich das Korps zurück zum rechten Sektor. In den linken hinein, ihn durchbrechend, stürmten der Matrose und Mikeschin, und hinter ihnen Haufen schwitzender, keuchender, wutschnaubender Männer – und: auf der zweiten Befestigungslinie fiel der Matrose hin, er blieb am Drahtverhau hängen, mit seinem Nacken fast den Boden berührend; am rechten Sektor stürzte der Schwarzbärtige, der mitten in einer Herde wiehernder, tollgewordener Pferde dahinraste, er stürzte zusammen samt seinem Pferd, und sein zerschmetterter Kopf blieb unter dem Pferdehals liegen. Über sie hinweg rasten Wagen, liefen Infanteristen, stürmten auf ihren Pferden Reiter dem Netz aus nacktem Draht, Gruben und Blindagen entgegen;

117

fern hinter den Seen, flohen die letzten Reste des Korps; die Reiter schmiegten ihre Stirnen an die Mähnen der Pferde und manchmal wandten sie aus ihren trüben, vorquellenden Augen einen Blick nach rückwärts.

Das Ende!

In der Morgendämmerung fuhr der Kommandierende der Armee hinaus in die Steppe.

Leer lagen die Felder, schmelzender Reif bedeckte die Trümmer verwüsteter Dörfer, hinter den Hügeln stand lautlos die riesenhaft aufgehende Sonne wie eine Grenze der Zeiten. Hinter dem Rücken ahnte man die Nacht wie ein schläfriges Tor, das sich bis zum Himmel aufgerichtet hatte. Gedämpft sauste der Motor, rhythmisch verschlang das Auto die Fernen; der schwach schimmernde, mit Pferdeleichen bestreute Weg raste mit schwindelnder Schnelligkeit nach rückwärts. Leichen ... Leichen, gedunsen, mit gefletschten Zähnen, am Horizont wieder Leichen. Tausende von Leibern, Alleen aus Leichen ... Herden von Steppenhunden drückten beim Geräusch des Autos ihren Bauch an die Erde und krochen in die Steppe zurück; sie leckten ihre Schnauzen, blickten auf den Weg mit blutunterlaufenen, violetten, vor Begierde trüben Augen ... In der Dämmerung der Geschichte, im Halbtraum lagen die leeren Felder uferlos, gebogen wie eine Schale, die aus dem Abgrunde der Morgenröte entgegengehalten wurde.

Wo stehst du nun, Rußland? Im Endlosen schwammen Hügel dahin, zurück in die Dämmerung, in die Geschichte ...

Weit hinten erstreckte sich das Schlachtfeld, das noch von Blut, von Geschrei, von Rauch träumte; verlassen stehen die von den Dörfern noch nicht weggeschleppten Drahtverhaue, zerstreut liegt umher das Eisen der Mörder, Knochen, Pferdemist; dunkel gähnen Gruben. Der Wind zerrt an den Fetzen eines Filzmantels, der in seinem wahnsinnigen Schwung an einem eisernen Stachel hängengeblieben ist. Stille webt über dem Schlachtfeld, die Tagesstille der Verlassenheit; die Zeiten schwimmen, und Schichten des Vergessens bröckeln von ihnen ab, eine nach der anderen ...

Kurz vor der Abenddämmerung stürmten die Vorhuten Dair. Leer und dumpf klangen die Hufe auf den Plätzen. Die Soldaten ritten bis zur Ecke, an der sich drei Straßen kreuzten, dorthin, wo über der grauen See des Pflasters von den Wänden eines Wolkenkratzers rote Fahnen unbeweglich, wie Metall herabhingen: das Revolutionäre Komitee. Die Soldaten schwenkten ihre Lanzen und warfen dem Balkon einen wilden, freudigen Ruf zu. Von der Höhe ihres Gitters jubelten und beugten sich kleine, wahnsinnig bewegliche Männchen herab, ohne Mützen, winkten mit den Händen und schrien herab zu den immer dichter heranflutenden Massen:

»… begrüßen euch! …«

»… mögen die unterdrückten Massen der ganzen Welt …«

»… es lebe …«

Aus den Fernen kamen in rasender Karriere wie eine Flut die Reiter an und zerstreuten in den Straßen das Gekreisch der Wagen und Pferdegetrampel. Von unten schwenkte man Mützen, zurückgeworfene Gesichter blickten aus Tausenden von brennenden Augen nach oben zu dem herabwallenden Rot, zu den erlöschenden Alabasterchimären der Wolkenkratzer, zu den Triumphbogen der Kulturen hinauf – dort oben entsandten Orchester Wellen der Lobpreisung –, aus den geöffneten, vertrockneten Kehlen, aus den durch Anstrengung zusammengezogenen Brüsten heulte es:

»… A–a–a–a! …«

Von der Peripherie, von den Docks, aus den Winkeln der Armut kamen aus der Erde Auferstandene, zerdrückten durch ihre Massen die Straßen, bewegten rote Fetzen über dem tausendköpfigen Ozean, und vom Schall dieser noch unsichtbaren Massen stöhnte die Abenddämmerung:

»… A–a–a–a! …«

Im Hafen häufte sich der Reichtum der geöffneten Packhäuser und Niederlagen zu Bergen und Wällen – Säcke, Kisten, Maschinenskelette, die keuchende Flucht auf ihrem Weg hingeworfen hatte. Berittene Ketten zernierten das Ufer und den Hafen, wachten, rauchten und blickten hinaus in die nie gesehenen urzeitlichen Wasserfernen.

Dahin zogen mit grünlichem Leuchten die Wellen wie ein aufgehendes Licht.

Die Straßen erglühten in blauen, endlos dahineilenden Lichtern. Tausende verwunderter, lächelnder Augen blickten in dieses Licht wie in den Morgen. Aus den Häusern, aus den Spiegelentrees kamen Unentschlossene heraus, traten auf den Asphalt, lächelten schief und ängstlich, schwenkten ihre Stöckchen: auch wir freuen uns, auch wir sind da! … Ermutigt traten gepuderte Frauen mit dem süßen Fieber der Augen auf die Straße heraus; flüsternd lächelten die verwitterten, raubtierhaft ihre Zähne entblößenden Männer in den Militärmänteln. Mit seinem trüben, sumpfig-farbenprächtigen Auge blickte das Gestrige verlöschend.

In einem Privathause, in einer dunklen Seitengasse, die von düsteren und schweigsamen Berittenen abgesperrt war, wurde über die letzten Feinde, die man in den Bergen bei einem gesprengten Tunnel gefunden hatte, Gericht gehalten. Fackelbrand beleuchtete den Hofschacht; schweigsam und in Eile wurden die Verurteilten, deren Augen blaß wie starre Lichter waren, an die Wand gestellt. Hinter der menschenleeren Gasse breitete sich ein Dröhnen und Schreien aus, die eine neue Morgenröte verkündeten; unheimlich und schrill ratterte ein Lastauto am dunklen Toreingang. Von niemandem gesehen kroch der Tod vorbei, ein einziger, dumpfer Schrei.

Nachts kamen die Regimenter an. Die Straßenmenge teilte sich unter dem eisernen Andrang der Reihen. An der äußersten Seite rechts ging ein hochgewachsener Kerl mit verwittertem, rotem Gesicht, in einem neuen, englischen Mantel, mit blutroten Fußlappen: seine Augen starrten, ohne etwas zu sehen, begeistert vor sich hin, dem Schreien der Menge, dem Gesang der Trompeten, den Lichtern der Kultur entgegen. Die Kehlen dröhnten aus aller Kraft:

»Wir brauchen keine Monarchie,
Wir brauchen keinen Zaren;
Schlagt tot die ganze Bourgeoisie,
Hurra, Genossen, hurra!«

Aufgehalten von den vorbeimarschierenden Regimentern, machte ein aus den Steppen herbeirasendes Auto an einer Straßenkreuzung halt. Angesichts der endlosen Prozession, der blauen Fernen stand unbeweglich das behelmte Profil des steinernen Kommandierenden, seinen strengen Gedanken hingegeben. Der halbgeöffnete Mund schien etwas Befehlendes und Begeisterndes ausrufen zu wollen.

Die Armee und ihr Kommandierender zogen in Dair ein.

Isaac Babel
Gedalja

Am Sabbatabend bedrückt mich immer wieder dichte Trauer der Erinnerungen. An diesen Abenden streichelte einst mein Großvater mit seinem weißgelben Bart die Bücher Ibn-Esra, und meine Großmutter in ihrem Spitzenhäubchen machte mit ihren knochigen Fingern beschwörende Bewegungen über den Sabbatkerzen uud weinte süß. An diesen Abenden schwankte mein Kinderherz wie ein Schifflein auf verzauberten Wellen. Oh, ihr vermoderten Talmudbücher meiner Kindheit! Oh, tiefe Trauer der Erinnerungen!

Ich irre in Shitomir umher und suche den schüchternen Stern. An der alten Synagoge, an ihren gelben, gleichgültigen Mauern verkaufen alte Juden Kreide, Waschblau und Dochte – Juden mit Bärten, wie die Propheten, mit erbärmlichen Lumpen auf der eingefallenen Brust...

Da liegt vor mir der Markt und der Tod des Marktes. Die fette Seele des Überflusses ist tot, stumme Schlösser hängen an den Türen der Läden, und der Granit der Straße ist glatt wie der Schädel eines Toten. Der schüchterne Stern – er blinkt und erlischt ...

Der Erfolg kam später, der Erfolg kam kurz vor Sonnenuntergang: der Laden Gedaljas lag versteckt zwischen den festversperrten Geschäften. Dickens, wo war an diesem Abend dein gütiger Schatten? Du hättest in diesem Trödlerladen vergoldete Schuhe und Schiffstaue gefunden, einen alten Kompaß und einen ausgestopften Adler, ein Jagdgewehr mit der eingravierten Jahreszahl 1810 und eine zerschlagene Kasserolle.

Gedalja – der kleine Ladenbesitzer mit der rauchgrauen Brille und dem grünen, bis zum Fußboden reichenden Gehrock, schreitet in der rosafarbenen Leere des Abends seine Schätze ab. Er reibt seine weißen Händchen, er zupft an seinem grauen Bart und lauscht gesenkten Kopfes aufmerksam unsichtbaren Stimmen, die ihn heimsuchen.

Dieser Kaufladen sieht aus wie die Schachtel eines wichtigtuenden und wißbegierigen Knaben, dem es beschieden ist, später einmal Professor der Botanik zu werden. In diesem Laden sind auch Knöpfe zu finden und ein toter Schmetterling –, sein kleiner Herr heißt Gedalja. Alle haben den Markt schon verlassen, nur Gedalja ist noch da. Er kreist in einem Labyrinth von Globen, Totenmasken und verwelkten Blumen, er fächelt mit einem bunten Besen aus Hahnenfedern und bläst von den toten Blumen den Staub weg.

Wir sitzen auf Bierfässern. Gedalja rollt seinen schmalen Bart zusammen und breitet ihn wieder auseinander. Sein Zylinder schwankt über uns wie ein schwarzes Türmchen. Warme Luft strömt an uns vorbei. Der Himmel verändert seine Farben: zartes Blut rinnt aus der umgeworfenen Flasche dort oben. Ein leichter Moderduft umgibt mich.

»Revolution? Nun gut, sagen wir ihr Ja, der Revolution; werden wir aber dann dem Sabbat Nein sagen?« So beginnt Gedalja und umschnürt mich mit den seidigen Riemen seiner rauchgrauen Augen. »Ja, rufe ich der Revolution zu, Ja, rufe ich ihr zu, aber sie versteckt sich vor mir und macht sich nur durch Schießen bemerkbar...«

»Die Sonne dringt nicht durch verschlossene Augen«, antworte ich dem Alten, »aber wir werden die verschlossenen Augen aufreißen...«

»Der Pole hat mir die Augen verschlossen«, flüstert kaum hörbar der Alte, »der Pole, der böse Hund! Er nimmt den Juden und reißt ihm den Bart aus, ach, der Hund! Und nun wird er geschlagen, der böse

Hund! Das ist bewundernswert! Das ist die Revolution! Und später kommt sie zu mir, die den Polen geschlagen hat, und sagt: ›Gib dein Grammophon dafür her, Gedalja!‹ ›Ich liebe die Musik, Pani‹, antworte ich der Revolution. ›Du weißt nicht, was du liebst, Gedalja; ich werde auf dich schießen, und dann wirst du wissen, was du liebst, und ich muß schießen, Gedalja, denn ich bin die Revolution‹ …«

»Sie muß schießen, Gedalja«, unterbreche ich den Alten, »denn sie ist die Revolution!«

»Aber der Pole hat geschossen, mein zärtlicher Pan, weil er Konterrevolution ist. Ihr schießt, weil ihr Revolution seid. Nun, die Revolution ist doch ein Vergnügen, und ein Vergnügen duldet keine Waisen im Hause! Ein guter Mensch tut gute Dinge. Die Revolution ist eine gute Sache der guten Menschen. Aber gute Menschen töten nicht. Also machen böse Menschen die Revolution. Aber auch die Polen sind böse Menschen. Wer also wird Gedalja sagen, wo Revolution ist und wo Konterrevolution? Einst habe ich den Talmud studiert, und ich liebe die Kommentare von Raschi und die Schriften des Maimonides. Und in Shitomir leben noch andere wissende Leute. Und wir alle, wir wissenden Leute alle, wir werfen uns mit dem Gesicht zu Boden und schreien aus voller Kehle: Wehe uns, wo bleibt die süße Revolution?«

Der Alte verstummte. Und wir erblickten den ersten Stern, der sich die Milchstraße entlang seinen Weg bahnte.

»Sabbat tritt ein«, verkündete Gedalja hoheitsvoll. »Die Juden müssen in die Synagoge – Pan Genosse«, sagte er, erhob sich, und der Zylinder, ein schwarzes Türmchen, wankte auf seinem Kopfe; »bringt nach Shitomir ein paar gute Menschen. Ai, in unsrer Stadt mangelt's an ihnen, ai, es mangelt an ihnen! Bringt gute Menschen her, und wir geben ihnen alle Grammophone. Wir sind nicht unwissend. Die Internationale? – Wir wissen, was die Internationale ist, und auch ich will die Internationale der guten Menschen, und eine jede Seele soll man registrieren und ihr die Lebensmittelration der ersten Kategorie geben. Da hast du, Seele, iß bitte, hab' dein Vergnügen am Leben. Die Internationale, Pan Genosse, Sie wissen nicht, womit man sie ißt …«

»Man ißt sie mit Pulver«, antwortete ich dem Alten, »und bereitet sie mit dem besten Blut zu ...«

Und nun trat aus dem blauen Dunkel der junge Sabbat hervor und ließ sich auf seinen Stuhl nieder.

»Gedalja«, sagte ich, »heute ist Freitag, und der Abend ist schon hereingebrochen. Wo kann man eine jüdische Brezel bekommen, ein jüdisches Glas Tee und ein wenig von diesem Ex-Gott im Glas Tee ...«

»Nirgends«, antwortete mir Gedalja und hing das Schloß an den Riegel, »nirgends. Nebenan gibt's eine Garküche, und gute Menschen haben sie einst bewirtschaftet, aber jetzt ißt man dort nicht mehr, jetzt weint man dort ...«

Und er knöpfte seinen grünen Gehrock mit den drei Knöpfen zu. Er staubte sich mit den Hahnenfedern ab, schüttete ein wenig Wasser auf seine weichen Handflächen und entfernte sich, winzig klein, einsam, versonnen, den schwarzen Zylinder auf und ein großes Gebetbuch unterm Arm. Der Sabbat begann, und Gedalja, der Begründer einer unerfüllbaren Internationale, ging in die Synagoge beten.

Iwan Schmeljow
Im Winde

Die Mandelgärten des Doktors ...
Auch dort muß ich mit herangehen,
Abschied nehmen. Ich vollende den
letzten Kreis, steige zum letzten Mal
hinunter. Ich habe unten nichts zu
schaffen: es ist leichter, oben auf dem
Berg zu sitzen.
Zweige peitschen mich von allen Seiten, es heult und kreischt ringsum. Das blaue Meer zeigt sich und verbirgt sich wieder – zottige Wellenschafe spielen auf ihm herum. Durch die Bäume schimmert weiß das Haus des Doktors. Eichene Balken, für die Ewigkeit zusammengefügt. Die Wände – Festungsmauern. Die Wasserbehälter bewahren auch in der Hitze das von Winterregen gekühlte Wasser auf. Der Doktor hat sein festes Haus verkauft und ist in ein neues übergesiedelt – aus dünnen Brettchen, ein Starensärglein.

Da ist er selbst, der Doktor. Er steht vor seinem Häuschen, die Arme ausgebreitet, unbeweglich, wie eine Vogelscheuche im Gemüsegarten. Der Wind zaust seine Lumpen.

»Der Wind hat mich zu Ihnen geweht ... Doktor ... Abschied nehmen ... vor dem Winter ...«

»Ja – Ja ...«, wirft er sorgenvoll hin und schaut weiter, das schlaffe gallertartige Gesicht aufwärts gerichtet, in die Wipfel. »Ich prüfe nämlich mein Gesicht ... Gestern konnte ich sie noch genau unterscheiden, aber heute sehe ich die Zapfen an den Zypressen nicht mehr ...«

»Der Wind hat sie heruntergeschlagen!«

»Sie meinen? ... Aber ich sehe auch die Zweige nicht! Seit zehn Tagen nehme ich nur noch ... bittre Mandeln zu mir. Nein, lassen Sie! Ich habe keine Lust mehr, fortzufahren. Es kränkt mich nur, daß ich meine Arbeit nicht beendigen werde, daß ich das Augenlicht verliere ... Die abschließenden Kapitel – ›Die Apotheose der russischen Intelligenz‹ werde ich nicht mehr fertigbringen! Ich erblinde, das ist klar. Gestern schickte mir ein Kollege, der jeden Tag seine Pasteten zu essen versteht, ein Pastetchen ... aber solche Schmerzen bekam ich ... Ich habe Opium genommen und bin dann eingeschlafen. Gegen Morgen hab ich sie gesehen ... Natalja Semjonowna ... sie legte mir den Kopf auf die Schulter ... ›bald ... Mischa!‹ Natürlich – bald. Aber es *muß* doch, muß doch wenigstens dort irgendeine Welt geben, die irgendeinen Sinn hat?! Denn wir *verlangen* doch einen Sinn! Und da, unter der Wirkung des Opiums, hat sich mir *alles* offenbart ... aber ... ich hab's vergessen! Zwei Stunden lang hab ich's behalten ... wie war ich glücklich! Ich weiß noch ... es war irgend etwas von einem ›guten Onkel‹ ...« –

»Wie? ... von einem guten Onkel?!«

»Eigentlich lächerlich ... aber dennoch ... Die Menschheit, wir, jawohl, wir ... Wir hatten keinen ›guten Onkel‹! Wissen Sie, so einen guten Kinderonkel mit einem ehrsamen Bart und solchem Erdgeruch, seinem Eigengeruch ... mit einem, meinethalben auch altersroten, abgeschabten Handköfferchen, so einer Reisetasche mit Rechnungsbüchern und Honigkuchen, von der Wallfahrt mitgebracht, und einem Kreuzchen von Hochwürden ... und mit geweihtem Wasser ... und mit einer guten Rute! ...«

»Doktor, ich verstehe Sie nicht ...«

»Vielleicht kam es von den Mandeln und dem Opium?« – blinzelte der Doktor listig. »Ich spreche von der Intelligenz! Zwei Pole ... hatte sie nur, einen Nordpol und einen Südpol! Bleiben Sie! Fürchten Sie sich nicht vorm Wind ... *uns* beiden schadet der Wind doch nicht! Kann uns gar nicht schaden! Der eine Pol, nun, meinethalben der nördliche – das war die ›Höhe des Geistes‹! Die Raffinade! Sie gaben sich nur damit ab, aus einem Bankrott in den andern zu geraten … und haben dabei den Geist aufgegeben! Sie verfaulten wohlig und fanden ihren Genuß darin. Servierten einem immer ein und denselben fauligen Brocken nur in verschiedenen Saucen, aber sagen Sie mir, was für einen Nährwert hat ein fauliger Brocken, selbst wenn er mit Thymian angerichtet wird?! Der andere Pol aber … vibrierendes, widerwärtiges Fleisch, auch in würzigen Saucen angerichtet … dreiste, tollköpfige, gewalttätige Draufgänger! Die servierten einem gar nichts, sondern bei denen hieß es mehr aus hygienischen Gründen im Interesse der Kanalisation: alles wegspülen – und fressen will ich! Aber mit Musik! mit Trommeln! fressen will ich angesichts des ganzen Volks, der ganzen Menschheit … alle, alles!! Zwischen ihnen aber gab's nur ›Molken‹ – abgerahmte Milch! Jetzt ist sie begreiflicherweise sauer geworden und hat … Aber der ›gute Onkel‹ war eben nicht da, der einem den rechten Weg gewiesen hätte: halt, warte, mein Bübchen – jetzt mußt du im Bad schön schwitzen, dir die Haare kämmen, ein sauberes Hemd anziehen, und da hast du auch ein Kreuzchen von Hochwürden und … ein ABC-Buch! und eine Rute für den Fall, daß … Das Wesentlichste, der *Kern* der Sache fehlte! Und da hat die garstige Milch das ganze Geschirr eingesäuert … Verstehen Sie nicht?! Aha! Ich kann diese Formel mit einem Inhalt füllen, der für zwanzig Bände ausreicht, mit historischen und allen sonstigen Kommentaren. Im besten Fall hatten wir statt eines solchen guten Onkels – nur einen Vetter! Was aber ist von einem Vetter groß zu erwarten?! Die Rezeptchen von solch einem Vetter pflegen meistens mehr einen präservativen oder quecksilbernen Charakter zu haben. Aus dem ›Varieté‹ springt er auf zwei Minuten zu seiner Großmutter, knapp vor ihrer letzten Ölung, herauf, dann aber schnell zu Madame Angot zu ihrer Morgentoilette, dann zu einem ›Cousinchen‹, dann muß er sich seiner Verdauung hingeben, sich mit ein paar Versen gütlich tun – und dann schnell in den Klub, wo die Freunde schon warten, um einen Vortrag über die Bestrebungen usw. mitanzuhören …

Und seine Sohlen sind immer abgenutzt! Ja, der ›gute Onkel‹ dagegen! Nach ihm wird sich bald der ganze Erdball sehnen ... denn der wußte, wo er hintrat, wenn er den Fuß aufsetzte! Und in seiner Reisetasche, da hatte er sein Zeug hübsch beieinander! Im Büchelchen stand alles aufgezeichnet, bis zu den ›zwei Kopeken einem Bettler in der Kirche gegeben‹! Der Vetter aber hat seine Notizen auf der Manschette, ›im Café Palermo dem Ober 5‹ – und man weiß nicht, wie und für was und ob es wirklich fünf heißt! ...«

Er wischte sich die Augen und begann wieder, sie an den Zypressenzapfen zu prüfen.

»Ja, sie werden schwächer. Gestern haben sie in der Nacht die eichene Tür eingeschlagen und sind eingedrungen ... aber sie ist fest! Und die Fenster, wie Sie sehen, sechs Ellen über dem Boden – in weiser Voraussicht. Sie haben alle Hacken und Spaten darum an sich genommen. So ist's auch mit der Kultur! Nun ... die wilden Tiere haben ihre Käfige zertrümmert, die Schlangen ihre Glasgehäuse eingeschlagen ...«

Ich sehe, wie der Wind, der die Zypressen zur Erde niederbiegt, ihm den Atem benimmt, aber er will nicht fortgehen und fordert mich auch nicht auf, bei ihm einzutreten. Er bittet mich, hinter den Baum zu kommen – da bläst es nicht so.

»Natürlich, solche Abstraktionen greifen jetzt fürchterlich an, aber ohne das ist nicht auszukommen! Selbst hier nicht! Jetzt aber ist die Verallgemeinerung, das synthetische Urteil unvermeidlich, denn wir ziehen die Summe, die Summe! Man muß sich *entscheiden*! Gestern ist schon der siebzehnte gestorben! Hungers gestorben! Aber – vorgestern haben sie in Alupka zwölf Offiziere erschossen! Sie waren auf einer Feluke aus Bulgarien zurückgekehrt, hatten sich nach ihren Familien gesehnt. Zufällig sah ich gerade das Automobil, in dem sie fuhren, um mit ihnen abzurechnen dafür, daß sie in die Heimat zurückgekehrt waren – aus Sehnsucht! Darin saß ... ein Dichter, dem Ansehn nach! Haare bis auf die Schultern, wie ein Rabenflügel ... in den Augen – etwas Träumerisches, bis zur Vergeistigung Entrücktes! Etwas – wie aus einer andern Welt! Heroisches Erdreisten! Er, der da in irgendwelchen Wolken weilt, hat befohlen!!! hat seinen Sklaven befohlen, zwölf russische Helden, die in die Heimat kehrten, zu töten! Halt! bleiben Sie!!« – Der Doktor lief auf mich zu und packte mich am Arm ...

»Aber *etwas* lassen wir außer Acht! Daß nämlich nicht alle sterben! Folglich wird das Leben weitergehen ... es geht, geht dadurch weiter, daß es diejenigen gibt, welche töten! Und damit gut! Darin eben besteht das Leben – im Töten! Die Telephone arbeiten: ›Töten!‹ – ›Töten!‹ – ›Eilt euch!‹ – es hat schon das Wesen einer Funktion angenommen. Folglich ist es klar: man muß ... gehen.

»Aber die Hoffnung, Doktor? die Heimzahlung?«

»Funktion! – sage ich. Was kann es da noch für eine Hoffnung geben? Die Bezahlung aber – Stärkung der Funktion. Ergebensten Dank! Konstitutionelle Fäule! Haben Sie einen Begriff von gasiger Gangräne, vom Brand? Hören Sie nicht dieses Zischen?! Nun so horchen Sie. Warum waren Sie gestern nicht auf der Versammlung? Geben Sie Obacht, Sie könnten dafür erschossen werden! Warten Sie, ich will Ihnen gleich ...«

Der Doktor zog aus irgendwelchen Falten seiner Flicken ein rosa Papierchen, das im Winde flatterte.

»Halt, zapple nicht ... gleich laß ich dich fliegen ... Lesen Sie, was auf dem rosa Blättchen steht: ›Erscheinen unbedingt erforderlich, bei Strafe der Auslieferung an das Revolutionstribunal!‹ Heißt also: hart an der Grenze der ... Funktion. Deswegen bin ich aber nicht hingegangen, sondern ... weil der Maestro selbst auftrat! Nun, wenn auch nur der Maestro der ›Funktion‹, immerhin der Genosse Derjabin höchstselbst! Früher hat ein Bursche von den Putilow-Werken unsern Professoren den Kopf gewaschen und den Lehrern die Nase geputzt, sie aber haben nicht ohne Wohlgefälligkeit dazu gelächelt, dieses Mal nun gar Derjabin in eigener Person! Alle ihre Bonzen! die ganze Intelligenz sollte erscheinen! Sie liebt ja ›Golgatha‹, nun, so wird mit ihrem Geschmack auch gerechnet. Die nämlich, die Zentrale, das sind Psychologen! Sie kennen alle Membranen der Intelligenz ... Es waren auch wirklich alle erschienen. Sogar mit Zahnschmerzen, mit

Katarrhen … Husten und Schnupfen waren vertreten! Als man sie zum Kampf aufrief, um sich vor den Derjabins zu schützen, sich und … da sind sie nicht gekommen … Aber hier kamen sie, hübsch rechtzeitig, sogar zu früh! Wenn auch in Lumpen, so doch mit Brillen! … einige hatten Kragen angelegt, vielleicht zur Aufrechterhaltung ihrer Würde oder auch zum Protest. Ohne Stiefel, aber mit Kragen … aber folgsam! Ärzte, Lehrer, Künstler … Diese – zwar mit spöttisch-unabhängigen Gesichtern, aber mit zitternden Lippen. In den Augen ein flackerndes Buhlen, etwas fast Liebedienerisches, aber doch auch das stolze Bewußtsein: der freien Kunst zu dienen! Das hustet wie ein Salonlöwchen auf der Bühne und … erschrickt dann – als wäre es ein Verschlucken gewesen. Genosse Derjabin in einer Bibermütze und einem offen übergeworfenen Pelz, einem Fuchspelz … wie Pugatschow!«

»Ich denke … er hat einen Iltispelz …«

»Nun ja! Er hat auch einen Iltispelz. Hier war er aber im Fuchspelz erschienen. Eine Figur! Entweder ist er Metzger gewesen, oder Ringkämpfer … kann aber auch sein, Landgendarm; in wohlhabenden Dörfern findet man solche … mit breitem Maul, starken Backenknochen … Den großkalibrigen Revolver auf den Tisch geworfen! Über Volksaufklärung! Was er bloß geredet hat! … Na … wie er gebrüllt hat!! … danach haben sich alle ›ersten besten‹ für den Schweiß und das Blut des Volkes die Köpfe mit Wissenschaft vollgepfropft … Ich fordre!! Macht eure Hirnkästen auf und zeigt dem Proletariat, was ihr drin habt! Tut ihr's aber nicht … dann werden wir sie euch … aufkrachen! Und fuchtelt mit seinem ›Großkalibrigen‹ herum! Alle waren wie erschlagen! Grabesstille! … Man hätte wohl klatschen sollen, wie? … Irgendeinen Triumph haben sie wohl erwartet! Die Regierung, die endlich, endlich zur Volksaufklärung aufruft! Auch sonst hatten sie sich wohl bemüht, dem Volk in der Laterna Magica zu zeigen, wie z.B. die Menschenfresser leben, oder wie die freien Amerikaner ihre Bürgerfeste feiern und wie sie sich erholen, und womit sie sich zerstreuen, um dadurch, sei's auch nur ein Brinkelchen ihres Verstandes, Wissens und Gehirns dem Volke zuzuführen, ins Ohr zu blasen …

heimlich waren sie im Schmutz zwanzig Werst weit gelaufen, hatten versucht, mit allen Mitteln, die Wahrheit aufzuzeigen, aber … nun wurde hier von ihnen verlangt, gleich ihr ganzes Hirn mit seinem Inhalt aufzudecken … Sie schienen irgendwie unzufrieden! Nicht gerade unzufrieden … aber doch irgendwie … zusammengerüttelt! Sie drückten zwar ihre Bereitwilligkeit aus, aber es lag ein gewisser Unterton in ihrem Gehüstel. Als *jene* gegangen waren, kicherten sie hinter ihnen her! Nur so ein kleines Doktorchen, das da war, Schutalow, der sagte: ›Wissen Sie … mir gefällt das! Das ist bodenständig, und vor allen Dingen, welche Unmittelbarkeit liegt darin! Die Volksseele erwacht! Verdauungsprozeß! Es ist Zeit, alle Reflexion beiseite zu lassen, zur Arbeit, zur körperlichen, gemeinen Arbeit … wenn's gefällig ist.‹ Und er lief dem Genossen Derjabin nach, ihm die Hand zu schütteln! Was ist das … Gemeinheit … oder edle Reue?! In der Senkgrube plätschern?! Es gibt solche Leute … Sie fordern einen auf, in der Grube zu plätschern und alles zu erdulden. Neigen wir uns der allgemeinen schamlosen Nacktheit, und wir werden siegen … durch die Senkgrube! Wodurch eben wir unsere Liebe zum Volk beweisen! Allerdings, diese Leute haben einen Kopf, von der Größe eines Rettichs … Wenn aber auch so ein Rettich schon anfängt, sich zu quälen und zu plagen: laßt uns verzeihen, verzeihen und dulden! – Dann … Laßt uns verbluten in wonnevollen Martern! Das ist sie, die Gehirnfäule! Mit solchem Material kann man allerdings nur in der Senkgrube plätschern. In welche Gestalt hat sich heute bei uns so ein gepriesener Prometheus, so ein Kain ergossen?! – in einen barfüßigen Bettelstrolch, für den die Senkgrube ›Golgatha‹ ist, wo er in seligsüßer Selbstvergessenheit in Liebe verblutet! Ich würde zu den wilden Tieren flüchten … wenn ich nur könnte! …«

Der Doktor läßt das rote Blättchen fliegen, es weht aufwärts und flattert als ein rosa Schmetterling davon. Zum Meer wird es getrieben.

»Eilen Sie nicht fort. Ich habe immer noch das Wichtigste zu sagen … aber die Gedanken, die wetzen mir das Gehirn ab, benagen alles wie die Mäuse. Soll ich mit den Zypressen reden?! Mit niemandem kann man mehr reden … man fürchtet sich zu reden! Bald werden sie sich fürchten, auch nur zu denken. Ich möchte *Ihnen* ein Päckchen zurücklassen, zur Erbauung. Die hiesigen natürlich, diese Banausen werden es nicht verstehen … aber wenn man es den ehemaligen Herren Journalisten … *Die* können doch alles, journalistisch, bis zum Aderlaß, zum Weißbluten … Interessant, wenn sie mit sich allein sind? … Sind sie nicht wie Wölfe oder Riesenschlangen? Wenn sie frißt, horcht sie verschlafen, nur auf das Kollern in ihrem Bauch … Wenn irgend etwas Menschliches in ihnen wäre, müßten sie dann nicht, wenn sie vorm Spiegel sich Aug in Auge gegenüber stehen … Spucken sie sich an? Was meinen Sie … oder fressen sie?!! Oder halten sie sich auch vorm Spiegel beruhigende Reden? Im Namen des … All den niederträchtigen Hokuspokus, im Namen? … So einen feinen Smoking wie diesen hier, vom ›allgemeinen Volksschneider‹, den tragen sie nicht? Menschenfleisch essen sie nicht? Wie denn, sie äßen kein Menschenfleisch!!? Wieviel hunderttausend russischer Köpfe kommt nicht auf einen jeden von ihnen?! *Sie* aber bestreuen sie mit Reden, Reden, wie mit rotem Pfeffer … Und dennoch keine Vergeltung?! Oh, es wird, es wird vergolten werden … bis ins siebente Glied! Auch davon habe ich geträumt … Die Schatten erdrücken, würgen mich! Was bedeuten *diese* hier, die hiesigen! Aber auch sie führen einen zu Ergebnissen … Gestern gehe ich über die Brücke … Da holen mich drei solche Sternenträger ein, mit Reckenhelmen … zum Hohn auf unsere Vergangenheit, da das Reußenland nur erst locker und roh zusammengeheftet war. Sie mußten, versteht sich, über mein Pincenez wiehern! Ich schweige. Und da bringen sie absichtlich unanständige Töne hervor! Verpesteten die Luft, und wiehern! Nur so einem elenden Menschen kann so etwas in den Schädel kommen … Es gibt ein Tier, das Stinktier … das rettet sich vorm Tode dadurch, durch seine Flüssigkeit … *Diese* machten es *so* … jene andern aber, die machen es durch das *Wort*, verpesten damit die Seele, haben alles verstänkert! und laden noch die ganze Welt dazu ein: laßt uns gemeinsam, einträchtiglich … stinken! Und wahrhaftig, sie kommen! Sie finden sogar in diesem Gestank so etwas wie erlösende Buße,

wie Märtyrertum! Erwarten eine Wiedergeburt durch den Gestank!
›Jeder nach seinen Kräften!‹ sagen sie! Franz von Assisi! … Werden
sich eine Suppe aus herausgerissenen Reliquiengebeinen kochen – und
dabei weinen! Denn – Leiden ist süß! Welches widerlich eitle Ge-
schwätz! Wie, wollen Sie gehen? …«

Er begleitet mich, führt mich zu dem Bassin und bleibt stehen.

»Hier ist es windstiller. Ich will Sie nicht … in meine Gruft her-
einbitten. Ich bin auch beim Ordnen meiner Sachen, soviele Papiere … Ja … gestern las ich Cook, über die Wilden, und ich habe ge-
weint! Ich hatte Magenschmerzen von der Pastete des Kollegen …
Liebe, heilige Wilde! Sie auch haben Cook mit Menschenfleisch bewirtet … aus treuherzigem Eifer! Haben ihm einen Bärendienst ge-
leistet … und eine Eidechse haben sie ihm auf einer Opferschale
serviert! Heilig – wie diese Berge in ihrer Unbewußtheit. Berge, stürzt
auf uns nieder! Hügel bedeckt uns! Schade ist es, von ihnen scheiden
zu müssen. Ich gehe durch die Gärten, betrachte mir jedes Bäum-
chen, nehme Abschied. Schlimm, daß *so* mit den Leichen umgegangen
wird, wochenlang liegen sie *dort* herum. Und der Kirchhof ist wider-
wärtig, zugig, ungeschützt … Da diese Hand … werden die Hunde
abnagen …«

»Doktor … ist nicht alles … Chemie? …«

»Aber doch unangenehm. Die Ästhetik – ist doch auch etwas wert,
wie? Ein Maler, den ich kenne, der sagte mir … besser wär's, sie er-
würgten einen! Sie hatten ihm aufgetragen, Plakate gegen den Fleck-
typhus zu malen … die Läuse schön grell für das Proletariat darzustellen! Ein paar gehörige hat er ihnen hingemalt, ein Pfund Brot
damit verdient … unterwegs hat er es Kindern geschenkt: ich kann
mich *davon* nicht nähren, sagt er! Nein, sagen Sie nichts … Das Meer,
das Meer – wie wunderbar! Dieser Glanz, dieses Flimmern … kürzlich
las ich bei Gogol … Wieviel Schönes *gab* es doch! Ach, ich möchte
gleich auf ein Schiff … irgendwo im Indischen Ozean … irgendwo bei
Ceylon anlegen … in die Dschungeln, in die Wälder dringen … Dort
schlummern dicht umwucherte Tempel in grüner Stille. In grüner
Dämmerung ein riesiger Buddha. Waldkäfer kriechen über ihn hin,

Paradiesvögel flattern auf ... setzen sich ihm bald auf die Schulter, bald aufs Ohr, zwitschern ihre Weise ... und ein Bächlein murmelt unbedingt nahebei ... Er aber ist urzeitalt ... schaut, schaut mit länglichen Augen, leidenschaftslos. Auf Abbildungen habe ich ihn so gesehen. Man fühlt, daß er *alles weiß*. Und immer – schweigt! Nichts Kleinliches, Schmieriges, Billiges ... nichts von der gewaltigen Macht der ›neunschwänzigen‹ oder der ›Diktatur des Proletariats‹, das mit seinen Tönen die Luft verpestet, sondern ... *Alles* weiß er! Man müßte vor ihm stehen, so ... mit all den Büchern im Kopf, die man in seinem ganzen Leben gelesen hat, mit all den Leiden, mit denen sie einen genährt ... und ... er würde *alles* verstehen! – Und nur mit den Augen, nur mit den Händen ihn fragen ... ›Nun? Wie, was sagt dein, *dein* Sinnen?‹ Er aber ... würde nicht mit der Wimper zucken! Sehender weiser Stein! Ich denke mir – und es ist gar nicht schrecklich, nichts ist jetzt schrecklich! Weiser Stein – ich ginge in ihn ein! Sei's auch nur auf eine halbe Stunde, um einzugehen in das wahrhaft Seiende. Ich bete ja jetzt auch zu den Zypressen! Zu den Bergen bete ich, zu ihrer Reine, zu dem ›Buddha‹ in ihnen! Wenn ich jetzt, *jetzt* ... Mandelgärten anpflanzen würde, ich würde zum Mandelgotte beten! Denn auch die Mandeln haben ihren Gott, ihren Mandelgott. Es gibt auch einen Zypressen- und einen Hühnergott. Und alles – ruht im *Schoße* ... Da, zu Füßen seines Bildes wollte ich wohl meine Tage enden ... die Augen auf ihn heften ... und ... in Frieden dahingehen. Vielleicht, daß man das ›Geheimnis‹ erfaßte – und versöhnt wäre. Ich begreife, warum man auch zum Feuer betet! Das Feuer geht von *ihm* aus, kehrt zu *ihm* zurück! Und der Wind ... ist *sein* Atem!«

Der Doktor greift gleichsam den Wind, schöpft ihn mit seinen Händen.

»Er ist rein, kommt vom Tschatyrdag. Jetzt schon als Freund ... Aber wie er heute nacht ums Dach getost hat ... Grüß Gott, sag ich zu ihm, treuer Freund. Tobst du? Vergißt auch mich Alten nicht? ... Aber ... mit der Senkgrube, da kann ich mich nicht aussöhnen! Ich werde sterben, und sie werden die Türen aus den Angeln reißen. Gestern haben sie im Haus drüben zwei Fensterrahmen und einen Balken ausgeschraubt, ich hörte es in der Nacht. *Sie* ... sollen fremden Kühen das Fell abziehen ... *Sie* sollen sich mit Dirnen unter meinen Mandelbäumen wälzen dürfen? Das Grammophon aufziehen und den Gassenhauer ›Schön's Fräulein‹ aus Leibeskräften gellen lassen? Jeden Abend martern sie mich mit dem ›schönen Fräulein‹! Kaum will es gelingen, sich mit der größten Anspannung in sein Inneres zu vertiefen, seine Qualen aufzusaugen ... da, geht auch schon das ›schöne Fräulein‹ los, um die Wette! Das Grauenhafte liegt darin, das *sie* keinerlei Grauen empfinden! Nun ja, was für ein Grauen empfindet der Bazillus, der im menschlichen Blute schwimmt? Eitel Seligkeit! ... Er verdoppelt, vervierfacht sich, verseucht mit seinem Gifte und vermehrt sich darin! Der herrliche Körper eines jungen Geschöpfes aber schlägt um sich in den letzten Zuckungen einer niederträchtigen Meningitis! ›Papa ... Mama ... ich sterbe ... wie dunkel ... wo seid ihr ...?!‹ wimmert er ... der Bazillus aber sitzt schon im Herzen, vollführt beim letzten Bewußtseinsfünkchen des Hirns einen Cancan zur Melodie ›Schön's Fräulein‹! Kreist im Auto in den Gehirnwindungen herum! Die Bazillen haben vielleicht auch so ihre Art von Autos, in entsprechend verbesserter Form, natürlich ... Nachts male ich mir solche Bilder aus, Bilder ... daß mir der Schädel glüht! Niemals hatte ich mir vorgestellt, daß einem in Hunger und Todesnot solche Bilder kommen könnten. Auf bitterer Mandel gezogen! Nein, sagen Sie mir, woher sind sie *so*?! Diese Bazillen der Menschheit! Wo ist der gewaltige Pasteur? Wo sind die starken, guten, herrlichen, berühmten? Warum sind sie gegangen?! Sie schweigen ... Nein, warten Sie, gehen Sie noch nicht fort ... Ich will Ihnen die letzte schamlose Dreistigkeit zeigen ... das Endsymbol! ...«

Der Doktor läuft zu dem Wasserbehälter hinter dem kleinen Schuppen; dort hat er zwei Zisternen, eine für den Sommer, eine für den Winter. Geheimnisvoll winkt er mich mit dem Finger heran.

»Alle wissen, daß ich das Wasser ganz besonders auffange und ansammle, daß es bei mir immer durchsichtig klar und kühl ist. Und nun sehen Sie! Sehen Sie nur!«

Er lüftet den mit Filz beschlagenen Deckel der Luke und verlangt, daß ich mich bücke.

»Sehen Sie ... diesen Unflat?! Sehen Sie?! ...«

Ich sehe den schwimmenden »Unflat«.

»Das sind meine Nachbarn von der Marinestation, dieselben, die auch das ›schöne Fräulein‹ ... Dem einen habe ich kürzlich ein Geschwür am Finger aufgestochen. Und sie, sie haben mir nun mein Wasser *vergiftet*! Ein Affe hat's versudelt, was kann man von einem Affen anderes verlangen? Der Weg ist der Herde ja durch die ›Führer‹ gezeigt, die das ganze Leben vergiftet haben! ...«

»Gehen Sie hinein, Doktor... hier im Wind ist es nicht gut sein...«

»Drinnen – kann ich nicht. In der Nacht geht es an, da lese ich beim Ofen. Am Tag aber muß ich gehen, gehen ...«

Er winkt abwehrend. Wir sind uns nicht mehr begegnet.

Fjodor Gladkow
Die Abrechnung

Über einen Pfad, der durch scharfe
Steinschichten zerrissen, mit Schutt
bedeckt war, durch Steinmispel und
Wacholdersträuche, stieg Ingenieur
Kleist auf den Berg. Unten, im Abgrund, schwamm in dichten, dunsti-
gen Schatten die Nacht aus den Schluchten herauf. Sie kam nicht auf
die Landstraße und in das Werk hinunter. Gärten und Mauern ver-
rammelten ihr dumpf den Weg, und sie schwoll in dichtem, schwarzem Nebel und durchsichtiger Stille an. Die Wolken der Lichtungen
und des Buchenholzes, das noch ohne Blätter, ganz durchsichtig war,
flimmerten im violetten Schaum, und über ihnen, im wunderbaren
Aufstieg ihrer Äste strebten wie rauchige Fackeln die Pappeln in die
Höhe.

Geradeaus, unter dem herabfallenden Berge, die prallen Massive
der Werkbauten. Und hinter ihnen, über den Dächern und Türmen,
glitzerte trüb das Meer. Hoch oben glänzt der Himmel opalen mit
seinen Sternen. Auf der anderen Seite der Bucht war keine Stadt
mehr, und auf dem Abhange des Berges blinzelten große und kleine
Lichter.

Alles schien weit und fremd. Nah und der Seele verwandt waren
nur die Eisenbeton-Giganten, vom Ingenieur Kleist erbaut; in diesem

Augenblicke waren nur die sich aufbäumende Macht der architektonischen Massen in der Welt – und er, ihr Schöpfer, Ingenieur Kleist. In dieser schrecklichen Zeit, in der das erloschene Werk drohend mit dem Dunkel seiner Öffnungen schlief und das Grab der Maschinen im Roste erstarrte – schlich Ingenieur Kleist als irrender Schatten über die Schienenstränge und Stufen, an Mauern und Türmen vorbei und schwieg das Schweigen des Werkes.

An diesem Abend sah er zum ersten Male den grandiosen Tod der Vergangenheit in diesen zerfallenen Leeren. Seine Formel erwies sich als richtig: das Rad der Ereignisse rollte unaufhaltsam seinen vorgezeichneten Weg.

Der seltsame Zusammenstoß mit dem Arbeiter Gljeb Tschumalow zeigte Ingenieur Kleist, daß dieser Weg sein Ende gefunden hatte und daß sein Leben bis zu seinen Grenzen gelangt war.

… Man hätte seinerzeit das Werk sprengen sollen, um zusammen mit ihm zugrunde zu gehen. Das wäre eine gute Antwort gewesen, nach den Gesetzen von Wirkung und Gegenwirkung …

Wenn man ihn jetzt hier, auf diesem Wege, finden würde – so ist er vollständig bereit. Eigentlich hat jetzt nur noch etwas ganz Unbedeutendes zu geschehen, eine Kugel durch seinen Kopf: die vorhergegangene Etappe ist schon durchlebt. Nur noch ein wenig hier zwischen seinen Bauten bleiben dürfen, wo sein Leben seinen Niederschlag gefunden hat in den Kristallen der machtvollen, strengen Architektur …

Die Kultur welcher Welt trägt der Arbeiter Gljeb Tschumalow in sich? Aus dem Blute auferstanden, ist er furchtlos und unbesiegbar, und in seinen Augen sind Kraft und Schrecken. Und als Gljeb heute bei der Begegnung mit ihm lächelte, waren unverständliche Tiefen in seinem Lächeln und ein Wissen, daß Ingenieur Kleist nicht kannte. Und mit all dem war auch Gljeb Tschumalows Helm durchtränkt. Und sein Gesicht und sein Helm vereinigten sich in eins.

Ein eigensinniges, unheimliches Gesicht – ein eigensinniger und unheimlicher Helm.

Dieser Helm bestätigte die drohende Gegenwart. Und außer dem Helm und Gljebs Gesicht gab es nichts.

Es gibt keinen Ausweg. Er, Ingenieur Kleist, ist bereit. Es ist besser, wenn man ihn hier erschlägt, zwischen diesen Bauten, als zu Hause. Diese Riesen und er sind unzertrennbar: ihn erschlagen, das hieße, zusammen mit ihm all diese Tempel seines Lebens zerstören.

Über den fernen Bergen, hinter der Stadt, erlosch der Himmel wie erkaltendes Eisen, und die Zacken der Bergrücken waren schwarz von all den Dächern des gewaltigen Werkes. Rundum war eine deutliche klingende Stille. Irgendwo, nicht sehr weit, pfiff und krächzte ein Eisenblock unter müden Händen. Erschrocken schrie ein Kuckuck auf dem Baume in der trüben Ferne, und irgendwo, auf derselben Seite, zitterte in flimmerndem Glanze das niederfallende Eisen.

Gljeb stand auf der Spitze des Turmes, der aus Stahlstreifen spinngewebegleich geflochten war. Einst wurden von hier aus Kohlen für das Maschinenhaus in die Laufkörbe verladen. Die Laufkörbe wurden durch den Aufzug in den schwarzen Abgrund des Schachtes heruntergelassen und glitten dann auf Seilen über Schienen, durch Tunnels in das Maschinenhaus. Jetzt war der Turm leer, und hinter dem Geländer klaffte in der Mitte das Maul der uferlosen Finsternis.

Bis zum Schmerze in den Fingern preßte er die eisernen Stäbe des Gitters in den Händen und sah auf die Eisenbeton-Bauten, auf die 80 Meter hohen, zu den Sternen strebenden Schlote, auf die klingenden Saiten der Seile und die stehengebliebenen Laufkörbe und mahlte mit den Kiefern, daß die Zähne knirschten.

... Wie Höllenfeuer dröhnte das Werk. Die Erde zitterte von der Tollheit der Maschinen, und die Luft spritzte mit brennenden Splittern aus den flammenden Fenstern heraus, aus dem das Auge blendenden Auflodern der rotierenden Öfen, aus den unzähligen lila Monden und aus den Dynamitsprengungen der Bergmassive. Und dort in der Bucht, am Quai, standen Ozeandampfer und fraßen mit ihren nicht satt werdenden Bäuchen Millionen Tonnen frischen Zements. Und vom Werk zum Quai und vom Quai zum Werk flogen gleich fliegenden Schildkröten mit Pfeifen- und Sirenengeheul ganze

Reihen von Laufkörben durch die Luft. Tausende Arbeiter brannten wie Armeen von Teufeln im Feuer, sprengten die Berge zu Schutt und Staub, beleuchteten die Tage durch Schwefel und steinigen Dunst und die Nächte durch die flammenden Fenster und das wogende Feuer.

Das war in der Vergangenheit. Und jetzt ist Stille und ein großer Friedhof. Die Bremsberge, die Stahlwege und Schienen sind mit Gras bewachsen. Das Metall ist mit einer dicken Rostschicht bedeckt und die starken Eisenbetonmauern der Bauten sind durch Löcher und Bergströme verwundet.

Ingenieur Kleist ging langsam, blieb oft stehen und sah auf die vielstöckigen Quadratblöcke der Bauten wie auf das Grabmal einer vergangenen Epoche. Sah hin und dachte. Ging, blieb stehen, und dachte.

Gljeb bückte sich über das Geländer und sah den zerfließenden Schatten des Ingenieurs Kleist scharf an.

Das ist der Mensch, den er in jeder Stunde seines Lebens mit Genuß mit seinen eigenen Händen erwürgen könnte, und diese Stunde wäre die schönste seines Lebens. Das ist er, der ihn in rachsüchtiger Wut den Offiziershorden – also der Folter und dem Tode – ausgeliefert hatte. Und diesen Tag kann Gljeb in aller Ewigkeit nicht vergessen …

… Man hatte die Arbeiter auf der Landstraße, vor dem Bürogebäude in Reih und Glied aufgestellt (es waren nicht mehr viele: viele hatten sich versteckt, viele waren mit der Roten Armee weggegangen). Er und drei seiner Kameraden hatten keine Zeit mehr gehabt, um zu fliehen, und kämpften weiter. Einer der Offiziere, mit einer Nagaika in der Hand, rief die Familiennamen, sie von einem Papier ablesend, laut auf. Er prügelte sie einzeln mit seiner Nagaika und übergab sie dann den anderen Offizieren. Und auch die prügelten, prügelten mit ihren Nagaikas und mit den Revolvern. Gljeb hörte mit der Oberfläche seines Bewußtseins, ganz verworren, die gräßlichen Schreie der Arbeiter. Und er konnte nicht verstehen, ob es Protestschreie waren oder ob die Offiziere seine Kameraden prügelten. Und sah nur durch blutige

Tränen, für einen kurzen Augenblick, wie sie auseinanderliefen und wie die Offiziere mit Nagaikas und Revolvern hinter ihnen herjagten. Und als man alle vier mit den blutig zerfleischten Gesichtern in das Arbeitszimmer des Ingenieurs Kleist schleifte, sah dieser, leichenblaß, mit bebenden Kiefern, sie lange an. Die Offiziere stellten ihm – alle durcheinander – Fragen, hart, kurz, nach militärischer Art, und er schwieg erschüttert, mit gemachter Kälte. Er schaute Gljeb durchdringend an und schwieg, und in seinen Augen sah Gljeb ein Mitleid, das von Ekel durchdrungen war. Und dann sagte er leise, mit einer krächzenden Heiserkeit in der Stimme:

»Ja, das ist er … Und die … Ja, ja … das sind sie …«

»Haben Sie sonst nichts zu sagen, Herr Kleist?«

»Was nun weiter zu geschehen hat – ist nicht meine Sache, meine Herren: das ist schon Sache Ihres Gutdünkens.«

Man warf sie in eine leere Scheune und prügelte sie die ganze Nacht. In den Augenblicken des Bewußtseins spürte Gljeb die Schläge – leise, wie aus der Ferne kommende, und gräßliche, erschütternde, ihn in Stücke zerfleischende. Aber auch diese Schläge waren schmerzlos und seltsam unnotwendig: als ob er in einem Faß eingemauert säße und jemand sinnlos und frech mit den Füßen an den Wänden herumtrommelte.

Und als er zu sich kam, war schwarze Stille um ihn. Er kroch betäubt und halb lebendig in der Scheune herum. Stieß auf die von Blut glitschigen Körper der Kameraden. Sie waren welk und kalt und rochen nach Eingeweide und Blut. Er kroch die Wand entlang, fand ein breites Loch und kroch hinaus. Durch die Nacht und das Gebüsch geschützt, kroch er bis zu seiner Hütte, und von da an hatte ihn niemand mehr gesehen.

… Das kann man nie, das kann man für die Ewigkeit nicht vergessen …

Daran erinnerte sich Gljeb, als er in Ingenieur Kleists Zimmer war, erinnerte sich daran auch jetzt, als er ihn, einem Schatten gleich auf der breiten Terrasse herumirrend, beobachtete.

»Guten Abend, Genosse Techniker! … Ist unser Friedhof nicht

herrlich? Es gibt viele solche Friedhöfe in der Republik, aber wer kann es mit uns aufnehmen?«

Ingenieur Kleist blieb wie versteinert stehen, erholte sich aber rasch und sah nicht Gljeb, sondern die schwarzen Höhlen der herausgebrochenen Fenster der Maschinengebäude an.

Dieser Mensch ist überall. Er verfolgt ihn nicht – nein, er steht ihm im Wege und regt ihn auf wie ein Alpdruck. Die sicher-verläßlichen Spinnfäden seiner Welt sind zerrissen und neue kann er nicht mehr weben: und er kann sich nicht mehr der Kraft und dem Helme dieses Menschen entziehen. Seit wann hat diese gewaltige Kraft Macht über ihn? In früheren Tagen war dieser Arbeiter in der Masse der blauen, fettigen Blusen untergegangen, hatte kein Gesicht und keine Stimme und verrichtete unbemerkt wie alle anderen seine ihm auferlegte Arbeit – ein winziges Element in dem ungeheuren und komplizierten Prozesse der Produktion. Warum kann nun er, Ingenieur Kleist, einst mächtig und stark, dieser groben und wilden Kraft dieses Menschen nichts gegenüberstellen? Welcher ist der Ausgangspunkt dieser Änderung: der Augenblick, in dem er ihn der Vernichtung preisgegeben hatte, oder die Stunde heute, da er ihn in seinem Arbeitszimmer aus der Vergangenheit auferstanden gesehen hat?

Das war einfach wie ein Stoß: was er erwartete, wovon sein ganzer Tag ausgefüllt war – das war da, steht vor ihm als schmaler, bodenloser Abgrund.

»Kommen Sie nur herauf, Genosse Techniker: von oben ist das Grab noch tiefer ... Sie wandern hier herum – ich wandere auch ... jeden Tag ... Und was kommt dabei heraus? ... Seien Sie so liebenswürdig und kommen Sie herauf, Genosse Techniker ...«

Die Logik des Geschehens kennt nur eins: ein erbarmungsloses Ende und einen unerbittlichen Anfang. Es gibt keine Zufälle: Zufälle sind Illusion. Mit einem quälenden Schmerze in der Herzgegend, aufgelöst im Schrecken, stieg Ingenieur Kleist (die Zeit ballte sich wie eine drückende Finsternis) über die wankende, klingende Treppe und bewahrte in seinem Schicksale die gewohnte Würde und schweigende Ruhe.

»Passen Sie auf, Genosse Techniker, hier ist ein bodenloser Schlund, verflucht sei er … stolperst und zerschellst in tausend Scherben … Teufelslöcher habt Ihr da aufgebaut … das ist Ihre Arbeit.«

Ingenieur Kleist antwortete streng und kalt:

»Wir haben für Jahrhunderte gebaut – stark und vernünftig, und Ihr habt alles in Chaos und Ruinen verwandelt.«

»Habt aber doch irgendwo einen Fehler gemacht, Genosse Techniker: Ihr habt gebaut, gebaut, aufgetürmt – alles für euch selber … eine unbesiegbare Festung … aber sie hat nicht widerstanden … ist zusammengestürzt … Wo sind diese eure unzerstörbaren Jahrhunderte? …«

Gljeb erschien, mit seiner dampfenden Pfeife, im dämmrigen Nebel riesengroß – wie aus Erz gegossen. Und weil er so ruhig und einfach und so primitiv deutlich in seinen Worten war, empfand Ingenieur Kleist, daß er von diesem Menschen nicht fortkommen kann und daß die nächsten Minuten in einer kurzen Handbewegung von ihm sich auflösen werden. Wie paralysiert stand Ingenieur Kleist, mit dem Rücken an das Geländer gelehnt, und sein Kopf zitterte unter dem Hute in kurzen Stößen.

»Schauen Sie das Werk an, Genosse Techniker: was für ein Riese, was für eine Schönheit! … Diesen Friedhof beleben … ihn wieder entzünden und auf allen Drähten und Seilen wieder Musik spielen … Dieser Bau ist ein Wunder! …«

In gewohnter militärischer Haltung krallte sich Gljeb um das Eisengeländer, sah lange, erdrückt von der massiven Größe und dem tiefen Schweigen, die schwarzen Quadratblöcke der Bauten an … Krachten seine Knochen unter dem Uniformrock oder knirschten seine Zähne im festen Zusammenprall der Kiefer – Ingenieur Kleist hörte einen aus dem tiefsten Innern kommenden Seufzer:

»Ein Grab … ein Massengrab, verdammt und verflucht!«

Warum steht dieser hagere Ingenieur mit dem wackelnden Hute hier, warum schweigt er so verschlossen und ergeben? Er hat etwas Gemeinsames mit dem Werk – etwas Unheimliches und Erdrückendes. Und die Vergangenheit – das sind seine Qualen und die Qualen und der Tod seiner Kameraden. Das kann man niemals vergessen. Ihn hinunterwerfen in den bodenlosen Abgrund … Zwei straffgezogene Drahtsaiten werden zum Dach, zu den Elektromotoren emporschnellen … das sind die Schlangenzungen und der hungrige Schlund verlangt seinen Opferfraß.

Gljeb sah ihn an und fühlte keinen rachedurstigen Schmerz mehr.

»So, so, Genosse Techniker … Sie haben sich genug geplagt, um Denkmäler zu bauen. Wenn Sie sterben werden, ist hier ein Grab für Sie vorbereitet: sehen Sie dieses Loch? … Wir werden Sie mit einem Laufkorb hinunterlassen und unter dem höchsten Schlot verscharren …«

Ingenieur Kleist riß sich vom Geländer los, streckte sich, verlor fast sein Bewußtsein. Der ganze Körper schmerzte ihn quälend und löste sich in der kalten, feuchten Leere auf. Ein tierischer Schrei blieb ihm in der Kehle, als ein heiseres, unterdrücktes Stöhnen stecken. Die Kiefer schmolzen mit einem brennenden, kreischenden Schmerz im Hirne in eine Knochenmasse zusammen.

»Sie … Sie, Tschumalow … um Gotteswillen … rascher … was Sie zu tun haben …«

Gljeb trat ganz nah auf Ingenieur Kleist zu und schäumte über von Anstrengung und Feuer.

»Genosse Techniker, genug Hanswurst gespielt! … Köpfe brauchen wir … Hände … Wieder entzünden und losdonnern! … Kohle, Naphtha … Wärme und Brot für die Arbeiter … ökonomischer Aufstieg der Republik … in den Bergen sind Unmassen von Holz … nicht mit Pferdekraft, sondern mit der mechanischen Kraft des Werkes … Und tausende und Millionen Kubikmeter … Sonntagsarbeiter … verladene Waggons … Tausende muskulöser Hände und Rücken …«

Er krallte sich in die Schultern des Ingenieurs Kleist und schüttelte ihn in freudiger Erregung, und unter seinen Händen wackelte Ingenieur Kleist wie eine Vogelscheuche. Der Hut fiel von seinem Kopf und purzelte wie ein Nachtvogel in die Finsternis hinunter.

»Was verstehen Sie von sich, Genosse Techniker? Ihr Hirn, Ihre

Hände sind Gold. So ein Baumeister – ist ein mächtiger Spezialist für die Republik ...«

In diesem letzten erschöpfenden Kampfe um das Leben begriff Ingenieur Kleist mit seinem Innern, daß diese schrecklichen, vom Tode übersättigten Hände ihn fest und streng ans Leben genagelt hatten. Überrascht, konnte er den Sinn dieses erschütternden Ereignisses nicht fassen – er stand seltsam leer, entblößt, mit wild klopfendem Herzen.

Gljeb schlug mit seiner Faust über das eiserne Geländer, und das Eisen erdröhnte klingend laut.

»Nun, Genosse Techniker, nehmen Sie mal Ihren Schädel in die Hand und nehmen Sie sich zur Arbeit ... Wir werden noch andere Riesen aufbauen als diese ... Eine neue Welt, Genosse Techniker ...«

Ingenieur Kleist trippelte, fiel ganz zusammen und fing mit seiner zitternden Hand die Luft, die zwischen Gljeb und ihm stand. Wurde dann schwach und weich.

Gljeb räusperte sich und klopfte mit seinen Stiefeln die eisernen Stufen hinunter.

Michail Scholochow
Der Vater

Die Sonne blinzelte nur noch matt durch das fahlgrüne Gestrüpp am Rande des Kosakendorfes. Nicht weit vom Dorf ist die Fähre, mit der ich mich ans andere Ufer des Dons übersetzen lassen muß. Ich wate durch den nassen Sand, aus dem ein Fäulnisgeruch aufsteigt wie von morschem, wassergetränktem Holz. Der Weg schlängelt sich, einer verworrenen Hasenspur gleich, durch das Gestrüpp. Die aufgedunsene rote Sonne plumpst in den Kirchhof jenseits des Dorfes hinein. Hinter mir schreitet die bläuliche Dämmerung durch das trockene Gehölz.

Die Fähre ist an der Landestelle befestigt, und unter ihr gluckst lila schimmernd das Wasser. Die Ruder hüpfen leicht, machen seitliche Drehungen und ächzen in den Riemengabeln.

Der Fährmann kratzt mit der Schöpfkelle über den bemoosten Boden des Kahns und schleudert das Wasser über Bord. Er erhebt den Kopf, sieht mich mit gelblichen, schräg stehenden Augen an und knurrt mürrisch:

»Willst 'rüber? Bin gleich fertig, mach inzwischen den Strick los.«

»Werden wir zu zweien den Kahn fortbringen können?«

»Müssen versuchen. Bald ist's Nacht. Wer weiß, ob noch jemand zukommt.« Während er die Pluderhose hochkrempelt, sieht der Mann mich nochmals an und sagt:

»Ein Ortsfremder bist du, seh ich, nicht aus unserer Gegend. Wo kommst denn her?«

»Ich komme von der Armee zurück.«

Der Mann legt seine Mütze in den Kahn, wirft mit einer Kopfbewegung die Haare zurück, die schwarz durchzogenem kaukasischem Silber gleichen, und zwinkert mir zu, wobei er seine zerfressenen Zähne sehen läßt:

»Gehst auf Urlaub oder so – heimlich?«

»Bin demobilisiert. Mein Jahrgang ist entlassen.«

»So-so. In Ruhezustand also ...«

Wir setzen uns an die Ruder. Der Don treibt uns wie spielend in das junge Gehölz des am Ufer liegenden, überschwemmten Waldes. Mit trockenem Laut reibt sich das Wasser an dem splitterigen Kiel. Die nackten Beine des Fährmanns, von blauen Adern gestreift, zeigen Bündel dicker Muskeln. Die vor Kälte blau gewordenen Fußsohlen sind klebrig vom Stemmen gegen den glitschigen Querbalken. Die Arme sind lang und knochig, an den Fingergelenken knotige Verdickungen. Hager und schmalschultrig rudert er ungelenk mit gekrümmtem Rücken, aber dienstbeflissen schneidet das Ruder glatt die Wellenkämme, bohrt sich tief in das Wasser hinein.

Ich höre das gleichmäßige, unbehinderte Atmen des Mannes. Seinem gestrickten Wollhemd entströmt der scharfe Geruch von Schweiß und Tabak und der nüchterne Geruch des Wassers. Plötzlich läßt er das Ruder sinken, wendet den Kopf zu mir:

»Es sieht aus, als ob wir nicht weiter kämen, wir werden hier im Walde zerdrückt. Schlimme Sache!«

Durch eine heftige Strömung erhielt der Kahn einen jähen Ruck. Er vollführte hinten eine verwegene Schwenkung, und nun trieb er unaufhaltsam seitlich, dem Walde zu.

Eine halbe Stunde später saßen wir zwischen den Bäumen des überschwemmten Waldes fest. Die Ruder waren abgebrochen. In den Riemengabeln schlenkerten verdrossen die abgesplitterten Stummel hin und her. Durch ein Leck im Boden sickerte glucksend Wasser in den Kahn. Wir richteten uns für die Nacht auf einem Baum ein. Der Fährmann hockte neben mir, die Beine um einen Zweig geschlungen. Er sog an seiner Pfeife, redete und horchte auf den schwirrenden Laut, mit dem die Wildgänse im Fluge die breiige Dunkelheit über unsern Köpfen zerschnitten. –

»So, so, gehst heim zu deiner Familie; die Mutter wartet schon zu Hause, versteht sich: Nu kommt der Sohn, der Versorger; nu wird es warm um sie werden, um das alte Herz. Ja … Du aber machst dir, versteht sich, gar nichts draus, daß sie, deine Mutter, die Tage im Herzeleid um dich verbringt und die Nächte lang bittere Tränen vergießt … So seid ihr alle, ihr lieben Söhnchen; so seid ihr … Solange es bei euch keinen eigenen, von euch gezeugten Nachwuchs gibt, solange habt ihr kein Herz für die Leiden eurer Eltern. Was muß aber eine jede Mutter und ein jeder Vater wegen der Kinder ertragen!

Es kommt vor, daß beim Zerschneiden eines Fisches die Frau die Fischgalle zerdrückt. Du löffelst dann die Fischbrühe, die ist aber vor Bitterkeit nicht zu genießen. Und so ist es auch mit mir. Ich lebe, muß aber nur das Bitterste schlucken. Ich ertrage es, ich halte aus, aber manchmal, da denke ich: ›Leben, Leben, wann kommt nun schon dein allerschlimmstes Ende?‹

Du bist kein Hiesiger, bist ein Ortsfremder. Sag du mir, ob ich mir nicht lieber einen Strick um den Hals legen soll.

Da hab ich 'ne Tochter; Natascha heißt sie. Siebzehn wird sie. Siebzehn Jahre. Sie sagt zu mir: ›Vater, es ist mir zuwider, mit Euch an einem Tische zu essen. Wenn ich Eure Hände ansehe‹, sagt sie, ›erinnere ich mich daran, daß Ihr mit diesen Händen die Brüder umgebracht habt, und es dreht sich mir die Seele im Leibe rum‹.

Das aber versteht das Luder nicht, durch wen das alles gekommen ist. Daß es eben durch sie kam, durch die Kinder.

Ich habe früh geheiratet, und Gott schickte mir eine Frau, die wie ein Karnickel so fruchtbar war. Acht Freßmäuler brachte sie mir hintereinander, und beim neunten da ging sie drauf. Sie hat zwar richtig entbunden, aber nach fünf Tagen, da starb sie am Fieber. Nun war ich allein. Von den Kindern aber hat Gott keins zu sich genommen, so sehr ich ihn darum bat ... Mein Ältester war Iwan. Er geriet nach mir: dunkelhaarig, ein regelmäßiges Gesicht. Ein hübscher Kosak und gewissenhaft bei der Arbeit. Der andre Junge kam vier Jahre nach Iwan. Der schlug nach der Mutter. Ein Kleiner, aber ein Dickwanst. Die Haare semmelblond, beinah weiß, und graublaue Augen. Danilo hieß er, und er war mein liebstes Kind. Von den andern sieben waren die älteren Mädels und die andern kleine Würmer ...

Den Iwan verheiratete ich in unserm Dorf und bald bekam auch er ein Kleines. Auch für Danilo war ich grad auf der Suche nach was Passendem, aber da kamen die unruhigen Zeiten. In unserm Kosakendorf erhoben sich die Leute gegen die Sowjetmacht. Da stürzte Iwan zu mir herein: ›Vater‹, sagte er, ›komm mit, gehen wir mit den Roten fort! Ich bitte Euch darum in Christi Namen! Wir müssen es mit den Roten halten, denn sie sind eine sehr gerechte Macht.‹

Auch Danilo begann auf mich einzureden. Lange baten sie und lockten mich. Aber ich sagte ihnen: ›Euch tu ich keinen Zwang an. Geht, wohin ihr wollt. Aber ich, ich bleibe hier. Ich habe außer euch noch sieben Mäuler, und jedes muß gestopft werden.‹

So verließen sie den Hof. Im Dorf bewaffneten sich die Leute. Jeder, womit er konnte. Mich packten sie aber auch: An die Front! Ich sagte ihnen am Sammelplatz:

›Landsleute, Väter, ihr wißt alle, daß ich Familienvater bin. Sieben Kinder habe ich zu Hause auf den Pritschen liegen, – komme ich um, wer wird für meine Kinder sorgen?‹

Ich konnte reden, was ich wollte, es half nichts. Ohne jede Rücksicht wurde ich gepackt und an die Front geschickt.

Die Stellungen waren nicht weit von unserm Dorfe.

Und eines Tags, es war gerade vor Ostern, da brachten sie uns neun Gefangene. Unter ihnen war auch Daniluschka, mein geliebter Sohn. Man treibt sie über den Marktplatz, zum Hauptmann. Die Kosaken laufen aus den Häusern, ein Krach, daß Gott erbarm.

›Totschlagen muß man sie, die Hundsfotte. Wenn man sie nachher vom Verhör zurückführt, machen wir sie kalt, ohne alle Umstände!«

Ich steh' da, die Knie zittern mir, aber ich lasse mir nicht anmerken, wie mir das Herz schlägt um Danilo, meinen Jungen. Ich merke, wie die Kosaken miteinander tuscheln und auf mich mit den Köpfen zeigen. Dann kommt Arkascha, der Wachtmeister, auf mich zu: ›Wie ist's, Mikischara, bist du dabei, wenn wir die Kommunaren hinmachen?‹

›Gewiß bin ich dabei, diese Schufte!‹ sage ich.

›Also, da hast du ein Bajonett, und bleib hier stehen, beim Eingang.‹

Dabei sieht er mich so an: ›Wir beobachten dich, Mikischara, und paß auf, Freundchen, – es kann dir schlecht gehen.‹

Nun steh ich da vor dem Eingang und durch den Kopf schwirrt es mir: ›Mutter Gottes, heilige Maria, muß ich wirklich meinen eigenen Sohn umbringen?‹

In der Schreibstube wurde es lauter und lauter. Die Gefangenen wurden herausgebracht. Als Erster Danilo. Wie ich ihn erblickte, wurde es mir ganz kalt vor Schreck. Sein Kopf war geschwollen wie ein Faß und die Haut weg. Das Blut quoll in dicken Klumpen aus dem Gesicht. In den Haaren klebten ihm dicke wollne Handschuh. Damit haben sie ihm nach dem Schlagen die geschundenen Stellen wieder zugestopft. Die Handschuh haben das Blut aufgesogen und sind an den Haaren festgetrocknet. So hat man sie schon auf dem Weg zum Dorf zugerichtet. Mein Danilo torkelt durch den Flur. Er erblickt mich und streckt die Hände vor. Will mich anlächeln, aber die Augen sind blau unterlaufen und das eine ganz von Blut verkrustet.

Es war mir klar: Wenn ich ihm nicht auch einen versetze, bringen mich die Dorfleute auf der Stelle um. Meine Kleinen blieben als Waisen allein in Gottes weiter Welt.

Wie Danilo bis zu der Stelle gekommen ist, wo ich stehe, sagte er: ›Vater – Väterchen, leb wohl.‹ Die Tränen liefen ihm über die Backen und wuschen das Blut weg. Und ich, ich aber … ich konnte nicht den Arm hochkriegen, so schwer wurde er. Wie ein Stück Holz. Das Bajonett lag fest in meinem Arm und drückte, und ich versetzte meinem Jungen einen Schlag mit dem Kolben … Auf diese Stelle schlug ich …

Hier über dem Ohr ... Er schrie auf: Uuuhhh – – uuhh – – –, hielt die Hände vors Gesicht und fiel hin.

Meine Kosaken lachten aus vollem Halse: ›Hau zu, Mikischara, hau zu, scheinst zu wehleidig zu sein mit deinem Danilo, hau zu, sonst lassen wir dich selbst zur Ader.‹

Der Hauptmann erschien an der Schwelle und schrie zum Schein die Leute an. Aber seine Augen lachten.

Da stürzten sich die Kosaken auf die Gefangenen und begannen sie mit den Bajonetten zu bearbeiten. Es wurde mir schwarz vor den Augen, und ich lief weg, immer weiter, die Gasse lang. Dabei merkte ich aber, wie sie meinen Danilo auf dem Boden hin und her rollten. Der Wachtmeister stieß ihm die Bajonettspitze in den Rachen. Danilo aber machte nur noch: krr ...«

Unter dem Druck des Wassers knirschten die Planken des Kahns, und der Erlenstamm unter uns ächzte gedehnt.

Mikischara angelte mit dem Fuße nach dem Kiel, der sich aus dem Wasser gehoben hatte, und sagte, indem er die glühende Asche aus der Pfeife klopfte:

»Unsere Fähre geht unter. Wir werden bis morgen Mittag hier auf dem Baum sitzen müssen. Verdammtes Pech!«

Er schwieg lange. Dann begann er wieder mit leiser, dumpfer Stimme:

»Mich haben sie für diese Sache zum Obergendarmen befördert. – Viel Wasser ist seither den Don hinuntergeflossen, aber noch immer höre ich in der Nacht sowas, wie wenn Einer röchelte und schluckte, wie im Ersticken. So wie ich damals beim Davonlaufen das Röcheln von meinem Danilo gehört habe.

So peinigt es mich, mein Gewissen.

Bis zum Frühjahr hielten wir die Front gegen die Roten. Dann stieß der General Sekretjeff zu uns, und wir jagten sie weit über den Don bis in das Gouvernement Saratow.

Obwohl ich Familienvater war, bekam ich keinerlei Erleichterung im Dienst, weil meine Söhne bei den Roten gewesen waren.

Wir erreichten die Stadt Balaschoff. Von meinem Ältesten, dem Iwan, hörte und wußte ich nichts. Aber da auf einmal entstand ein Gerede unter den Kosaken – weiß der Teufel, wie sie es herausbekommen haben –, daß Iwan von den Roten weg und zu der sechsunddreißigsten Kosakenbatterie übergegangen ist.

Die Leute von unserem Dorf drohten: ›Erwischen wir den Wanka, soll er bei uns ins Gras beißen.‹

Wir kamen in ein Dorf, und sieh, die Sechsunddreißiger sitzen drinne. Bald fischten sie meinen Wanja auf, fesselten ihn und schleppten ihn in die Schreibstube. Da wurde er mächtig verprügelt, dann sagten die Leute zu mir:

›Schaff ihn zum Regimentsstab!‹

Von diesem Dorf bis zum Stab waren es an die zwölf Werst. Der Oberste von unserer Hundertschaft gab mir die Begleitpapiere und sagte – dabei blickte er aber von mir weg:

›Da hast du, Mikischara, die Papiere. Schaff den Burschen zum Stab. Bei dir ist er sicherer. Dem Vater läuft er nicht davon.‹

Da kam mir eine Eingebung von Gott. Ich merkte, wo sie drauf raus wollten. Sie befahlen mir, ihn hinzubringen, weil sie dachten, gerade ich würde meinen Sohn sicher laufen lassen. Später hätten sie ihn aufgegriffen und ihm und mir zugleich den Garaus gemacht.

Ich trat in die Stube, wo Iwan eingesperrt war und sagte zu der Wache:

›Übergebt mir den Gefangenen. Ich soll ihn zum Stab bringen.‹

›Von uns aus kannst du ihn haben‹, sagten sie, ›uns liegt nichts an ihm.‹

Iwan hängte sich den Mantel über die Schulter. Die Mütze drehte er ein paarmal in den Händen herum und schmiß sie auf die Bank zurück.

Wir verließen das Dorf. Der Weg ging über einen Hügel. Ich schwieg, er schwieg. Ich drehte mich öfters um, wollte sehen, ob man uns nicht beobachtete. So machten wir vielleicht den halben Weg. Kamen an einer kleinen Kapelle vorbei. Hinter uns niemand zu sehen.

Hier wandte sich Wanja zu mir. Sagte, und seine Stimme war so klagend: ›Vater – im Stab bringen sie mich doch um. Du führst mich in den Tod. Schläft dein Gewissen immer noch?‹

›Nein, Wanja‹, sagte ich, ›mein Gewissen schläft nicht.‹

›Hast du denn gar kein Mitleid mit mir?‹

›So sehr jammerst du mich, Junge, daß mir das Herz vor Leid vergehen will.‹

›Tu ich dir leid, dann laß mich laufen. Schau her, ich hab noch gar zu wenig gelebt auf dieser Welt.‹

Er fiel auf die Knie. Verneigte sich dreimal vor mir bis zur Erde. Ich sagte ihm darauf: ›Laß uns bis zum Abhang gehen, mein Junge. Dann rennst du, und ich werde zum Schein ein paarmal losschießen.‹

Und siehst du, schon als kleiner Bengel war nie aus ihm ein herzliches Wort rauszubringen. Jetzt aber warf er sich mir um den Hals, küßte mir die Hände …

Wir gingen noch zwei Werst. Er schwieg. Ich schwieg. Wir kamen an den Abhang. Und Iwan blieb stehen.

»Also, Vater, leb wohl. Bleiben wir beide am Leben, so sollst du von mir bis an dein Lebensende versorgt sein. Kein grobes Wort sollst du von mir jemals hören.«

Er umarmte mich, während mir das Herz brechen wollte.

›Lauf Jungchen‹, sagte ich zu ihm. Er lief den Abhang runter. Immer wieder blickte er sich um und winkte mir mit der Hand zu. Ich ließ ihn an die zwanzig Klafter laufen. Dann nahm ich das Gewehr von der Schulter, kniete nieder, damit der Arm nicht zittere und drückte los … traf direkt in den Hintern.«

Mikischara suchte lange nach seinem Tabaksbeutel in der Tasche, schlug bedächtig Feuer aus dem Stein, entzündete langsam seine Pfeife und schmauchte dabei mit den Lippen. In der hohlen Hand hielt er den glimmenden Zunder. Die Muskeln seines Gesichts bewegten sich. Unter den verquollenen Lidern blickten die schrägstehenden Augen hart und reuelos.

»Also … er schnellte hoch und lief in der Hitze noch ein paar Klafter weit. Dann drückte er die Hände gegen den Bauch und drehte sich gegen mich um: ›Vater … wofür? …‹ Er fiel um, fing an, mit den Beinen zu zappeln. Ich lief hinzu, beugte mich über ihn. Er verdrehte die Augen. Auf den Lippen schäumte das Blut. Ich dachte, jetzt ist's vorbei, er stirbt. Aber er richtete sich noch mal auf. So auf einmal, sagte – dabei tastete er nach meiner Hand: ›Vater, ich habe ein Kind und ein Weib …‹ Sein Kopf neigte sich auf die Seite. Er wollte mit den Fingern die Wunde zuhalten. Aber wo … Das Blut sprudelte nur so durch die Finger … Er krächzte. Legte sich auf den Rücken, sah mich streng an, aber die Zunge wurde ihm schon schwer. Er wollte noch was sagen, es kam aber nur raus: ›Va–ter, Va–Va–ter …‹ Mir stürzten die Tränen aus den Augen, und ich sprach zu ihm: ›Wanjuscha, nimm für mich die Leidenskrone auf dich. Wohl hast du ein Weib und ein Kind. Ich hab aber sieben auf den Pritschen liegen. Hätte ich dich freigelassen, so hätten mich die Kosaken umgebracht, und die Kinder müßten betteln gehn.‹

Er lag noch eine Weile, dann war's aus mit ihm. Meine Hand hielt er in der seinen. Ich nahm ihm den Mantel und die Stiefel ab, bedeckte ihm das Gesicht mit einem Lappen und kehrte ins Dorf zurück …

Jetzt urteile du, guter Mann, ich habe der Kinder wegen soviel Leid auf mich genommen, hab einen grauen Kopf bekommen … Ich arbeite für sie, um ihnen das Stück Brot nicht fehlen zu lassen. Hab nicht tags und nicht nachts Ruhe … Und sie sagen mir wie meine Tochter Natascha: ›Zuwider ist es mir, Vater, an einem Tisch mit Euch zu sitzen …‹ Wie ist sowas möglich zu ertragen …?«

Der Fährmann Mikischara ließ den Kopf sinken. Dann richtete er auf mich einen schweren, unbeweglichen Blick. Hinter seinem Rücken begann die Morgendämmerung aufzusteigen, trüb und rauchig. Vom rechten Flußufer her, aus dem schwarzen Haufen der Pappeln, ertönte neben dem bunten Gegacker der Enten eine vor Kälte heisere und verschlafene Stimme:

»Mikischara! Teufel! Die Fähre her …!«

Boris Pasternak
Luftwege

Für Michail Alexejewitsch Kusmin

Unter dem jahrhundertealten Maulbeerbaum schlief, an seinen Stamm gelehnt, die Kinderfrau. Als die riesige violette Sturmwolke, die sich am Ende des Weges erhoben hatte, auch die Heuschrecken, die glutheiß im Grase zirpten, zum Schweigen brachte und im Biwak die Trommeln aufseufzten und bebend verhallten, da wurde der Erde schwarz vor Augen und das Leben auf der Welt erstarb.

»Horej!« heulte mit gesprungenen Lippen die halbirre Viehmagd, in die ganze Welt hinein, und, einen jungen Stier vor sich, den gequetschten Fuß nachschleppend und wie einen Blitz den furchterregenden Knüttel schwingend, tauchte sie in einer Wolke von Dreck am anderen Ende des Gartens auf, wo die Wildnis begann: Nachtschatten. Ziegel, Drahtgewirr, moderndes Halbdunkel.

Und sie verschwand.

Die Sturmwolke maß mit einem Blick die hitzerissigen niedrigen Stoppelfelder. Sie dehnten sich weithin bis an den Horizont. Die Wolke bäumte sich leicht auf. Sie streckten sich noch weiter hin, bis hinter die Biwaks. Die Wolke ließ sich wieder auf die Vorderhufe fallen und kroch, geschmeidig den Weg überquerend, lautlos die vierte Schiene der Abzweigung entlang. Die Sträucher, ihr Haupt entblößend, setzten sich auf dem ganzen Bahndamm – ihr nach – in Marsch. Sich vor ihr neigend, strömten sie dahin. Sie gab den Gruß nicht zurück.

Vom Baum herunter fielen Beeren und Raupen. Taumelig vor Hitze, stürzten sie herab und dachten an nichts mehr, nachdem sie sich in der Schürze der Kinderfrau eingerichtet hatten.

Das Kind war an den Wasserhahn herangekrochen. Es kroch schon lange herum. Es kroch weiter.

Wenn am Ende der Regen strömt und die beiden Schienenpaare die schiefen Flechtzäune entlangfliegen auf der Flucht vor der auf sie herabgesunkenen schwarzen Wassernacht; wenn diese dann, tosend, atemlos im Vorübereilen Ihnen zuschreit, sie sollten sich doch nicht fürchten, sie heiße Wolkenbruch, Liebe und noch irgendwie, dann werde ich Ihnen erzählen, daß die Eltern des gerade entführten Jungen am Abend zuvor ihre Piqués gesäubert hatten und daß es noch sehr früh war, als sie, schneeweiß wie zu einer Tennispartie, durch den noch dunklen Garten gingen und im selben Augenblick am Pfosten mit dem Stationsschild anlangten, als der bauchige Teller einer Lokomotive, hinter der Gärtnerei hervorrollend, die türkische Konditorei mit gelben, stickigen Rauchschwaden überzog.

Sie hatten sich auf den Weg zum Hafen begeben, um jenen Seekadetten abzuholen, der sie einst geliebt hatte, der ihrem Manne ein Freund war und der an diesem Morgen von einer Reise mit dem Schulschiff rund um die Welt in der Stadt zurückerwartet wurde.

Der Ehemann brannte vor Ungeduld, den Vertrauten so bald wie möglich in den tiefen Sinn der ihm noch nicht gänzlich überdrüssig gewordenen Vaterschaft einzuweihen. So ist das manchmal. Eine simple Angelegenheit läßt Sie, womöglich zum ersten Male, auf den Reiz einer Sache stoßen, deren Sinn ganz in ihr selbst ruht. Dies ist für Sie so neu, daß da ein Mensch sein mag, der die ganze Welt umfahren hat, der voller Eindrücke ist und der, wie man meinen möchte, allerhand zu erzählen hat, doch Ihnen kommt es vor, daß bei der bevorstehenden Begegnung er der Zuhörer sein wird, Sie aber der faszinierende unermüdliche Plauderer.

Im Gegensatz zu ihrem Mann zog es sie – gleichwie einen Anker in das Wasser – in das Eisengerassel des Hafenbetriebes, zum roten Rost der dreischlotigen Giganten, in das in Strömen fließende Getreide, unter das helle Flattern des Himmels, der Segel und der Matrosenblusen. Beider Beweggründe waren verschiedene.

Es gießt, es gießt wie aus Kannen. Ich gehe nun daran, mein Versprechen einzulösen. Über dem Graben knistern die Zweige der Haselsträucher. Zwei Gestalten eilen über das Feld. Der Mann hat einen schwarzen Bart. Die wirre Mähne der Frau flattert im Wind. Der Mann trägt einen grünen Kaftan und silberne Ohrringe, in den Armen hält er das geraubte Kind. Es gießt, es regnet, es gießt wie aus Kannen.

Er war, wie sich herausstellte, schon längst zum Midshipman befördert worden.

Elf Uhr nachts. Der letzte Zug aus der Stadt rollt auf die Station zu. Nachdem er sich zuvor zur Genüge ausgeweint hatte, wurde er schon in der Kurve wieder heiterer und legte sich irgendwie geschäftig ins Zeug. Jetzt, vollgesogen mit Luft aus der ganzen Umgegend, samt Blättern, Sand und Tau, die ihm in den sich blähenden Kessel gerutscht waren, kommt er zum Stehen, klatscht in die Hände und verstummt, den Widerhall erwartend. Das Echo muß erst von allen Wagen her bei ihm zusammenfließen. Wenn er es vernimmt, werden die Dame, der Seemann und der Zivilist, alle in Weiß, von der Straße auf den Fußweg abbiegen, und direkt vor ihnen wird hinter den Pappeln hervor die blendende Scheibe des taubedeckten Daches auftauchen. Sie werden bis zur Einfriedung gehen, mit der Gartenpforte klappern, und es wird, ohne das Geringste von den wie kitzelnde Gehänge in seinen Ohren schaukelnden Traufen, Firsten und Karniesen zu verlieren, der eiserne Planet zu beben beginnen, je näher jene herankommen. Das Grollen des davongerollten Zuges wird unerwartet fern aufwuchern und – sich selbst und die anderen täuschend – eine Weile so tun, als sei es die Stille, dann aber wird es in einem Schauer winziger ersterbender Seifenbläschen zerstieben. Es wird sich jedoch herausstellen, daß dies überhaupt nicht von dem Zuge herrührt, sondern von den Wasserraketen, an denen das Meer sich ergötzt. Hinter dem Stationswäldchen hervor wird der Mond auf den Weg hinaustreten. Und dann, beim Betrachten der ganzen Szene, wird es Ihnen vorkommen, als sei sie das Werk eines höchst bekannten und immer wieder in Vergessenheit geratenen Dichters und als würde man sie jetzt noch den Kindern zu Weihnachten schenken. Sie werden sich erinnern, daß dieser selbe Zaun Ihnen einmal irgendwie im Traum erschienen ist, und damals hieß er das Ende der Welt.

An der vom Mond gewaschenen Treppe blinkte ein Eimer mit Tünche, und eine Malerbürste stand da, den Quast nach oben an die Wand gelehnt. Dann wurde ein Fenster in den Garten geöffnet.

»Heute ist geweißt worden«, sagte halblaut eine Frauenstimme. »Spüren Sie's? Gehen wir Abendbrot essen.«

Und es trat wieder Stille ein. Sie währte nicht lange. Im Haus erhob sich ein irrsinniger Lärm.

»Was? Was heißt hier – nicht da? Verlo-orengegangen?!« riefen gleichzeitig ein Baß, heiser wie eine erschlaffte Saite, und ein in hysterischen Tönen funkelnder Alt.

»Unterm Baum? Unterm Baum? Augenblicklich stehst du mir auf und redest vernünftig. Und heul nicht. Nun laß doch meine Hände los, um Christi willen. O Gott, was ist das bloß! Toscha, mein Toschenka! Untersteh dich! Untersteh dich! Mir ins Gesicht hinein?! Du gewissenlose, schamlose Schlampe, du!« – Und Laute, die aufgehört hatten, Worte zu sein, flossen klagend ineinander, gerieten ins Stocken und entfernten sich. Sie waren nicht mehr zu hören.

Die Nacht ging zu Ende. Doch bis zur Dämmerung war es noch weit. Die Erde war, wie mit Feimen, dicht mit Gestalten besetzt, die von der Stille benommen waren. Sie schöpften Atem. Die Abstände zwischen ihnen hatten sich dem Tag gegenüber vergrößert; so, wie um besser Atem zu holen, lösten sich die Gestalten voneinander und entfernten sich. In den Lücken zwischen ihnen schnoben und schnauften die fröstelnden Wiesen unhörbar miteinander unter völlig durchgeschwitzten Schabracken. Kaum eine der Gestalten erwies sich als Baum, als Wolke oder als etwas Bekanntes. Eher wohl waren dies undeutliche Anhäufungen ohne Namen. Es drehte sie ein wenig umher, und in dieser Halbohnmacht hätten sie wohl kaum zu sagen vermocht, hat es nun gerade geregnet und wieder aufgehört, oder ist der Regen erst im Anzug, und es wird jeden Moment zu tröpfeln beginnen. In einem fort schwang es sie aus der Vergangenheit in die Zukunft, aus der Zukunft in die Vergangenheit wie den Sand in einer öfter gewendeten Sanduhr.

Ein weites Stück von ihnen weg aber, wie Wäsche, in der Dämmerung durch einen Windstoß vom Zaun gerissen und weiß der Teufel wohin getragen, schimmerten trübe am anderen Ende des Feldes drei menschliche Figuren, und auf der ihnen entgegengelegenen Seite rollte sich überrollend der ewig verhauchende Widerhall des fernen Meeres. Diese vier trug es nur aus der Vergangenheit in die Zukunft, ohne sie jemals zurückzubringen. Die Menschen in Weiß liefen von einer Stelle zur anderen, beugten sich nieder und richteten sich wieder auf, sprangen in Senken hinein und kamen dann, für eine Weile verborgen, auf dem Rain an einer ganz anderen Stelle wieder hervor. In großen Abständen voneinander tauschten sie Rufe und winkten einander mit den Händen zu, und da diese Signale ein jedes Mal verkehrt verstanden wurden, winkten sie gleich noch einmal auf andere Weise, heftiger, ärgerlicher und in rascherer Folge, zum Zeichen dafür, daß man die Zeichen nicht verstanden hat und sie ungültig geworden sind, und daß man nicht umkehren solle, sondern dort mit der Suche fortfahren, wo man gesucht hat. Die wohlgestalte Ausgelassenheit dieser Figuren machte akkurat den Eindruck, als wären sie auf den Gedanken gekommen, nachts Schlagball zu spielen, und hätten dabei den Ball verloren, und nun durchstöberten sie die Gräben nach ihm und würden, sobald sie ihn gefunden hätten, das Spiel wiederaufnehmen.

Inmitten der atemschöpfenden Gestalten herrschte völlige Windstille, und schon konnte man an die nahe Dämmerung glauben; beim Anblick dieser Menschen freilich, die wie Wirbelwinde stoßweise über der Erde zerflatterten, konnte man meinen, die Lichtung sei von Wind, Dunkel und Unrast zerwühlt und zerzaust wie von dem schwarzen Kämmlein mit den drei ausgebrochenen Zähnen.

Es gibt ein Gesetz, wonach mit uns niemals das passieren kann, was anderen Leuten auf Schritt und Tritt zustoßen muß. Diese Regel ist von den Schriftstellern nicht nur einmal vorgeführt worden. Ihre Unwiderlegbarkeit rührt daher, daß wir, solange uns noch die Freunde erkennen, Unglück für wiedergutmachbar halten. Wenn uns aber das Bewußtsein durchdringt, es sei nicht wiedergutzumachen, hören die Freunde auf, uns zu erkennen, und, gerade wie zur Bestätigung der Regel, werden wir selbst zu anderen, das heißt zu jenen, die bestimmt sind abzubrennen, zu verelenden, auf die Anklagebank oder ins Irrenhaus zu geraten.

Solange es noch gesunde Menschen waren, die da über die Kinderfrau herfielen, hatte sich ihnen die ganze Sache etwa so dargestellt, daß es nur von der Heftigkeit ihrer Vergeltung abhing, danach das Kinderzimmer zu betreten und dort mit erleichtertem Aufatmen den Jungen vorzufinden, den das Ausmaß ihres Schreckens und ihrer Verbitterung dem Schoß der Familie zurückgegeben hatte. Das Bild des leeren Bettchens hatte ihnen die Haut von den Stimmen geschunden. Doch auch mit gebeutelter Seele, als sie hinausgestürzt waren, um zuerst den Garten zu durchstöbern, und sich dann auf ihrer Suche immer weiter und weiter vom Haus entfernt hatten, waren sie noch lange Zeit Menschen gewesen wie unsereins auch, das heißt, sie suchten, um zu finden. Mit dem Wandel der Stunden jedoch verwandelte die Nacht ihr Gesicht, verwandelten sich auch sie, und jetzt, am Ausgang der Nacht, waren dies Menschen, die keiner mehr erkannte, die aufgehört hatten zu begreifen, welcher Sünde wegen und wozu der grausame Weltenraum sie immer weiter und ohne ihnen eine Atempause zu gönnen von einem Ende zum anderen über diese Erde schleift und treibt, auf der sie ihren Sohn nun nie wieder und durch keinerlei Anstrengung zu Gesicht bekommen werden. Und längst hatten sie den Midshipman vergessen, der seine Suche auf die andere Seite der Schlucht verlegt hatte.

Sollte der Verfasser dieser anfechtbaren Beobachtung wegen dem Leser verhohlen haben, was ihm recht wohl bekannt ist? Weiß er doch besser als jeder andere, daß, sowie in der Siedlung die Bäckerläden öffnen und die ersten Züge einander begegnen, die Kunde von dem traurigen Ereignis über alle Datschen hinfliegen wird und den Gymnasiasten-Zwillingen aus der Olgina schließlich anzeigen, wohin sie ihren namenlosen Bekannten und des gestrigen Sieges Trophäe zu bringen haben.

Schon drangen unter den Bäumen wie aus tief ins Gesicht gezogenen Kapuzen die ersten Ansätze des unausgeschlafenen Morgens hervor. Es wurde schubweise, mit Unterbrechungen hell. Vom Grollen des Meeres war plötzlich nichts mehr zu hören, und es wurde noch stiller als zuvor. Ein schmeichlerisches, immer rascher erfolgendes Zittern, unbekannt woher, durchlief die Bäume. Einer nach dem anderen, das ganze Spalier hindurch, platschte mit schweißtriefendem Silber gegen den Zaun, um dann wieder für lange in Schlaf zu fallen, der soeben gestört worden war. Zwei seltene Diamanten, uneins und gesondert, spielten in tiefen Nestern dieser halbdunklen Seligkeit: ein kleiner Vogel und sein Zwitschern. Erschreckt über seine Einsamkeit und sich der Nichtigkeit schämend, bemühte sich der Vogel aus Leibeskräften, spurlos unterzugehen in dem unübersehbaren Meer aus Tau, der in seiner Zerstreutheit und Verschlafenheit außerstande war, seine Gedanken zu sammeln. Es gelang. Den Kopf zur Seite geneigt und die Augen fest zusammengekniffen, trank er sich ohne einen Laut an Dummheit und Wehmut der soeben geborenen Erde satt und freute sich seines Verschwindens. Und auf einmal, seinen Widerstand brechend und ihn von Kopf bis Fuß preisgebend, flammte wie ein kalter Stern, stetes Muster auf steter Höhe, sein kraftvolles Schmettern auf, federnder Wirbelschlag flog in die Luft wie Nadelspitzen, Schaumspritzer klangen auf, erstarrten und stutzten, als hätte man eine Schale verschüttet mit einem riesigen staunenden Auge.

Doch da begann es, in aller Eintracht hell zu werden. Der Garten füllte sich ganz mit feuchtem weißem Licht. Am engsten schmiegte sich dies Licht an die verputzte Mauer, auf die kiesbestreuten Wege und an die Stämme jener Obstbäume, die mit einer vitriolhaltigen kalkweißen Masse bestrichen waren. Und da schleppte sich schwerfällig, mit dem gleichen Anflug von Totenblässe im Gesicht, die gerade vom Felde zurückgekehrte Mutter des Kindes durch den Garten. Ohne haltzumachen kam sie querdurch auf die Hinterfront zu, achtlos, was ihre Füße zertraten und worin sie versanken. Das Auf und Ab der Beete hatte sie hoch und niedergeworfen, als bedürfe ihre Erregung noch des Durchrüttelns. Als sie den Gemüsegarten hinter sich hatte, näherte sie sich jenem Teil des Zaunes, hinter dem die Straße zum Biwak zu sehen war. Dieser Stelle strebte der Midshipman zu, der hier über die Einfriedung klettern wollte, um nicht den Umweg um den Garten machen zu müssen. Der gähnende Osten trieb ihn auf die Einfriedung zu wie das weiße Segel eines stark krängenden Bootes. Sie erwartete ihn, sich an die Staketen klammernd. Man sah, daß sie etwas sagen wollte und daß sie das wenige, was sie zu sagen hatte, Wort für Wort vorbereitet hatte.

Dieselbe Nähe des vor kurzem niedergegangenen oder erwarteten Regens war, wie auch oben, am Ufer des Meeres zu spüren. Woher mochte das Grollen kommen, das die ganze Nacht hindurch von jenseits des Bahndammes zu hören gewesen war? Das Meer lag da, erstarrt wie die quecksilberüberzogene Rückseite eines Spiegels, und nur ganz sacht besann es sich ab und zu auf etwas und schluchzte auf an seinen Kanten. Der Horizont verfärbte sich schon in ein krankhaftes und böses Gelb. Das war verzeihlich für ein Morgenrot, das sich an die Hinterwand eines riesigen, über Hunderte Werst hin vermisteten Kobens preßte, wo jede Minute von allen Ecken und Enden her die Wellen aufsteigen und lostoben konnten. Jetzt aber krochen sie auf dem Bauch und rieben sich kaum merklich eine an der anderen, gerade wie eine zahllose Herde schwarzer und glitschiger Schweine.

Ans Ufer trat, hinter einem Felsen hervor, der Midshipman. Er ging mit schnellen und forschen Schritten, ab und zu von einem Stein zum anderen springend. Soeben hatte er oben etwas Niederschmetterndes erfahren. Er hob ein flaches, glattgeschliffenes Klinkerstück aus dem Sand auf und ließ es platt übers Wasser fahren. Abprallend schlitterte der Stein wie über Speichel schräg dahin, den gleichen kaum wahrnehmbaren Säuglingslaut von sich gebend wie all das seichte Wasser auch. Eben erst, als er, verzweifelt in seinem Suchen, den Rückweg zur Datscha eingeschlagen und sich ihr von der Seite der Lichtung her genähert hatte, und als Ljolja von innen her an die Einfriedung herangelaufen war, hatte sie ihm, nachdem sie ihn ganz dicht herankommen ließ, hastig gesagt: »Wir können nicht mehr. Sei unser Retter! Finde ihn. Dies ist dein Sohn.«

Als er aber ihre Hand ergriffen hatte, hatte sie sich losgerissen und war davongelaufen, und als er in den Garten hinübergeklettert war, hatte er sie nirgends mehr finden können. Wieder hob er einen Stein auf, und langsam, ohne dabei mit dem Steineschleudern aufzuhören, entfernte er sich und verschwand hinter einem Felsenvorsprung.

Hinter seinem Rücken aber fuhren seine eigenen Spuren fort zu leben und sich zu regen. Auch ihnen war nach Schlafen zumute. Was da kroch, rieselte, seufzte und sich von einer Seite auf die andere wälzte, war das aufgescheuchte Kieselgeröll, und es suchte sich polternd ein möglichst bequemes Lager, um sich nunmehr in aller Ruhe auszuschlafen.

Es waren über fünfzehn Jahre vergangen. Draußen wurde es finster, in den Zimmern war es dunkel. Eine unbekannte Dame fragte schon zum dritten Male nach dem Mitglied des Gubispolkom, dem ehemaligen Marineoffizier Poliwanow. Vor der Dame stand ein gelangweilter Soldat. Durch das Fenster des Vorzimmers war ein Durchgangshof zu sehen, der von Bergen zugeschneiter Ziegelsteine überschüttet war. Ganz tief in seinem Innern, wo früher einmal die Abfallgrube gewesen war und wo sich jetzt ein Haufen von lange nicht abgefahrenem Kehricht auftürmte, erschien der Himmel wie undurchdringliche Ödnis, gewachsen an den Halden dieser Aufhäufung von verendeten Katzen und Konservenbüchsen, die bei Tauwetter auferwachten und, da sie sich verpustet hatten, anhoben, nach vergangenen Frühlingen zu stinken und nach triefender, tschilpender, knirschend polternder ungebundener Natur. Doch man brauchte nur den Blick von diesem Winkel abzuwenden und die Augen höher zu richten, um mit Erstaunen zu sehen, wie neu doch dieser Himmel war.

Seine heutige Fähigkeit, ganze Tage und Nächte lang vom Meer aus und vom Bahnhof her das Grollen des Gewehr- und Geschützfeuers breitzutragen, hatte seine Erinnerung an das Jahr 1905 weit zurückgedrängt. Durch ein Delirium von Kanonade von einem Ende bis zum anderen breitgewalzt wie von einer Straßenwalze und nunmehr von ihr endgültig festgestampft und erschlagen, blickte er düster schweigend herab und führte, ohne sich zu bewegen, irgendwohin, wie dies im Winter jeglichem Band eines gleichmäßig sich abwickelnden Schienenstrangs eigen ist.

Was war dies nur für ein Himmel? Auch am Tage erinnerte er an das Bild jener Nacht, die wir in der Jugend und im Vormarsch sehen. Auch am Tage sprang er in die Augen, und, maßlos hervordringend, auch am Tage sättigte er sich an der verwüsteten Erde, brachte die Verschlafenen zu Fall und hob die Träumenden auf die Füße.

Das waren Gleise in den Lüften, über die, Zügen gleich, täglich die geradlinigen Gedanken Liebknechts, Lenins und einiger weniger Geister ihres Formates verliefen. Das waren Gleise, die hoch genug angelegt waren, um jegliche Art Grenze, wie sie auch heißen mochte, zu überschreiten. Eine der Linien, noch während des Krieges eingerichtet, bewahrte ihre frühere strategische Höhe, die den Erbauern von der Natur der Fronten, über die man sie gezogen hatte, aufgezwungen war. Diese alte militärische Zweigstrecke, die an ihrem bestimmten Ort und zu ihren bestimmten Stunden die Grenze Polens und dann Deutschlands durchschnitt – hier, ganz an ihrem Beginn, vor aller Augen trat sie aus den Grenzen der Einsicht von Mittelmaß und dessen Duldung heraus. Sie überquerte den Hof, und der war erschrocken über die Entferntheit ihrer Bestimmung und über ihre niederdrückende Wuchtigkeit, wie stets vor dem Schienenstrang die in alle Richtungen fliehende Vorstadt erschrickt. Dies war der Himmel der Dritten Internationale.

Der Soldat antwortete der Dame, Poliwanow sei noch nicht wieder eingetrudelt. Langeweile von dreierlei Art klang aus seiner Stimme. Da war die Langeweile eines Wesens, das, an dahinfließenden Schmutz gewöhnt, unversehens auf trockenem Staub stand. Da war die Langeweile eines Menschen, der sich auf Bewachungs- und Requisitionskommandos damit angefreundet hatte, daß die Fragen er stellt, und zu antworten hat, aus der Fassung geraten und verschüchtert, so eine Gnädige wie die da, und den es nun anödete, daß die Ordnung musterhafter Unterredung hier auf den Kopf gestellt und gestört war. Und da war schließlich auch jenes aufgesetzte Gelangweiltsein, mit dem etwas Niedagewesenem das Aussehen purer Alltäglichkeit verliehen wird. Und, obgleich er sehr wohl wußte, wie unerhört der Gnädigen die Ordnung der letzten Zeit erscheinen mußte, setzte er eine dümmliche Miene auf, genauso, als habe er nicht den leisesten Schimmer von ihren Gefühlen und als habe er lebenslänglich nichts anderes als Diktatur geatmet.

Plötzlich kam Ljowuschka herein. Etwas, das der Seilschlaufe eines Rundlaufs glich, hatte ihn mit Schwung aus der Luft von draußen, wo es nach Schnee und unaufgehellter Stille roch, in den ersten Stock hinaufgetragen. Mit festem Griff nach diesem Gegenstand, der sich als Aktentasche entpuppte, brachte der Soldat den Angekommenen zum Stehen, wie man ein auf vollen Touren laufendes Karussell zum Stehen bringt.

»Folgendes«, wandte er sich an ihn, »die von den Plennis warn da.«

»Wieder wegen der Ungarn?«

»Genau.«

»Denen ist doch schon gesagt worden, von den Dokumenten allein kommt der Transport nicht in Gang!«

»Na, kann ich dafür? Ich versteh das doch sehr gut, daß es an den Dampfern hängt. Das hab ich den' auch so erklärt.«

»Na und?«

»›Wir‹, sagen die, ›wissen das auch ohne euch. Euer Bier sind die Papiere, daß alles in Lot ist, also die zum Einschiffen. Dann geht die Sache sein' Gang.‹ Müssen Platz frei machen.«

»Gut. Noch was?«

»Sonst nischt. Es ging bloß drum, daß sie die Papiere kriegen, und Platz – sagen die.«

»Ach was!« fiel ihm Poliwanow ins Wort. »Erzähl mir nicht alles doppelt! Das hab ich nicht gemeint.«

»Aus der Kanatnaja ein Brief«, sagte der Soldat, den Namen der Straße nennend, wo die Tscheka untergebracht war, und senkte näher-tretend seine Stimme zum Flüstern, wie beim Postenwechsel.

»Na so was! So. Nicht möglich!« gab Poliwanow teilnahmslos und zerstreut von sich.

Der Soldat trat zurück. Einen Augenblick lang standen beide schweigend da.

»Brot mitgebracht?« fragte der Soldat unverhofft griesgrämig, da er nach der Form der Aktentasche gar keine Antwort brauchte, und fügte hinzu: »Ach so, da is noch was … ne Bürgerin will zu Ihnen …«

»Soso, aha«, sagte Poliwanow schleppend und zerstreut wie zuvor.

Das Seilende des Rundlaufs zuckte und straffte sich. Die Aktenta-sche geriet in Bewegung.

»Bitte, Genossin«, wandte er sich an die Dame, sie auffordernd, in sein Arbeitszimmer einzutreten. Er hatte sie nicht erkannt.

Verglichen mit der Dunkelheit des Vorraumes war hier völlige Fin-sternis. Sie folgte ihm unmittelbar nach und blieb gleich hinter der Tür stehen. Hier mußte ein Teppich liegen, der sich durch das ganze Zimmer zog, denn kaum, daß er zwei, drei Schritte getan hatte, war er irgendwo verschwunden, danach ließen sich Schritte gleicher Art am entgegengesetzten Ende dieses Dunkels vernehmen. Es waren Laute zu hören, die einer nach dem anderen die Tischplatte mit sich bewegen-den Gläsern, mit Zwieback- und Zuckerbrocken, mit Teilen eines zerlegten Revolvers und sechseckigen Bleistiften eindeckten. Er fuhr sacht mit der Hand über den Tisch, etwas zur Seite schiebend und ver-reibend, und suchte nach Streichhölzern. Beinahe hätte die Phantasie das Zimmer, das wohl voller Bilder hing und mit Schränken, Palmen und Bronzen vollgestellt war, auf einen der Prospekte des einstigen Petersburg versetzt und hielt schon mit ausgestrecktem Arm die von Lichtern gefüllte Hand hin, um diese in die sich auftuende Perspektive hineinzustreuen, als plötzlich das Telefon anschlug. Sein schepperndes Rasseln, das nach Landluft und Krähwinkel klang, erinnerte augenblicklich daran, daß der Draht mühsam hierher drang durch eine Stadt, die in absolute Finsternis versunken war, und die Sache sich in der Provinz unter den Bolschewiki abspielte.

»Ja«, antwortete der unzufriedene, ungeduldige und zu Tode erschöpfte Mann, der sich offenbar mit der Hand die Augen zuhielt. »Ja. Ich weiß. Ich weiß. Blödsinn. Prüf das telefonisch. Blödsinn. Ich hab mich mit dem Stab in Verbindung gesetzt. Shmerinka gibt eine Stunde etwa schon Antwort. Und das ist alles? Ja, mach ich und sag Bescheid. Nein doch, in zwanzig Minuten etwa. Das wars?«

»Also, Genossin«, wandte er sich an die Besucherin, in der einen Hand die Streichholzschachtel, in der anderen den blauen Tropfen der sprühenden Schwefelflamme.

Und dann war, fast gleichzeitig mit dem Aufschlagen der zu Boden fallenden und sich verstreuenden Streichhölzer, ihr deutlich artikuliertes erregtes Flüstern zu vernehmen.

»Ljolja!« schrie Poliwanow wie von Sinnen auf. »Das ist doch nicht möglich – Verzeihung. Oder doch nicht – Ljolja?!«

»Ja … ja … Guten … Ich muß erst zu mir kommen … Das hat Gott gefügt«, flüsterte sie, gleichförmig keuchend und weinend.

Plötzlich war alles verschwunden. Im Licht einer in Brand gesteckten Ölfunzel stand einer dem anderen gegenüber, ein von bohrender Übermüdung verzehrter Mann in einer offenstehenden Joppe und eine schmutzige Frau vom Bahnhof, die sich schon lange nicht gewaschen hatte. Jugend und Meer schien es nie gegeben zu haben. Im Licht des Öls erwies sich ihre Ankunft, der Tod Dmitris und der Tochter, von deren Existenz er nicht wußte, mit einem Wort, alles was sie vor dem Aufflammen erzählt hatte, als eine in ihrer Unabdingbarkeit niederschmetternde Wahrheit, die sogar einen, der nur Zuhörer ist, an den Rand des Grabes bringt, sofern nur sein Mitleid nicht leeres Wort war. Als er sie im Licht des Öls anblickte, da fiel ihm sogleich jene Geschichte wieder ein, um derentwillen sie, als sie aufeinandertrafen, sofort davor zurückwichen, sich zu umarmen. Und, unwillkürlich lächelnd, wunderte er sich über die Zählebigkeit solcher Vorurteile. Im Licht des Öls brachen all ihre Hoffnungen zusammen, die sie sich um die Ausstattung des Arbeitszimmers gemacht hatte. Dieser Mann da erschien ihr so fremd, daß dieses Gefühl keiner wie auch immer gearteten Veränderung zuzuschreiben war. Um so entschlossener kam sie zur Sache und machte sich wiederum, wie einst schon, mit Eifer daran, ihr Werk blindlings und ohne Nachdenken, wie einen fremden Auftrag, auszuführen.

»Wenn Ihnen Ihr Kind lieb ist …«, so begann sie.

»Geht das schon wieder los!« brauste Poliwanow augenblicklich auf und redete und redete und redete – schnell und unaufhaltsam.

Er redete, genau als ob er einen Artikel schriebe – mit »derjenige, welcher« und mit Punkt und Komma. Er ging im Zimmer auf und ab und blieb gelegentlich stehen, hob die Hände auseinander und fuchtelte mit ihnen herum. Zwischendurch, die Stirne runzelnd und mit drei Fingern die Haut über der Nasenwurzel zusammenschiebend, rieb und scheuerte er diese Stelle, als sei sie der Herd seiner bald verlöschenden, bald aufflammenden Entrüstung. Er flehte sie an, doch ja nicht zu glauben, daß die Leute dumm genug für ihre Hirngespinste seien und daß man mit ihnen nach Belieben umspringen könne. Er beschwor sie bei allem, was ihr heilig war, doch niemals wieder diesen hanebüchenen Unfug aufzutischen, besonders nachdem sie ja selbst gleich damals ihre Täuschung eingestanden habe. Er sagte, daß – sogar wenn man diesen Unsinn für bare Münze nehmen wolle – sie damit doch nur das Gegenteil erreichen würde. Niemals könne man doch einem Menschen in den Schädel hämmern, daß etwas, was er vor einem Augenblick noch nicht besessen hatte und was nun plötzlich da war, kein Fund, sondern ein Verlust sei. Er erinnerte daran, welch ein Gefühl von Unbekümmertheit und Freiheit ihn mit einem Male durchdrungen hatte, als er gerade dabei war, ihrem Märchen Glauben zu schenken; und wie er sogleich jegliche Lust verloren hatte, noch weiter in Gräben und Senken zu stöbern, und er statt dessen am liebsten baden gegangen wäre. Also, sogar wenn die Zeiten sich zurückdrehen ließen – versuchte er giftig zu scherzen – und wenn es wieder mal notwendig wäre, eins der Mitglieder ihrer Familie zu suchen, dann würde er sich auch in diesem Falle allein ihretwegen, oder um X oder Y Sorgen machen, nicht aber seiner selbst wegen oder ihres lachhaften …

»Sind Sie fertig?« sagte sie, ihn zur Ruhe kommen lassend. »Sie haben ganz recht. Ich habe meine Worte zurückgenommen. Können Sie das denn nicht begreifen? Meinetwegen, mag es auch gemein und kleinmütig gewesen sein. Ich war außer mir vor Freude, daß sich der Junge wiedergefunden hatte. Und wie wunderbar. Sie erinnern sich? Hätte ich denn nach dem noch das Herz haben sollen, mein und Dmitris Leben zu zerstören? Also habe ich mich verleugnet. Aber hier geht es nicht um mich. Ihr Sohn ist das. Ach, Ljowa, Ljowa, wenn Sie bloß wüßten, in was für einer Gefahr er jetzt schwebt! Ich weiß gar nicht, wie ich anfangen soll. Lassen Sie mich der Reihe nach erzählen. Wir haben uns seit jenem Tag nicht mehr gesehen. Sie kennen ihn nicht. Er ist ja so vertrauensselig. Das wird ihn noch mal zugrunde richten. Da ist so ein Taugenichts, ein Abenteurer – aber Gott sei sein Richter –, Neploschajew, Toschas Korpskamerad …«

Bei diesen Worten ging Poliwanow, der im Zimmer auf und ab schritt, auf die Zehenspitzen hoch, als hätte man ihn festgenagelt, und ihre weiteren Worte gingen ungehört vorbei. Sie hatte einen Namen genannt, der ihm neben vielem anderen gerade erst von dem Soldaten zugeflüstert worden war. Er kannte diesen Fall. Er war hoffnungslos für die Beschuldigten, und es war nur eine Frage der Stunde.

»Er war unter fremdem Namen tätig?«

Sie wurde bleich, als sie diese Frage hörte. Das hieß, er wußte mehr als sie, und die Sache stand schlechter, als sogar sie es sich ausgemalt hatte. Sie vergaß, in wessen Lager sie sich befand, und in der Einbildung, das ganze Übel bestünde in dem gefälschten Namen, nahm sie mit Eifer den Sohn von einer völlig unnötigen Seite her in Schutz.

»Aber Ljowa, er konnte doch nicht offen dafür kämpfen, daß...«

Und wieder gingen die Worte an ihm vorbei, als er begriff, daß das Kind dieser Frau sich hinter jedem der Namen verbergen konnte, die ihm aus den Akten bekannt waren, und er stand am Tisch und rief jemanden an und brachte etwas in Erfahrung und geriet von Verbindung zu Verbindung immer tiefer und immer weiter in die Stadt und in die Nacht hinein, bis sich vor ihm der Abgrund der letzten und endgültig richtigen Auskunft auftat.

Er blickte um sich. Ljolja war nicht im Zimmer. Er verspürte einen schrecklichen Druck in den Augenhöhlen, und als er seinen Blick durchs Zimmer schweifen ließ, verschwamm es vor ihm zu dichtgereihten Stalaktiten, Rinnsalen. Er wollte die Haut über der Nasenwurzel zusammenschieben, doch fuhr er sich statt dessen mit der Hand über die Augen, und von dieser Bewegung begannen die Stalaktiten zu tanzen und ineinanderzufließen. Ihm wäre leichter gewesen, wäre ihr spastisches Zucken nicht derart häufig und lautlos erfolgt. Dann fand er sie. Sie lag da wie eine riesenhafte, unversehrt gebliebene Puppe, zwischen Tischbein und Stuhl, in ebenjener Schicht aus Sägespänen und Abfällen, die sie in der Dunkelheit und solange sie bei Bewußtsein war, für einen Teppich gehalten hatte.

Jewgeni Samjatin
Die Höhle

Eisberge, Mammute, Einöden. Nächt-
liche, schwarze, an Häuser erinnernde Felsen. In den Felsen sind Höhlen,
und man weiß nicht, wer nachts auf
dem Steinpfad zwischen den Felsen
trompetet und, die Spur schnüffelnd, den weißen Schneestaub auf-
wirbelt, vielleicht ein graurüsseliges Mammut, vielleicht der Wind,
vielleicht ist auch der Wind das eisige Geheul eines Über-Mammuts.
Eins ist sicher: es ist Winter, und man muß die Zähne noch fester zu-
sammenbeißen, damit sie nicht klappern. Man muß Holz mit dem
Steinbeil spalten, man muß die ganze Nacht das Feuer von einer Höhle in die andere tragen, immer tiefer hinein in den Felsen. Und man
muß immer mehr zerlumpte Tierhäute um sich wickeln.

Zwischen den Felsen, wo Ewigkeiten früher Petersburg war, trottet
nachts das graurüsselige Mammut. Und eingehüllt in Felle, Decken
und Lumpen ziehen die Höhlenmenschen von Höhle zu Höhle. In
der Pokrow-Straße zerhackten Martin Martinytsch und Mascha das
Arbeitszimmer; in der Kasan-Straße zogen sie aus dem Eßzimmer
und verschanzten sich im Schlafzimmer. Weiter zurück geht es nicht
mehr. Hier müssen sie die Belagerung aushalten oder sterben. In dem
Petersburger Höhlenschlafzimmer sieht es aus wie unlängst in der
Arche Noah – von der Flut aufgestörte reine und unreine Wesen:

ein Schreibtisch aus Mahagoni, Bücher, steinhart gebrannte Fladen, Skrjabin Opus 74, ein Bügeleisen, fünf Kartoffeln mit liebevoll weiß gewaschener Schale, die Nickelgitter der Betten, eine Axt, ein Frisiertisch, Brennholz. Und im Zentrum dieser Welt kurzbeinig, mit rötlichem Rost bedeckt, untersetzt, gierig: der Höhlengott – der eiserne Ofen.

Der Gott singt laut. In der dunklen Höhle ist er das große feurige Wunder. Die Menschen, Martin Martinytsch und Mascha, strecken ihm beglückt mit dankbarem Schweigen die Hände entgegen. Auf eine Stunde ist in der Höhle Frühling. Auf eine Stunde werfen sie die Tierfelle ab, die Krallen, die Hauer, und durch die vereiste Hirnschale sprießen grüne Hälmchen – die Gedanken.

»Mart, du hast vergessen, daß morgen … nun, ich sehe, du hast es vergessen!«

Im Oktober, wenn die Blätter schon gelb sind, und glanzlos und welk, kann es Tage geben, an denen der Himmel blauäugig strahlt; wenn man an einem solchen Tag den Kopf zurückwirft, um die Erde nicht mehr zu sehen, kann man glauben: noch herrscht Freude, noch ist Sommer. So ist es mit Mascha: die Augen schließen, und ihr zuhören, dann kann man glauben, sie sei die frühere, gleich wird sie lachen, sie wird vom Bett aufstehen und ihn umarmen, und vor einer Stunde – wie wenn ein Messer über Glas fährt … – das war nicht ihre Stimme, überhaupt nicht sie selbst.

»Ach Mart, Mart, wie alles … früher hast du es nicht vergessen. Der Neunundzwanzigste: der Tag der Maria, mein Namenstag.«

Der eiserne Gott singt. Licht gibt es wie gewöhnlich nicht. Es geht erst um zehn an. Die dunklen Wölbungen der Höhle schwanken ungewiß. Martin Martinytsch hat sich hingehockt, ein immer enger und enger zusammengeschnürtes Bündel. Er wirft den Kopf zurück und blickt in den Oktoberhimmel, um nicht die verwelkten, matten Lippen zu sehen. Da sagt Mascha:

»Denke doch, Mart, wenn wir morgen von früh an heizen könnten, daß es den ganzen Tag wie jetzt wäre. Wieviel haben wir noch? Es muß doch ungefähr noch ein halber Klafter im Arbeitszimmer sein?«

Bis zu dem Polararbeitszimmer kann Mascha schon lange nicht mehr gehen und weiß nicht, daß dort ... noch enger den Knoten um das Bündel, noch enger.

»Ein halber Klafter? Mehr! Ich glaube, dort ...«

Plötzlich Licht. Es ist genau zehn. Ohne den Satz zu beenden, kneift Martin Martinytsch die Augen zu. Er wendet sich ab. Im Licht ist es schwerer als im Dunkel. Und bei Licht ist deutlich zu sehen: sein Gesicht ist zerfurcht, lehmgrau. (Viele haben jetzt lehmgraue Gesichter: zurück – zu Adam.) Mascha sagt:

»Weißt du, Mart, ich könnte versuchen – vielleicht kann ich aufstehen, wenn du vom Morgen an heizt.«

»Sicher, Mascha, sicher ... solch ein Tag ... selbstverständlich, vom Morgen an.«

Der Höhlengott wird still, sinkt in sich zusammen, glüht kaum noch, erlischt. Man hört: unten bei den Obertyschews spalten sie mit dem Steinbeil Holz, das von einer Barke stammt. Mit dem Steinbeil spalten sie auch Martin Martinytsch: eine Hälfte Martin Martinytschs lächelt lehmgrau zu Mascha und mahlt auf der Kaffeemühle getrocknete Kartoffelschalen für Fladen, die andere Hälfte Martin Martinytschs ist wie ein Vogel, der sich aus der Freiheit in ein Zimmer verflogen hat: er stößt sich sinnlos, blind an den Scheiben, den Wänden – wo könnte Holz sein, wo könnte Holz sein, wo könnte nur Holz sein.

Martin Martinytsch zieht den Mantel an und bindet einen Ledergürtel um (die Höhlenbewohner glauben an den Mythos, daß der Mantel dadurch wärmer hält), in der Ecke bei dem Frisiertisch klappert er mit dem Eimer:

»Wohin gehst du, Mart?«

»Nach unten, Wasser holen.«

Auf der dunklen, von Wasserspritzern vereisten Treppe bleibt Martin Martinytsch stehen, schwankt, stöhnt und geht mit dem an der Kette scheppernden Eimer nach unten zu den Obertyschews. Bei ihnen läuft das Wasser noch. Obertyschew selbst öffnet die Tür. In einen Mantel gehüllt, um den er einen Bindfaden gebunden hat, lange nicht rasiert, gleicht sein Gesicht einer Steppe, die mit rötlichem, staubbedeckten Gras bewachsen ist. Durch das Steppengras scheinen gelbe, steinerne Zähne, und zwischen den Steinen wie ein flüchtiges Eidechsenschwänzchen – wird ein Lächeln sichtbar.

»Ah, Martin Martinytsch, Sie kommen nach Wasser? Bitte bitte, bitte!«

In dem engen Verschlag zwischen der äußeren und inneren Tür kann man sich mit dem Eimer nicht umdrehen. In diesem Verschlag liegt das Holz der Obertyschews. Der lehmgesichtige Martin Martinytsch stößt sich mit der Seite an einem Stück Holz. Es gibt im Lehm eine tiefe schmerzhafte Druckstelle und eine noch tiefere im dunklen Korridor, an der Ecke einer Kommode.

Durch das Speisezimmer. Im Speisezimmer sitzen das Obertyschewweibchen und drei Obertyschewjunge. Das Weibchen bedeckt hastig eine Schüssel mit einer Serviette. Da ist ein Mensch aus einer anderen Höhle, Gott weiß, vielleicht wird er sich plötzlich auf sie stürzen und ihr die Schüssel entreißen.

In der Küche öffnet Obertyschew den Hahn und lächelt mit seinen steinernen Zähnen.

»Nun, wie geht es Ihrer Frau? Wie geht es Ihrer Frau?«

»Ach, Alexej Iwanytsch, immer dasselbe, schlecht. Und morgen ist ihr Namenstag, und ich habe nichts zu heizen.«

»Aber Martin Martinytsch, haben Sie denn schon alles verbraucht: Stühle, Schränke, Bücher? Bücher brennen ganz ausgezeichnet.«

»Aber Sie wissen doch: die Möbel in der Wohnung gehören nicht uns, nur das Klavier.«

»Ach so, ach so, ach so, bedauerlich, sehr bedauerlich.«

In der Küche hört man den Vogel, der sich verflogen hat: er schlägt mit den Flügeln, flattert nach rechts, nach links und plötzlich mit verzweifeltem Ansatz mit der Brust gegen die Wand.

»Alexej Iwanytsch, ich wollte ... Alexej Iwanytsch ... kann ich nicht bei Ihnen ... vielleicht fünf oder sechs Scheite ...«

Gelbe, steinerne Zähne im Steppengras. Gelbe Zähne wachsen aus den Augen, Zähne bedecken den ganzen Obertyschew – gelbe, lange Zähne.

»Aber ich bitte Sie, Martin Martinytsch, ich bitte Sie. Wir haben selbst ... Sie wissen, wie jetzt alles ist. Sie wissen selbst, Sie wissen selbst.«

Den Knoten noch enger schnüren, enger, noch enger. Martin Martinytsch gibt sich einen Ruck, nimmt den Eimer auf – und durch die Küche, durch den dunklen Korridor, durch das Eßzimmer. An der Schwelle des Eßzimmers gibt ihm Obertyschew auf einen Augenblick eine flüchtige Eidechsenhand.

»Nun, 'n Abend, Martin Martinytsch, aber vergessen Sie nicht: die Tür fest zuschlagen, vergessen Sie es nicht, beide Türen, beide, beide, sonst wird es überhaupt nicht warm.«

Auf dem dunklen vereisten Vorplatz stellt Martin Martinytsch den Eimer ab, dreht sich um und schlägt fest die erste Tür zu. Er lauscht, er hört nur ein trockenes, knöchernes Zittern in sich und seinen zitternden, kurzen, in punktweisen Stößen gehenden Atem. Im engen Verschlag zwischen den beiden Türen streckt er die Hand aus und fühlt – ein Scheit und noch eins, noch eins ... nein! Er reißt sich zusammen, tritt auf den Vorplatz, schließt die Tür. Jetzt noch einmal fester zuschlagen, damit das Schloß einschnappt ...

Und da – hat er nicht die Kraft dazu. Er kann nicht vor Mascha das Morgen zuschlagen. Und auf der Linie, die von den kaum wahrnehmbaren Punkten seines stoßweisen Atems gezeichnet ist, ringen zwei Martin Martinytschs auf den Tod miteinander: der eine, der ehemalige mit Skrjabin, der weiß, man darf nicht – und der neue, der Höhlenbewohner, der weiß, man muß. Der Höhlenbewohner knirscht mit den Zähnen, zermalmt, zerdrückt – Martin Martinytsch bricht sich beim Öffnen der Tür die Nägel ab, langt mit der Hand in das Holz ... ein Scheit, das vierte, das fünfte, unter den Mantel, hinter den Gürtel, in den Eimer – er schließt die Tür – und nach oben mit großen, tierhaften Sprüngen. Auf der Treppe, auf einer vereisten Stufe, bleibt er plötzlich stehen, preßt sich an die Wand. Unten hat die Tür geklappt, er hört die belegte Stimme Obertyschews:

»Wer ist dort, wer ist dort, wer ist dort?«

»Ich bin es, Alexej Iwanytsch, ich ... ich hatte die Tür vergessen ...
ich wollte ... ich kam zurück, um die Tür fester ...«

»Sie? Hm ... das dürfen Sie nicht machen. Passen Sie besser auf. Es
wird jetzt so viel gestohlen, Sie wissen selbst, Sie wissen selbst. Wie
konnten Sie so?«

Der Neunundzwanzigste. Vom Morgen an ein niedrighängender,
löcheriger Flauschhimmel. Durch die Löcher stürzt Eis. Aber dem
Höhlengott wurde vom Morgen an der Bauch gefüllt, vom Morgen an
singt er gnädig, und wenn es auch Löcher im Himmel gibt und wenn
auch der mit Zähnen überwachsene Obertyschew die Scheite zählt,
soll er, es ist gleich. »Morgen« ist ein unfaßbarer Begriff in der Höhle.
Nur nach einer Ewigkeit werden ihre Bewohner wissen, was »Morgen«, was »Übermorgen« bedeutet.

Mascha ist aufgestanden, in einem unsichtbaren Wind schwan-
kend, kämmt sie ihr Haar wie früher: über die Ohren, den Scheitel in
der Mitte – noch einmal flattert das letzte vergilbte Blatt am kahlen
Baum hin und her. – Aus dem Mittelkasten des Schreibtisches nimmt
Martin Martinytsch Papiere, Briefe, ein Thermometer, ein blaues
Fläschchen (er schiebt es hastig wieder zurück, damit es Mascha nicht
sieht) – und holt endlich aus dem letzten Winkel ein schwarzes Lack-
kästchen. Darin ist noch ein wenig echter, ja, in der Tat ganz echter
Tee. Martin Martinytsch wirft den Kopf zurück und hört eine Stimme, die der früheren ähnelt:

»Mart, erinnerst du dich, mein kleines blaues Zimmer und das
Klavier mit dem Überzug, und auf dem Klavier ein Holzpferdchen, ein
Aschenbecher, und ich spielte und wendete dir den Rücken zu, und du
tratest zu mir ...«

Ja, an diesem Abend entstand eine Welt! Die sonderbare, weiße
Schnauze des Mondes, das Schluchzen der Nachtigall, das man laut im
Korridor hörte ...

»Und erinnerst du dich, Mart, das Fenster stand offen, ein grüner
Himmel, und von unten aus einer anderen Welt der Leiermann ...

Leiermann, wunderbarer Leiermann, wo bist du?

Und am Ufer – erinnerst du dich? – die Zweige waren noch kahl, das Wasser schimmerte rötlich, eine letzte blaue Eisscholle schwamm an uns vorüber wie ein Sarg. Und wir mußten lachen über den Sarg, weil wir doch niemals sterben würden. Erinnerst du dich?«

Unten fangen sie an, mit der Steinaxt Holz zu hacken. Plötzlich hören sie auf: Herumlaufen, Geschrei. Und in zwei Hälften gespalten, sieht Martin Martinytsch mit einer Hälfte den unsterblichen Leiermann, das unsterbliche hölzerne Pferdchen, die unsterbliche Eisscholle, und mit der anderen, in kurzen Stößen atmend, zählt er zusammen mit Obertyschew die Holzscheite. Jetzt hat Obertyschew durchgezählt, jetzt zieht er den Mantel an, jetzt wirft er, ganz überwachsen von Zähnen, die Tür zu und ...

»Warte, Mascha, es scheint, es scheint, es hat bei uns geklopft.«

– Nein, niemand. Noch ist niemand da. Noch kann er atmen, noch kann er den Kopf zurückwerfen, der Stimme zuhören, die ganz der früheren gleicht. –

Es dämmert. Der neunundzwanzigste Oktober ist alt geworden. Unverwandte, trübe, greisenhafte Augen der Dämmerung, und alles biegt sich, beugt sich, krümmt sich unter ihrem unverwandten Blick. Auch die Decke scheint sich zu krümmen und herunterzusenken: die Sessel, der Schreibtisch, Martin Martinytsch, die Betten werden flach – und auf dem Bett ganz flach wie eine papierene Hülle – Mascha.

In der Dämmerung kommt Selichow, der Hausobmann. Früher war er ein Mann von sechs Pud, jetzt ist er auf die Hälfte zusammengeschrumpft, er hängt im Gehäuse seines Jacketts wie die Nuß in einer Kinderrassel. Aber wie früher hat er sein lautes Lachen.

»Hallo, Martin Martinytsch, als erstes, als zweites herzlichste Glückwünsche für Ihre Gattin, ich gratuliere Ihrer Gattin zum allerhöchsten Namenstag. Aber sagen Sie, sagen Sie ... Mir hat Obertyschew gemeldet ...«

Martin Martinytsch reißt es vom Sessel hoch, aufgeregt überstürzt er sich etwas zu sagen, nur irgend etwas zu sagen ...

»Möchten Sie Tee? Sofort – diesen Augenblick – wir haben heute echten. Denken Sie, echten. Eben habe ich ...«

»Tee? Ach wissen Sie, ich würde Sekt vorziehen, Sie haben keinen?

Aber so was, pfui, pfui, pfui. Denken Sie, vor ein paar Tagen habe ich mit einem Freund aus Hoffmannstropfen Schnaps gebraut. Das war ein Spaß! Er hat ein bißchen zu viel getrunken. Er sagte: ›Ich bin Sinowjew, auf die Knie!‹ War das komisch! Dann bin ich nach Hause gegangen. Auf dem Marsfeld kam mir ein Mensch, nur mit einem Jackett bekleidet, entgegen. ›Du lieber Gott, was ist mit Ihnen los‹, sagte ich, ›nichts‹, sagte er, ›man hat mich eben ausgezogen. Ich gehe nach Hause auf die Wassilewskij-Insel.‹ War das komisch!«

Zusammengefallen, papierdünn lacht Mascha auf dem Bett. In ein noch engeres Bündel zusammengeschnürt, lacht Martin Martinytsch immer lauter, um Selichow mit seinen eigenen Witzen hinzuhalten, damit er nur nicht aufhört, damit er nur nicht aufhört, damit er noch über irgend etwas …

Selichow hört auf, schnauft noch etwas, verstummt. In seinem Jackengehäuse schaukelt er nach rechts und links; er steht auf.

»Nun, geben Sie mir Ihre Hand, Festtagskind! Tschik! Wie, Sie kennen das nicht? Das heißt in ihrer Sprache: ich habe die Ehre, mich zu verabschieden – Tsch-i-k. Ist das nicht komisch?«

Er lärmt im Korridor, im Vorzimmer. Die letzte Sekunde: gleich wird er weggehen, oder …

Der Boden schwankt kaum merklich, er dreht sich unter Martin Martinytschs Füßen. Lehmig lächelnd hält sich Martin Martinytsch am Türpfosten. Selichow schiebt schnaufend die Füße in riesige Überschuhe.

In den Überschuhen, dem Pelz – ein Mammut – richtet er sich auf, hält den Atem an.

Dann ergreift er schweigend Martin Martinytschs Arm, schweigend öffnet er die Tür zum Polararbeitszimmer, schweigend setzt er sich auf den Diwan.

Der Fußboden im Arbeitszimmer ist wie ein Gletscher, der Gletscher birst – es ist kaum zu hören –, treibt vom Ufer ab und trägt, sich hin und her drehend, Martin Martinytsch davon. Vom weitentfernten Diwanufer kann er Selichows Stimme kaum noch vernehmen.

»Erstens und zweitens, mein Herr, muß ich Ihnen sagen: am liebsten würde ich diesen Obertyschew wie eine Nisse ... aber Sie wissen es selbst: wenn er offiziell Anzeige erstattet, wenn er sich beschwert, muß ich morgen zum Gericht gehen. Diese Nisse! Ich kann Ihnen nur das eine raten: heute noch – jetzt gleich – zu ihm, und drücken Sie ihm den Hals mit den Holzscheiten zu!«

Die Eisscholle dreht sich immer schneller. Winzig klein plattgedrückt, kaum sichtbar, ein kleiner Span, spricht Martin Martinytsch mit sich selbst – nicht über die Scheite, die Scheite – was bedeuten die schon –, nein, über etwas anderes:

– nun gut, heute, jetzt gleich ... –

»Ausgezeichnet, ausgezeichnet. Er ist so eine Nisse, so eine Nisse, sage ich Ihnen.«

In der Höhle ist es noch dunkel. Lehmgesichtig, kalt, blind stößt sich Martin Martinytsch, ohne es zu bemerken, an Gegenständen – sie liegen in der Höhle herum wie von einer Flut durcheinandergespült. Er seufzt. Eine Stimme, ähnlich der Maschas, der früheren ...

»Was hast du mit Selichow gesprochen? Was? Über die Zuteilungskarten? Ach ja, Mart, ich habe beim Liegen immer nur gedacht, wenn ich doch ganz schnell irgendwohin könnte, in die Sonne ... ach, wie laut du bist, als ob du absichtlich ... du weißt doch, ich kann nicht, ich kann nicht, ich kann nicht.«

Wie wenn ein Messer über Glas fährt ... Aber das ist jetzt gleich. Seine Hände und Füße bewegen sich mechanisch. Um sie zu heben und zu senken, braucht er Ketten, eine Winde wie Schiffshebebäume. Doch ein Mensch allein kann die Winde nicht drehen. Drei sind dazu nötig. Mühsam die Ketten schleppend, setzt Martin Martinytsch den Teekessel und eine Kasserolle auf den Ofen, in den er die letzten Scheite von Obertyschew wirft.

»Hörst du, ich rede mit dir. Warum schweigst du, hörst du?« Das ist nicht Mascha, nein, das ist nicht ihre Stimme. Immer langsamer bewegt sich Martin Martinytsch, die Beine bleiben in losem Sand stecken, es wird immer schwerer, die Winde zu drehen. Plötzlich reißt die Kette von irgendeiner Rolle ab, der Hebel, die Hand fällt zu Boden, stößt ungeschickt an den Teekessel, die Kasserolle, alles klirrt auf den

Boden, der Höhlengott zischt wie eine Schlange. Und von jenseits, vom weitentfernten Ufer, vom Bett eine fremde, schneidende Stimme: »Das hast du absichtlich getan! Geh weg! Gleich! Ich brauche niemanden, nichts, nichts, nichts, geh weg!«

Der neunundzwanzigste Oktober ist gestorben, es starben der unsterbliche Leiermann, die Eisscholle auf dem vom Sonnenuntergang rötlichen Wasser, und auch Mascha ist gestorben. Es ist gut und notwendig, daß es kein glaubhaftes Morgen gibt, keinen Obertyschew und keinen Selichow, keine Mascha und keinen Martin Martinytsch, es ist gut, daß bald alles zu Ende sein wird.

Mechanisch verrichtet Martin Martinytsch noch dieses und jenes. Vielleicht, daß er von neuem den Ofen anzündet, die Kasserolle vom Boden aufhebt und das Wasser im Teekessel zum Kochen bringt, vielleicht sagt er auch Mascha etwas – er hört es nicht: er fühlt nur dumpf die wunden Stellen, die irgendwelche Worte, die Ecken des Frisiertisches, die Ecken der Stühle, des Schreibtisches in seinem Lehmkörper hinterlassen haben.

Martin Martinytsch nimmt langsam ein Bündel Briefe, ein Thermometer, ein Stück Siegellack, das Schächtelchen mit Tee und von neuem Briefe aus dem Schreibtisch; als letztes holt er von irgendwoher, aus dem untersten Fach ein dunkelblaues Fläschchen.

Zehn Uhr: das elektrische Licht wird eingeschaltet: ein nacktes, grelles, weißes, unerbittliches Licht wie das Leben, die Höhle, der Tod. Und ebenso unerbittlich neben dem Bügeleisen, dem Opus 74, dem Fladen – das blaue Fläschchen.

Der eiserne Ofen bullert gnädig, genährt vom gelblich-pergamentfarbenen, hellblauen, weißen Papier der Briefe. Der Teekessel bringt sich in Erinnerung: er klopft an den Deckel. Mascha wendet sich um:

»Hat der Tee gekocht? Mart, Lieber, gib mir …«

Eine Sekunde, durchbohrt von dem harten, nackten, grausamen elektrischen Licht – und sie hat alles erfaßt: den vor dem Ofen hockenden Martin Martinytsch, die Briefe, rötlich beschienen wie das Wasser beim Sonnenuntergang – das blaue Fläschchen.

»Mart, Lieber, gib mir …«

Gleichmütig summt der eiserne Ofen vor sich hin, unsterbliche, bittere, zärtliche, weiße, blaue Worte verschlingend. Und so einfach, wie sie um Tee bat ...

»Mart, Lieber, gib mir – ...«

Martin Martinytsch lächelt wie abwesend:

»Aber du weißt doch, Mascha, das dort reicht nur für einen.«

»Mart, mich gibt es doch nicht mehr; das bin doch nicht mehr ich, ich werde ja doch bald ... Mart, du verstehst doch – Mart, habe Mitleid mit mir, Mart!«

Ach, dieselbe Stimme! Und wenn er jetzt den Kopf nach oben würfe ...

»Mascha, ich habe dir nicht die Wahrheit gesagt. Wir haben im Arbeitszimmer kein einziges Scheit mehr. Und ich bin zu Obertyschew gegangen, dort zwischen den Türen ... ich habe gestohlen, verstehst du? Und Selichow hat mir ... ich soll die Scheite sofort zurückbringen, aber ich habe alles verbrannt, alles verbrannt, alles. Ich rede nicht von den Scheiten, was sind Scheite, was sind sie schon? Du verstehst doch!«

Gleichmütig dämmert der eiserne Gott dahin. Verlöschend erzittern kaum merklich Häuser, Felsen, Mammute, Mascha.

»Mart, du liebst mich doch noch ... ach, Mart, erinnere dich. Mart, Lieber, gib mir ...«

Das unvergeßliche Holzpferd, der Leiermann, die Eisscholle. Und diese Stimme ... Mühsam erhebt sich Martin Martinytsch von den Knien. Mühsam dreht er die Winde, nimmt das blaue Fläschchen vom Tisch und gibt es Mascha.

Sie wirft die Decke zurück, setzt sich im Bett auf, rosig, voller Leben, unvergeßlich wie damals das Wasser beim Sonnenuntergang, sie ergreift das Fläschchen, sie lacht:

»Siehst du, es war nicht umsonst, daß ich mich so oft von hier weggewünscht habe. Zünde die Lampe an, hier auf dem Tisch. Gut – jetzt lege noch im Ofen nach. Ich möchte, daß das Feuer ...«

Ohne aufzublicken sucht Martin Martinytsch das restliche Papier aus dem Schreibtisch zusammen und wirft es in den Ofen. »Jetzt geh ein bißchen spazieren. Ich glaube, draußen ist Mondschein. Mein Mond – weißt du noch? – Vergiß nicht, nimm den Schlüssel mit, sonst, wenn die Tür zu ist …«

Nein, der Mond scheint nicht. Tiefe, dunkle, lastende Wolken wie Wölbungen einer ungeheuren lautlosen Höhle. Enge, endlose Durchgänge zwischen den Wänden, an Häuser erinnernde dunkle, vereiste Felsen, und in den Felsen tiefe, rötlich erleuchtete Löcher. Dort in den Löchern neben dem Feuer kauern Menschen. Ein leichter, eisiger Wind bläst weißen Staub unter den Füßen auf, und niemand im weißen Staub, zwischen den Eisklumpen, in den Höhlen mit den hingekauerten Menschen hört den schweren, gleichmäßigen Tritt des Über-Mammuts.

Wsewolod Iwanow
Sisyphos, Sohn des Aiolos

Der Soldat erkannte sie sogleich, die heimatlichen Berge!

Um die Mittagszeit waren sie düster, schartig-grau, und die tiefen klaffenden Schluchten orange. Sogleich erkannte er auch den Skironischen Weg an der steilen Südseite der Berge. Der Weg glich einer gebogenen Hirtenpeitsche. So hatte ihn Soldat Polyander in seiner Kindheit gesehen, so war er bis auf den heutigen Tag geblieben. Einen üblen Ruf hatte der Weg. Wanderer konnten plötzlich Blut aus ihm hervortreten sehen oder sonstige Zeichen künftigen Unglücks.

Doch was bedeutete für Polyander schon Unglück? Es war ihm bereits allzu reichlich zugemessen worden, und er hatte den Kelch bis zur Neige geleert. Wie durch bösen Zauber war er vorzeitig verwelkt und vergilbt.

Er hatte geschworen, zu dienen dem König Alexander von Makedonien, genannt der Große, und er hatte ihm gedient. Später diente er König Kassander, in dem sich gnadenloser Jähzorn mit noch gnadenloserem Ehrgeiz paarte. Bald nach dem Tode des Großen Alexander, vor dem sich die Götter aller Länder und die Waffen aller Länder gebeugt hatten, warf König Kassander dessen Frau und Sohn in den Kerker. Soldat Polyander aber richtete weiterhin seinen silberbeschlagenen Schild gegen die Feinde Kassanders. In seiner Dummheit wollte er, daß Kassander gut von ihm denke! Es heißt, der Glaube könne selbst Berge verrücken. König Kassander erwies sich unverrückbarer als der größte Berg. Kassander mißtraute dem Soldaten Polyander wie allen Soldaten, er fürchtete seinen Schild, seinen breiten roten Nacken, seine mächtige Stimme, deren Donnergrollen die anderen Soldaten andächtig lauschten. Der Soldat war noch nicht vierzig Jahre alt, da erklärte ihn König Kassander zum kranken Peltasten, der zu schwach sei für den Dienst in der leichten Infanterie, und entließ ihn ohne Sold in die Heimat.

Und so stand er jetzt vor den Bergen, hinter denen seine Heimat lag, die reiche Stadt Korinth. Der Soldat betrachtete die Berge und dachte: Wie wird ihn wohl die Heimatstadt aufnehmen, und wen von den Seinen wird er noch vorfinden? Viele Jahre waren vergangen, seit er die Heimat zum letztenmal gesehen hatte. Damals war er stark gewesen, jetzt aber galten seine Wunden als gefährlich, und er war aus der Armee des Königs Kassander entlassen. Schwach war er, so schwach!

Wen gefährden meine Wunden, potz Hund und Gans? Vielleicht gar dich, o König? Schreckt dich nicht meine sehnsüchtige Überzeugung, daß der Sohn des Großen, der jetzt noch winzige und minderjährige Alexander, heranwächst und genauso kriegerisch wird wie sein Vater? Er wird mich brauchen! Er wird Feldzüge brauchen! Aber dein Verstand, o König, reicht nur so weit, das vom Großen Alexander Eingeheimste zusammenzuhalten. Und wirst du es zusammenhalten, o König Kassander?

So murmelte er und sah mißtrauisch auf den Skironischen Weg.

Er hatte keine Lust, ihn emporzusteigen. Er hatte genug an seinem Soldatenunglück! Genug der Vorzeichen! Das geruhsame Leben eines rechtschaffenen Menschen wollte er leben, zum Beispiel das eines Wollfärbers.

Er entsann sich des Pfades, der einst den Weg nach Korinth abgekürzt hatte. Der Pfad war zwar beschwerlich, dafür aber ohne böse Vorzeichen.

»He, ihr da!«

Die Bauern der am Weg liegenden Ortschaft, die auf den Feldern die Ernte einbrachten, sahen ihn ehrerbietig an. In der sengenden Hitze nahm er den Harnisch ab, aber seine Brust war gewaltig, auch ohne Harnisch. Seine Arme standen ab – weil er gewöhnlich Schild und Speer hielt und weil die Rüstung sie vom Körper spreizte. Deshalb schlief er auch stets auf dem Rücken, den großen sinnlichen Mund weit aufgesperrt. Wie alle ruhelos umhergetriebenen Menschen hatte er staunende Augen, grünlich wie gemähtes Gras, das allmählich zu Heu wird und Farbe und Duft der Jugend mit etwas trockener Reife vereint.

Er stand in malerischer und majestätischer Pose, wie sie einem Soldaten ziemt, der zusammen mit dem Großen Alexander von den Grenzen Trakiens zum kalten Mäotischen See gezogen ist, wo ewiger Winter herrscht; der die Berge des Kaukasus gesehen hat, den Rand der Welt, hinter dem das Reich der Finsternis beginnt; der Memphis gesehen hat und Damaskus, Susa und Ekbatana, die Felsenfestungen des Iran und die Ufer des Hydaspes und die sumpfigen Ufer des Indus, wo ihm mit kräftigen gelben Stoßzähnen die engäugigen Elefanten des indischen Königs Poros entgegengestampft waren.

Er wünschte den Bauern eine reiche Ernte, unter dem Beistand von Zeus und Athene, und bat um Wasser. Ein etwa vierzehnjähriges Mädchen mit regen Äuglein und schlecht geschnittenem, dichtem, dunkelblondem Haar brachte ihm einen Krug mit lauwarmem Wasser. Von der Tenne duftete es nach Getreide. Schnaufend rieb sich ein Maultier die Flanke. Eine Bäuerin mit runden, satten Hüften, die von der Nähe des reichen, geschäftstüchtigen Korinth zeugten, schnitt gebeugten Rückens geschickt und flink pralle glänzende Weizenähren und legte sie in Körbe. Das Mädchen packte sie – mit der Schnittstelle nach Süden – auf den festgestampften, schwarzvioletten Boden der Tenne. Feiner Staub stieg von der Tenne auf; ihr näherten sich beladene Maulesel, und Ochsen zogen Dreschleiterwagen auf schweren Scheibenrädern.

Polyander gab den Krug zurück und sagte: »Potz Hund und Gans, gastfreundlich und wunderschön wie ehedem sind die Korinther Mädchen! Und die Meister verewigen sie wie ehedem auf Vasen, in Bronze und auf Säulen, die mit Akanthusblättern geschmückt sind.«

Die Bauern lächelten zu seinen weisen Worten, und das Mädchen, das ihm den Krug gereicht, steckte staunend den Finger in den Mund.

»Ich eile nach Korinth«, sagte der Soldat. »Bin des Ruhmes müde und will ein friedsames Leben! Ich besitze den echten roten Saft der Purpurschnecken, bei deren Fang ich zugesehen habe, potz Hund und Gans. Von den Phöniziern habe ich gelernt, Tuche purpurrot zu färben, und zwar von den besten Meistern in Tyros, Cossai, Tisent.«

Und er wies seine sehnigen Finger vor, die mit blutrot gefärbten langen Haaren bewachsen waren. Erschrocken fuhren die Bauern zurück, und ein Greis mit vorspringender, fleischiger Nase sagte zu ihm: »Du hast nach dem Skironischen Weg gefragt? Da ist er, vor dir.«

Da fragte der Soldat Polyander: »Ist der Weg geheuer?«

»Mehr denn jeder andere Weg.«

»Zu meiner Zeit«, sagte der Soldat gemessen, »haben kräftige Männer, die in Eile waren, den Weg abgekürzt. Sie nahmen den Olmiai-Pfad. Maulesel und Stiere freilich konnten ihn nicht passieren, meine Füße indessen erinnern sich recht gut an ihn.«

Die Bauern wechselten Blicke. Furcht las der Soldat in ihren Gesichtern.

»Ist ein Fels auf den Pfad niedergestürzt?« fragte er. »Oder hat sich ein neuer Abgrund aufgetan? Oder haben die Götter einen Wasserfall gesandt?«

Der Greis mit der vorspringenden, fleischigen Nase sagte: »Eine üble Gegend.«

»Räuber?« fragte lachend der Soldat und zeigte den Bauern seine kurze Wurflanze und das gerade, schmale Schwert, dessen Griff mit Silbernägeln und Elfenbein verziert war. »Haha! Sind es viele? Haha!«

Der Greis kratzte sich mit einem krummen Stock zwischen den

Schulterblättern und wiederholte unwillig: »Eine üble Gegend. Geh den Skironischen Weg. Es ist besser. Den Olmiai-Pfad betritt seit vielen Jahren niemand mehr.«

»Wo gibt es mehr Vorzeichen?« fragte der Soldat energisch.

»Auf dem Skironischen Weg.«

»Wen also soll ich fürchten?«

»Den Sohn des Aiolos«, antwortete der Greis und sah sich furchtsam um.

Der Soldat lachte.

»Den Sohn des Aiolos? Den Sohn des Windgottes? Was ist das für einer? Ein Windhauch?«

»Wirst schon sehen«, sagte im Weggehen der Greis. Die anderen Bauern hatten sich bei dem heiklen Thema längst zurückgezogen.

Soldat Polyander lachte gewollt auf, nahm seinen Helm mit dem Roßhaarbusch, den massiven Rücken- und Brustharnisch, der durch gewalzte metallene Schulterschnallen zusammengehalten wurde. Bekümmert stellte der Soldat fest, daß der Filz, die Fütterung der Rüstung, von Motten zerfressen war. Da wollte ich nun die Ausrüstung in Korinth günstig verkaufen. Jetzt muß ich griechischen Filz besorgen und die Rüstung ausbessern … Keine schwere Arbeit, aber der Haken dabei ist, daß der griechische Filz nicht viel taugt, und der herrliche persische Filz ist hinüber! Sind Motten etwa auch – ein Vorzeichen?

Knurrend lud er sich die sonnendurchglühte Rüstung auf die Schulter und schritt weit ausholend zum Olmiai-Pfad, als wolle er sich der Gefahr rasch nähern.

Seine Schuhsohlen, in deren Leder Kork eingelegt war, schlappten. Die sachkundig zusammengeschnürte Ausrüstung klirrte weithin, gemahnte an Feldzüge und an Freunde, die die Zeit verschlungen hatte, so wie der abgrundtiefe Strudel die Seefahrer verschlingt.

Hinter dem Dorf erblickte er einen ausgetrockneten, verstrüppten Bach. Ein paar Ziegen, auf die dürren Hinterbeine gestellt, fraßen die Blätter ab. Das Bachbett war mit graublauen Steinen vollgeschüttet, und ungute Leblosigkeit lag als feiner, kaum wahrnehmbarer Dunst darüber gebreitet. Von den Steilufern des Baches rieselte Sand, es hörte sich an, als schneide jemand mit dem Messer weiches Holz. Dem Soldaten war es unheimlich. Er blieb stehen und starrte unverwandt auf die Ziegen, bis er schließlich selbst Hunger verspürte. Er kramte aus dem Teppichsack einen Fladen hervor, kaute ihn wie eine Ziege mit den Vorderzähnen, des längeren Genusses wegen, und während er den Blick über die kahlen, glitzernden Felsen schweifen ließ, die er erklimmen mußte, überdachte er seine Lage. Vielleicht gehe ich doch lieber den Skironischen Weg? dachte er. Also umkehren? Aber kann denn ein Soldat umkehren, der sich gerade erst gebrüstet hat, die Felsenfestungen des Iran bezwungen zu haben? Schämen müßte sich der Soldat des Großen!

Und er rief sich den Olmiai-Pfad ins Gedächtnis, den er erstmals vor dreißig oder noch mehr Jahren zurückgelegt hatte. Auf der Schulter seines Onkels sitzend. Jung und kraftstrotzend war der Onkel. Sein langes dichtes Haar roch nach Öl, sein Chiton war durchnäßt, und der Junge berührte vorsichtig seine gewölbte Schulter. Mit gespielter Strenge sah der Onkel zu dem Jungen hoch und reichte ihm ein Stück Fladen, das nach Rauch und Olivenöl duftete. Kein schlechtes Wort über den Olmiai-Pfad war damals gefallen, und erst recht nicht über den unbarmherzigen Sohn des Aiolos.

Warum unbarmherzig? Woher – unbarmherzig? Wer hat ihn mit diesem strafenden Wort belegt, das heftigen Schmerz verursacht und Unterwerfung fordert wie ein straffes Hundehalsband? Wer, potz Hund und Gans?!

Er blieb stehen, legte die Ausrüstung auf einen Stein und blickte unruhig in die Tiefe.

Oft genug war er den Olmiai-Pfad gegangen. Er erkannte ihn, obgleich er überwuchert und seine Spur nur mit geschärften Sinnen auffindbar war.

Das Dorf da unten verschmolz mit Olivenbäumen und Weingärten. Das Tal hatte die Farbe rohen unbehauenen Gesteins angenommen. Der übermächtige Wunsch – möglichst hoch zu steigen – hatte sich erfüllt. Er war allein zwischen Steinen, zwischen unüberwindlichen, unzerstörbaren, ewigen Steinen. Unvergängliche, ewige Stille war um ihn.

Aber – nicht in ihm! In ihm wuchs ungestüm die Ahnung künftigen Unheils, das man weder fliehen noch erdulden kann.

Gleich einem Pferd, das vor Ungeduld mit den Hufen schlägt, stampfte der Soldat einigemal auf und stieß gegen den Stein, auf dem die Ausrüstung lag. Das Schwert klirrte. Er band es an den Gürtel, packte die übrige Ausrüstung in den Sack und schnürte ihn auf den Rücken.

So ging es sich leichter. Er schritt dahin und dachte an die ach so wahren Worte weiser Männer, daß Ungeduld der Voreiligkeit verwandt sei. Wäre er doch den Skironischen Weg gegangen! Unterwegs hätte er sich einer Karawane angeschlossen, hätte den Kaufleuten erzählt, nach welchen Verfahren er den östlichen Machthabern die feinen wallenden Kleider gefärbt hatte. Die Kaufleute wären erregt und beglückt gewesen, einen solchen Beschützer und Reisegefährten bei sich zu haben, und abends hätten sie ihn mit einem großen fetten Stück Hammelfleisch bewirtet. Und in der nächtlichen Finsternis, beim Schein des Lagerfeuers, hätte er sich so sicher gefühlt wie am hellichten Tage auf einem Marktplatz.

Hier aber spürte er selbst bei Tag eine Unruhe, als wäre der Bogen der Nacht über ihn gespannt. Seine Farben fielen ihm ein, und er dachte: Was bist du schon für ein Purpurfärber? Vor dem Aufbruch nach Korinth hatte er eine Prise des kostbaren Purpurs geopfert, für den sein letztes Geld draufgegangen war. Diese Prise hatte er aufgelöst und ein winziges Stück Stoff von der linken Schulterschnalle damit gefärbt. Die Haare auf seinen Händen waren blutrot geworden, der Stoff aber überraschenderweise grau wie Bimsstein. Hatten ihm die Meister in Tyros nicht das richtige Rezept gegeben? Hatte er ihnen die Drachmen umsonst gezahlt?

Vor ihm erstand der Keller, wo in breiten und flachen Bottichen die rote Farbe dampfte, und neben den Bottichen rotierten die lustigen Meister mit den blanken Augen und den vergnügungslustigen Gesichtern. An der Tür wiegten sich zwei Sklaven rhythmisch hin und her und kneteten mit den Füßen Walklehm, der zwischen ihren Zehen hervorquatschte ... Ach, betrogen hatten ihn die Färber in Tyros! Betrug regierte in diesem Keller – genauso wie am Hofe des Königs Kassander und wie überall!

Und nun ging er nach Korinth, in die tückische und erbarmungslose Stadt der Krämer und Seefahrer, die so nahe war – und so fern! Was würde ihn in Korinth erwarten?

Auf daß die Hoffnungen nicht verloschen, auf daß er diese unbegreifliche Furcht schneller niederringe, beschleunigte er den Schritt. Er sagte sich, der Weg werde letztlich alles in Vergessen hüllen, und blickte unverdrossen zum großen Felsen empor, der wie ein Hauklotz vor ihm aufragte, es war ein grauer Fels mit violettem Fuß. Er umging ihn schnellen Schrittes.

Eine eichenbewachsene Niederung tat sich auf. Tief unten, dort, wo die Eichen endeten, begann ein Geröllfeld, und darunter brüllte in den Steinen ein grüner Fluß, warf weiße Gichtschnüre hoch. Die Asche der brennenden Sonne legte sich auf die Eichen, das Geröll und die Steine an den grünen Wassern.

Der Pfad verlor sich endgültig. Der Eichenwald hatte ihn verschluckt.

Der Soldat trat in seinen Schatten. Die Eichen standen dicht, ließen keinen Sonnenstrahl ein, er aber fühlte sich nach wie vor unbehaglich, wie auf dem Grund einer engen, modrigen Schlucht. Mitleidlos und dumpf brüllte der Fluß. Reglose Eichenkronen verdeckten den Himmel, an den Stämmen wucherten kurze, dürre Äste, die nach dem Umhang des Soldaten griffen, nach dem Schwert, dem Teppichsack und der Feldflasche.

Den Göttern hastig ein Gebet flüsternd, lief der Soldat durch den Eichenhain, der Sack verrutschte auf der Schulter, aber er hatte weder Zeit noch Lust, ihn zurechtzurücken, gebeugt rannte er zu dem Geröll, wohinter abermals ein Felsen aufragte.

Vom Pfad war keine Spur mehr zu erblicken.

Der Soldat sprang von Stein zu Stein, rutschte ab und fiel. Steine

lösten sich und polterten hinab. Er setzte den Fuß in die Mulde, wo
eben noch die Steine gelegen hatten, aber sie gab nach, und er sprang
verzweifelt zurück. Seine Hände waren zerkratzt, die Füße wund. Die
Schuhsohlen, jene Sohlen, die den Euphrat überquert, die den Weg
vom Pontos Euxeinos zu den äußersten Grenzen Phyvandas zurückgelegt hatten, lösten sich, und eine verlor er bald gänzlich.

Beißender, saurer Schweiß nahm ihm die Sicht. Seine Sehkraft erlahmte, er sah nicht weiter als zehn Lanzenlängen. Er bewegte sich nur
kraft der eingefleischten Fähigkeit des Kriegers, den der Große aller
Großen gelehrt hatte, unter allen Umständen und in jeder Leibesver-
fassung vorwärts zu gehen, denn Tugend ist das wesentliche und all-
gemeinsame Ziel der menschlichen Existenz und des Strebens der
Götter.

Schließlich hatte sich die Sonne an der Gefügigkeit der Felsen, des
Gerölls und der Eichen und ebenso an Geist und Ausdauer des Soldaten satt gesehen, nahm die graue grimmige Glut zurück, welche die
Kräfte aushöhlt wie das Wasser den Stein, und sandte weiche, feuchte,
violette Schatten. Der Soldat trank einen Schluck Wasser und rief mit
frischem Mut:

»Potz Hund und Gans, ich finde den verschwundenen Pfad!«

Da hörte er hinter dem Felsen, den er umgehen mußte, einen für
diesen Gebirgsplatz ganz ungewöhnlichen und sonderbaren Laut. So
pfeift und schwirrt eine Diskusscheibe durch die Luft. Dem Soldaten
war dieses Geräusch bestens vertraut. Im Diskuswerfen hatte er sich
nicht nur für die Kampfspiele geübt, sondern auch für die Schlacht,
denn beim Steinschleudern kam es auf Treffsicherheit an.

Er lehnte sich an den Felsen und lauschte.

Das Geräusch schwoll an, breitete sich aus und brach dann abrupt
ab, als hätte es sich irgendwo Eingang verschafft.

Aufreizende Stille senkte sich über den Felsen. Wieder gab ihm diese ätzende Stille ein Rätsel auf ... Der Soldat spürte das Verlangen, gemeinsam mit anderen Soldaten zu rufen, zu schreien, wie sie es beim
Ziehen der Belagerungsmaschine oder im Kampf getan hatten.

Alle Energie zusammennehmend, schritt er um den Felsen und erblickte wieder Geröll. Da war ihm, als packe ihn ein Windstoß. Die Worte des Greises über den Sohn des Aiolos fielen ihm ein, und er erbebte. Dieser Gedanke dröhnte ihm in den Ohren wie eine gewaltige Posaune. Er setzte sich auf die Steine und holte rasselnd Luft. Dann umging er noch einen Felsen und durchquerte noch ein Geröllfeld. Den Felsen, die hinter dem Geröll aufragten, näherte er sich schon behutsam, die Hand am Schwert und die Götter anrufend, darunter auch Aiolos. Vorsichtig spähte er um jeden Felsen, schärfte sogar sein Schwert an einem Stein.

Plötzlich brach wieder Lärm los. Aber jetzt erinnerte er nicht mehr an einen schwirrenden Metalldiskus, sondern eher an Meereswogen, die aus der Tiefe der Wasser heranrollen und auf das Ufergeröll klatschen. Der Lärm kam gleichsam von hoch oben geflogen, doch der Himmel war wie vordem wolkenlos. Er nahm mit solcher Geschwindigkeit und Wucht zu, daß der Soldat vom Felsen zurücksprang. Der Lärm jagte hinter dem Felsen vorbei, und Gestein flog vom Berg wie der abspringende Griff eines wütend geschleuderten, wuchtig einschlagenden Wurfmessers.

Soldat Polyander hatte Angst. Aber er war Soldat, und ihm wurde leichter bei dem Entschluß, dem Feind ins Auge zu schauen. Taumelnd vor Furcht, die entkräfteten Beine nur mit Mühe setzend, umging er den Felsen.

Hinter dem Felsen gab es kein Geröll mehr. Ein kleines Tal bot sich dar. Vor den Bergen zurückweichend, eilte in dieses Tal ein munterer Bach. Zu seinen Ufern standen Eichen und Obstbäume. Etwas weiter stürzte der Bach jäh zum Fluß, und sein Rauschen drang schwach zum Tal herüber.

Längs des Baches, im Schatten der Eichen, die hier eine Allee bildeten, erblickte Polyander einen Weg, dessen merkwürdiges Aussehen ihn höchlichst verwunderte. Dieser in Stein gehaue Weg von der Farbe nasser Rinde verlief in einer Radspur und glich einer Rinne oder einem unendlich langen Flußbett, das dem Berggipfel entsprang und unten, am Rande der Niederung, in einen kleinen Morast mündete, der wie vom Hufe eines riesigen Pferdes zerstampft war.

Entlang dieses Flußbetts, zwischen den Eichen, die dem ausladenden muskulösen Rücken Schatten spendeten, rollte ein behaarter, breitschultriger, in Felle gegürteter Riese einen wie Meeresgeröll glattpolierten, runden, dreimannshohen Steinbrocken. Der Riese atmete langsam und schwer. Bald fiel sein faßförmiger Hängebauch auf den Stein, bald riß er sich wieder los. Seine Zehen krallten sich in das steinerne Flußbett, und verblüfft sah Polyander, daß sie sich Stufen bahnten.

Potz Hund und Gans! rief Polyander bei sich, baß erstaunt. Wunder habe ich wahrlich genug gesehen, aber so was ist mir noch nicht untergekommen. Wer mag der Gewaltige sein, der den Stein mit der Kraft des Meeressturms hinaufwälzt?

Unterdessen hatte der Riese das Nahen Polyanders bemerkt und wandte ihm seinen mächtigen Kopf mit dem roten Schnauz- und Backenbart zu und ächzte: »Den Göttern sei Dank, ein Wanderer. Schöön! Geh in die Hütte. Schöön. Mach Feuer. Setz Bohnen auf. Und mische den Wein. Schöön!«

Bei jedem »Schöön« setzte er den Fuß in eine Vertiefung des Felsens, die er mit den Zehen gebohrt hatte, und schob im Takt dazu den Stein.

»Wer bist du, o Wunder?« fragte Soldat Polyander.

Der Riese antwortete: »Ich komme gleich zurück.« Und brüllte: »Schöön! Hinter der Hütte ist ein Brunnen. Steig hinunter. Seitlich ist eine Grube. Schöön! In der Grube ist Schnee. Mische damit den Wein. Oh, schöön!«

Er sah sich noch mal nach Polyander um. Jetzt konnte der Soldat sein Gesicht erkennen. Es war runzlig und alt, aber von jenem seltenen Triumph reicherfüllter Tage geprägt, der auf ungewöhnliche Kraft und die geschickte Verausgabung dieser Kraft deutet.

Rückwärts gehend, bewegte sich Polyander auf die Hütte zu. Der Riese stieß den Stein, und der rollte wie auf einer Schiene rasch hinauf, verlor immer mehr an Größe und gewann an Glanz, so daß es bald aussah, als trage der Riese dem knallblauen Himmel ein Gußstück rotglühenden Metalls entgegen.

Polyander ging in die Hütte, entfachte im Herd die Holzkohle unter dem großen Kessel, in dem bereits die gequollenen Bohnen waren. Er legte Holz nach, fand neben der Hütte den Brunnen und stieg vorsichtig die kalten und feuchten Stufen hinunter.

Bevor er das Wasser erreicht hatte, erblickte er zwei Nischen. In der ersten standen irdene Krüge mit Wein, die zweite war mit dicht gepreßtem Schnee vollgestopft. Polyander stemmte sich mit der Schulter gegen den nächststehenden Krug. Der Krug löste sich schwer vom Boden und neigte sich zur Seite. Schwappte über. Es roch nach Wein.

»Potz Hund und Gans, der wird mich so schnell nicht wieder los«, rief Polyander und meinte damit den gutmütigen Riesen.

Mit Müh und Not schleppte er einen kleineren Krug zur Hütte, dann wandte er sich dem Schnee zu, in dem er, in Heilkräuter eingewickelt, Wildziegenfleisch fand. Er gab das Fleisch zu den Bohnen, mischte den Wein mit Wasser und Schnee und fügte etwas Gewürz bei, ein kostbares Mitbringsel aus dem Orient.

Er hatte gerade den Wein gemischt, da erhob sich in der Nähe wieder gräßlicher Lärm, pfeifend und surrend, als habe der Riese einen Metalldiskus geschleudert. Polyander stürzte aus der Hütte. An der Schwelle warfen die Zweige einer Eiche zitternde Schatten. In seiner Rinne hüpfte der runde Stein abwärts. Feiner regenbogenfarbener Staub flirrte über der Rinne – über dem Weg entlang den Fluß. Die Steinkugel lief ihrem vorbestimmten Ziel entgegen und blieb, nach allen Seiten grasgrünen Dreck verspritzend, schließlich im Morast stecken.

Unter der großen Hand hervor blickte der Riese zur Sonne und watschelte den Berg herab. Kurz vor der Hütte wischte er die Hände am Ziegenfell ab, das seine Lenden schürzte, und lächelte unbeholfen.

»Schöön, Wanderer?« fragte er mit heiserem Baß. »Schöön für mich! … Schöön! Woher, wohin?«

Beklemmend eng wurde es in der Hütte und um Polyanders Herz.

Er antwortete mit gepreßter Stimme: »Potz Hund und Gans, führt dieser Weg nicht nach Korinth?«

»Nach Korinth?« fragte der Hausherr angestrengt. »Schöön! Nach Korinth.«

Der Riese gab dem Gast Waschwasser. Er sah zu, wie sich der Soldat die Füße wusch und dann die Hände: in seinem großen, quadratischen Gesicht, in das die Sorgen und Mühen der Feldarbeit tiefe Runzeln gegraben hatten, arbeitete es. Anscheinend überlegte er, was das eigentlich war – Korinth. Und dem Soldaten dämmerte auf, daß es wohl nicht so leicht sein würde, des Riesen wohlwollendes Verständnis zu erlangen.

»Nach Korinth! In die Heimat gehe ich!« schrie der Soldat, als habe er einen Tauben vor sich.

»Nach Korinth? Schöön! Setz dich. Iß.«

Schweigend aßen sie die Bohnen. Dann fischte der Hausherr mit den Händen, die offensichtlich Hitze gewohnt waren, das Ziegenfleisch aus dem Kessel und legte es auf ein Brett. Er salzte das Fleisch kräftig ein, wies auf den Wein.

»Salz? Schöön! … Wir werden viel trinken.« Er hielt sich vor Lachen den Bauch. Krampfhaft suchte er nach Worten, und jedes gefundene Wort bereitete ihm einen Heidenspaß, berauschte ihn wie starker Wein.

Sie reinigten sich die Hände, indem sie Brotkrumen zwischen den Handflächen rollten, und der Hausherr rückte sich das Gefäß mit dem Wein und dem Schneewasser heran. Der Duft der Gewürze tat ihm wohl, und auch das zeugte davon, daß er seit langem keine Menschen gesehen hatte. Der Soldat schlang gierig das Fleisch, zerkleinerte mit seinen festen Zähnen krachend die Knochen, und der Stolz, daß ausgerechnet er, Polyander, es war, den der Riese nach so langer Einsamkeit sah, dieser Stolz stärkte das Herz des Soldaten. Er rief aus: »Schön, potz Hund und Gans! Wir werden es uns wohl sein lassen!« Er hob den Holzbecher mit dem Wein. Einstmals hatte er Wein aus Lesbos, Naxos, Chios und Thasos geschlürft. Er kannte sich aus in Weinen. Dieser Wein aber war besser als alle. Und in schöngesetzten Worten sprach er dem Hausherrn seine Zufriedenheit aus.

»Schöön!« kollerte jener. »Schöön. Trink. Schöön!« Und er füllte ihm Wein aus dem Krug nach.

Er selber trank wenig. Ihm war es Wonne genug, einen Menschen zu sehen. Der Soldat hingegen begehrte beim Weine im Streitgespräch zu wetteifern, begehrte zu erzählen, was er errungen, erworben und – verschleudert hatte. Er fragte: »Hier ist wohl lange kein Wanderer vorbeigekommen?«

»Lange«, antwortete mit breitem Grinsen der Hausherr. »Schöön.«

»Und du selber bist lange hier?«

»Lange«, antwortete der Hausherr. »Heute ist der letzte, der allerletzte Tag, tja!«

»Wie der letzte?« fragte der Soldat. »Hast du etwa deine Hütte, den Garten und das Feld verkauft? Wo ist der Käufer? Hast du einen guten Preis erzielt?«

»Zeus, ihm sei Ruhm, hat mich befreit«, sagte der Hausherr, und seine Augen strahlten in tiefem Himmelblau. »Schöön! Der letzte Tag!«

»Ruhm sei Zeus«, sagte der Soldat gewohnheitsgemäß. »Aber Zeus hat doch wohl nicht deine Hütte und den Garten und das Feld gekauft?«

Darauf sagte der Hausherr unter heftigen Gebärden langsam und deutlich, damit der Soldat ihn verstehe: »Zeus hat mich hierhergestellt, Zeus hat mich befreit.«

»Wie, die Priester?« fragte der Soldat und nahm einen Schluck Wein. »Wollen sie hier einen Tempel errichten? Ein schönes Fleckchen.«

»Nicht die Priester! Zeus!« wiederholte der Hausherr nachdrücklich. »Mich hat Zeus hierhergestellt! Er selbst!«

»Zeus? Wer bist du denn, wenn Zeus persönlich dich hierhergestellt hat?« fragte der Soldat leicht spöttisch.

»Ich bin Sisyphos, Sohn des Aiolos.«

Der Soldat klapperte mit den Augen, über seine Knie ergoß sich ein breiter Weinstrahl.

»Potz Hund und Gans«, stotterte der Soldat. »Du bist – Sisyphos?«

Und als der Hausherr, Wein schlürfend, zustimmend mit dem zottigen Kopf nickte, fragte der Soldat: »Ich habe von Sisyphos gehört, dem Sohn des Windgottes Aiolos. Ich weiß, daß er Korinth beherrscht hat, vor ewiger Zeit, lange vor Homer.«

»Das bin ich«, antwortete der Hausherr majestätisch schlicht, worauf dem Soldaten vollends der Kelch entglitt und die dicken Eichenbalken, auf denen das Dach ruhte, vor seinen Augen ins Wanken gerieten.

»Potz Hund und Gans, das bist – du?«

»Das bin ich, Sisyphos«, antwortete der Hausherr und nippte vom Wein. »Trink.«

Der Soldat brachte keinen Schluck hinunter, und der Hausherr mußte mit Erklärungen herausrücken, so schwer es ihm auch fiel.

»Ich habe schwer gesündigt. Ich habe Unschuldige getötet. Geraubt. Zeus hat mich bestraft. Ich muß immer und ewig einen Felsbrocken den Berg hinaufwälzen. Hat der Felsbrocken aber den Gipfel erreicht, stürzt ihn eine geheimnisvolle Kraft wieder in die Tiefe. Du hast es gesehen. Heute hast du den letzten Tag gesehen. Ich war gehorsam. Zeus ist gestern zu mir gekommen und hat gesagt: ›Der letzte Tag.‹ Schöön!«

Der Hausherr lachte dröhnend.

Ein entsetzlicher Gedanke ließ den Soldaten erschauern, und er fragte: »Sag mir, o ehrwürdiger Sisyphos, Sohn des Aiolos. Die Strafe wurde dir doch seinerzeit im Schattenreich, im Reich des Hades, auferlegt. Bin ich etwa auch schon dort?«

Sisyphos antwortete: »Eine endlose Reihe von Tagen habe ich den Stein im unterirdischen Reich des Hades den Berg hinaufgerollt. Ich wiederhole, ich war gehorsam und habe die Götter nicht durch Murren erzürnt. Zeus' Vergebung bestand gerade darin, daß ich unmerklich aus dem unterirdischen Reich hierher, ans Sonnenlicht, gekommen bin. Deshalb ist es so schön, dich zu sehen, o Wanderer!«

Der Soldat fragte: »Sag mir, o Sisyphos, Sohn des Aiolos, wie ist es im unterirdischen Reich des Hades? Du verstehst deine Gedanken kurz und einprägsam auszudrücken.«

Sisyphos antwortete: »Matsch. Regen. Nässe. Immerzu.«

»Potz Hund und Gans«, rief der Soldat, »stärker kann man den Göttern seine Dankbarkeit für die Sonne und den Wein nicht bekunden!«

»Trink«, sagte lachend Sisyphos. »Schöön!«

»Gepriesen sei der weise Zeus«, sprach der Soldat und nahm den Becher voll trüben roten Weins entgegen. »Und warst du lange hier allein, auf dem Gipfel der Berge?«

Der Hausherr antwortete: »Lange. Ich habe den Stein von Sonnenaufgang bis Sonnenuntergang gewälzt. Ich war gehorsam.«

»Und nach Sonnenuntergang hast du den Garten bestellt, Tiere gejagt, Früchte gesammelt.« Der Hausherr nickte, und der Soldat zählte weitere Mühseligkeiten aus des Riesen Leben auf. »Beschwerlich ist es in der Hitze. Aber noch beschwerlicher im Regen, wenn der Winter naht. Sicherlich hat dir das Wasser zu schaffen gemacht ...«

»Oh, ganze Ströme!« schrie der Hausherr. »Mir entgegen – der Fluß! Gegen die Brust. Der Stein im Wasser. Die Hände rutschen ab. Naß. Ich gegen den Strom ... Aber ich habe mich den Göttern unterworfen. Und da hat Zeus mir verziehen!«

»Gepriesen sei der weise Zeus«, sagte der Soldat. »Ich bitte dich, gieß mir noch Wein ein. Ein herrlicher Wein. Zum letztenmal habe ich so etwas im Iran getrunken.«

»Du warst in Gefangenschaft?«

»Ich – in Gefangenschaft? Bei den widerlichen und feigen Persern?« sagte der Soldat verächtlich. »Ja, weißt du denn nicht, daß Alexander der Große durch ganz Persien gezogen ist?«

»Nein«, antwortete Sisyphos. »Ich habe den Stein gerollt. Wer ist Alexander?«

»O Götter!« rief Soldat Polyander aus. »Er weiß nicht, wer Alexander ist, der König von Makedonien! So weißt du auch nichts von den Schlachten, die er gewonnen, weißt nicht, daß er König Dareios zerschmettert und das indische Reich des Königs Poros zermalmt hat, daß er die wunderschöne Prinzessin Roxane zur Frau genommen und eine Menge anderer Kostbarkeiten angehäuft hat?«

»Nichts weiß ich«, antwortete Sisyphos. »Der Stein war schwer, hat
mich ganz in Anspruch genommen.«

»Potz Hund und Gans!« schrie der Soldat. »Ich erzähle dir alles von
Anfang bis Ende. Gieß mir Wein ein!«

Der Hausherr füllte ihm den Becher, und der Soldat begann seine
Erzählung.

Die Nacht senkte sich herab. Sterne blickten durch die Zweige der Eichen. Die Zweige waren reglos, reglos waren auch die Berge dahinter,
und nur ganz sacht drang das Gemurmel des Baches zur Hütte. Sisyphos saß da, die Knie mit den großen Händen umfaßt, und die kup-
ferroten Strahlen des Herdfeuers erhellten sein Gesicht und seine Augen, die reinstes Blau geworden waren.

Der Soldat erzählte von den Städten des Ostens. Diese Städte waren aus Ziegelsteinen erbaut, die in der Sonne getrocknet und mit
schwarzem und zähem Harz, einem eigenartigen Naturprodukt der
babylonischen Erde, fest miteinander verbunden wurden. Er sprach
von Oasen, wo hohe Palmen wuchsen, deren Stämme, Zweige, Blätter, Saft und Früchte so viel nutzbringende Eigenschaften hatten, wie
es Tage im Jahr gab. Er sprach von schwimmenden Flößen aus auf-
geblasenen Häuten, die auf wasserreichen Flüssen mit hohen künstlich angelegten Dämmen die köstlichen Gaben der Erde transportier-
ten – Pferde, Gewürze und Frauen. So war es in Persien, Ägypten
und Indien …

»Und was ist aus ihnen geworden?« fragte der Hausherr.

Der Soldat stand auf und hob den Becher mit Wein in die Höhe:
»Gepriesen seien die Götter!« rief er aus. »Wir setzten über den Hel-
lespont, brachten auf den Ruinen Ilions, das du sicherlich kennst, un-
serem Vorfahren Achilles ein Opfer dar und stießen dann zum Fluß
Granikos vor, wo wir die Perser besiegten. Und wir zogen durch ihr
Land, legten die Städte in Asche, zerstörten die Dämme, holzten die
Oasen ab. Mit ganzen Palmenhainen pflasterten wir die Wege. Wir ris-
sen und brannten alles nieder. So kamen wir bis zu jenem glutheißen
Gürtel, der Menschen unzugänglich ist.« Von seiner Erzählung und

vom Wein entflammt, fuhr Polyander hitzig fort: »In dieser weiten Ödnis sind wir nur auf Satyre mit roten Hörnern und goldglänzenden gespaltenen Hufen gestoßen. Ihre Haare sind struppig-wirr, die Nasen plattgedrückt, die Wangen beulig, denn sie sind ständig der Liebe, der Musik und dem Wein hingegeben. Wir haben sie getötet. Wir haben auch die Sirenen getötet. Diese heißblütigen, auszehrenden Geschöpfe sitzen auf Wiesen, mit Blumen bekränzt, und um sie her liegen die Gebeine der Männer, die aus Liebe zu ihnen umgekommen sind. Wir haben die Zentauren und Pygmäen getötet, die indischen und die ägyptischen. Allein mit meinem Schwert, du siehst es, o Sisyphos, habe ich die Phalanx der Pygmäen vernichtet, ihre Reiterei. Auf Ziegenböcken und Hammeln sitzend, machen sie jeden Frühling in Gefechtsordnung Jagd auf Kranicheier … Hahaha!«

»Schöön!« schrie der Hausherr mit erhobenem Becher, und grollend antworteten seiner wuchtigen Stimme die unsichtbaren und wuchtigen Berge.

Der Soldat fuhr fort: »In Achilles' Namen und zum Ruhm seines Nachfahren – des Königs Alexander von Makedonien – haben wir alles zertrümmert und eingeäschert! Korinth ist davon reich geworden. Reich geworden ist auch König Kassander, der so undankbar an mir gehandelt hat …«

Wut, Weinrausch und ein plötzlich sich regender Gedanke wühlten den Soldaten auf. Er sah zu dem reglos am Herd sitzenden Riesen hin und sagte: »Sisyphos, Sohn des Aiolos! Du bist König von Korinth?«

»Ich war König von Korinth«, antwortete Sisyphos.

»Und du wirst wieder König von Korinth sein!« rief der Soldat. »König von ganz Griechenland wirst du sein. Du wirst den eigennützigen, gierigen, raffsüchtigen König Kassander vernichten. Du wirst herrschen!«

Der Soldat hatte sagen wollen, daß der minderjährige Alexander, der Sohn des Großen, herrschen würde … Aber wie sollte er das sagen? Sisyphos' Augen blitzten, offensichtlich wollte er selber die Macht, und es war ungewiß, ob er sich den minderjährigen

Alexander auf die Schultern setzen würde. Um Sisyphos endgültig gefügig zu machen, brüllte der Soldat: »Du wirst dich in Purpur kleiden und herrschen! Du – weißt du ... Weißt du, o Sisyphos, daß ich im Auftrag der Götter zu dir komme?«

»Schöön!«

»Du wirst diese Stätte verlassen und mit mir gehen, ja?«

»Schöön!«

»Wir werden rauben, morden, vergewaltigen und Schätze anhäufen, ja?«

»Schöön!« donnerte der Hausherr, und beifällig donnerten die Berge hinter den Eichen, in der Tiefe der ultramarinblauen Nacht.

Der Hausherr lachte und wiegte sich vor Begeisterung. Der Widerschein der Flammen huschte zwischen seinen gewaltigen Schultern und den runden, heuschobergroßen Knien auf und nieder. Der Soldat lärmte und log drauflos. Nichts Schöneres gebe es als eine brennende Stadt ... In Wirklichkeit aber ist es schrecklich in einer brennenden Stadt. Perser und Inder schießen hinter jeder Ecke hervor, die Schätze gehen in Flammen auf, Qualm und beißender Rauch sticht in die Augen, die jungen Frauen stürzen sich ins Feuer, erbeutet werden nur die Alten, die zu töten kein Vergnügen ist: An ihren Sehnen und Knochen wird das Schwert stumpf. Seine Lügen kamen ihm selbst nicht recht überzeugend vor, und beim Anblick der tiefroten Herdflamme fiel ihm der königliche Purpur ein, in den zu kleiden er Sisyphos versprochen hatte.

Soldat Polyander sagte: »Die Ziegenfelle, in denen du steckst, o Sisyphos, sind schmutzigbraun. Gib sie her ...«

»Warum?« fragte Sisyphos.

»Gib sie mir, und ich verwandle sie auf der Stelle in Purpur!«

Er fand einen Kessel, füllte ihn mit Wasser, brachte es rasch zum Kochen und schüttete sein ganzes Purpurpulver hinein. Das Wasser kreiste in purpurroten Flecken. Polyander tauchte das lange Ziegenfell hinein, sorgsam darauf bedacht, daß das Leder nicht naß wurde, sodann hängte er das Fell über Stöcke neben dem Herd. Er ergötzte sich an dem scharlachroten Fell, und vor seinen Augen erschien das lärmende Korinth, das den König Sisyphos öffentlich feiert, zu seinen Füßen liegt der Kopf Kassanders, und er selber, Polyander, der Feldherr, steht neben Sisyphos.

»Wir werden gehen, o Sisyphos! Dem Ruhm entgegen!« rief er aus.

»Was soll dir dieses erbärmliche Tal! Schlafen konntest du hier nicht, denn nachts hast du den Garten bestellt, gejätet, gegossen, in Netzen Fische gefangen und in Fangeisen – wilde Tiere. Du wirst auf Daunen schlafen, beim Gesang schöner Mädchen, wirst lange schlafen, bis zum Mittag.«

»Schöön … schlafen …«, donnerte Sisyphos und riß den harten, eckigen Mund weit auf. »Schöön …«

»Du bist König von Griechenland, und ich bin dein Mitregent …«

Mit diesen Worten legte sich Soldat Polyander auf die Bettstatt, packte gewohnheitsgemäß Brust- und Rückenharnisch unter den Kopf, bedeckte die Beine mit dem ovalen Schild, dessen Haken und Schnallen abstanden. Sein kurzes Argos-Schwert legte er neben sich und schlief unverzüglich ein.

Der Soldat erwachte von Schlachtengetöse. Wie immer fühlte er einen kalten Angstschauer im Mittelfuß, der dann auch den Knöchel erfaßte. Doch wie es sich für einen Soldaten des Großen Alexander gehörte, zwang er die Furcht augenblicks nieder und sprang auf, das Schwert in Bereitschaft.

Es war früher frischer Morgen. Der Schlachtenlärm verstummte. Blinzelnd trat der Soldat auf den schmalen Lichtstreif zu.

Die Tür ging auf.

Von der Schwelle der Hütte aus sah Soldat Polyander, daß über den purpurroten Bergen gelbliches Morgenlicht aufstieg, und in der Niederung, in den Strahlen dieses Morgenlichts, wurde in ihrer Rinne die riesige schwarze Basaltkugel den Berg hinangerollt.

Und es rollte sie Sisyphos.

Polyanders Stimme zitterte vor Trunkenheit und fassungslosem Staunen, als er schrie: »Potz Hund und Gans, ich traue meinen Augen nicht! Bist du das, o Sisyphos? Hat dir der weise Zeus denn nicht verziehen? Und hast du mir nicht versprochen, mit mir nach Korinth zu gehen und weiterzuziehen, wohin das Schicksal uns führt?«

Sisyphos schob den Stein mit der Schulter weiter und antwortete: »Meine Hüften, Waden und Füße sind alt. Die junge Generation der Griechen hat einen zu forschen Schritt. Ich könnte zurückbleiben und dann irgendwo im Osten dahinsiechen, im heißen Wüstensand ... Hier jedoch ... hier habe ich mich eingewöhnt. Ich habe Bohnen, Fangeisen für wilde Ziegen, hin und wieder Wein, und dazu Käse. Was brauche ich mehr? Ich hab mich eingewöhnt. Geh, Wanderer, in dein Korinth, ich gehe auf meinen Berg.«

Schwer und angestrengt die Füße setzend, wälzte er den Stein.

Bevor Sisyphos den Blicken des Soldaten entschwand, knurrte er vor sich hin: »Schöön, nutzlose Steine gegen den Wind zu rollen, statt schnell keimendes Böses zu säen ...«

Er war es nicht mehr gewohnt, so lange Sätze zu sagen, und er sprach undeutlich, so daß der Soldat ihn nicht hörte, und hätte er ihn gehört, dann hätte er ihn schwerlich verstanden.

Sisyphos entfernte sich immer weiter, seine wuchtige Gestalt wurde hager und sein Stein wieder ein rotglühendes Metallstück. Beide näherten sich rasch dem Berggipfel, wo eine unsichtbare Kraft den Stein zurückstoßen würde. Der Soldat wollte nicht noch einmal den widerlich kreischenden und zitternden Fall des Steines hören, nahm hastig seine Rüstung und rannte auf den Pfad, der sich deutlich vor ihm auftat.

Er schritt den Pfad entlang und spürte ein grausames Stechen im Herzen. Er ahnte, daß Korinth ihn keineswegs herzlich, sondern innerlich verhärtet empfangen würde.

Vielleicht sollte er sich erst gar nicht dort zeigen. Aber wo dann war sein Zuhause? Er war ein abgeschossener Pfeil, und es gab keinen günstigen Wind, der ihn vorwärts trug. Wer würde alte Kleider, Lumpen und sonstigen Kram purpurn färben?

Er blickte sich ein letztes Mal nach Sisyphos um.

Sisyphos war hoch oben, auf dem spitzen Gipfel der Bergkette. Auf seinen Schultern leuchtete purpurn das Ziegenfell, das ihm am Abend zuvor Polyander aus Dummheit gefärbt hatte. Den letzten kostbaren Purpur hatte er vergeudet, ach … Und mit gebrochener Stimme murmelte Polyander:

»Potz Hund und Gans, o Sisyphos! Nicht umsonst hat Homer dich eigensüchtig, lasterhaft und hinterhältig genannt, o tückischer Sohn des Aiolos, du hast mich betrogen. Vielleicht ist das ein Vorzeichen, daß ich fortan betrogen werde?«

AK UND DIE MENSCHHEIT

Jefim Sosulja
Die Geschichte von Ak und der Menschheit

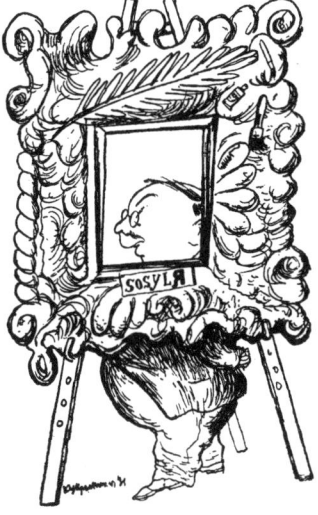

Es wurden Plakate angeklebt

Häuser und Straßen sahen nicht anders aus als gewöhnlich. Über ihnen
blaute werktäglich der Himmel mit
seinem ewigen Einerlei. Und die grau-
en Masken der Steine des Straßen-
pflasters waren wie stets undurchdringlich und gleichgültig, als völlig
kopflos gewordene Menschen, denen die Tränen von den Gesichtern
tropften und in die Kleistereimer fielen, diese Plakate anklebten.

Ihr Text war einfach, erbarmungslos und unausweichlich. Er lautete: »An alle ohne Ausnahme!

Die Überprüfung des Rechtes auf Leben wird von Sonderaus-
schüssen, die jeweils aus drei Mitgliedern des Gremiums der Höchsten
Entschlußfreude bestehen, bezirksweise an allen Stadtbewohnern vorgenommen. Die medizinische Untersuchung und die Analyse des Geistes erfolgt ebendort. Einwohner, die als wertlos für das Leben erkannt
werden, sind verpflichtet, dasselbe binnen vierundzwanzig Stunden
zu verlassen. Innerhalb dieser Frist kann Berufung eingelegt werden.
Appellationen müssen dem Präsidium des Gremiums der Höchsten
Entschlußfreude in schriftlicher Form übergeben werden. Die Beant-
wortung erfolgt im Zeitraum von drei Stunden. An wertlosen Men-

schen, die aus Willensschwäche oder aus Liebe zum Leben nicht abgehen können, wird das Urteil des Gremiums der Höchsten Entschlußfreude von Freunden, Nachbarn oder bewaffneten Sonderabteilungen vollstreckt.

Anmerkungen: 1. Die Einwohner der Stadt sind verpflichtet, sich den Handlungen und den Anordnungen aller Mitglieder des Gremiums der Höchsten Entschlußfreude in absoluter Ergebenheit zu fügen. Sämtliche Fragen müssen wahrheitsgetreu beantwortet werden. Zu jedem Fall eines wertlosen Menschen wird das Protokoll seiner Beurteilung angefertigt.

2. Die vorliegende Anordnung wird mit unerbittlicher Strenge durchgesetzt. Der Menschentrödel, der die Umgestaltung des Lebens nach den Grundsätzen der Gerechtigkeit und des Glücks behindert, muß erbarmungslos ausgemerzt werden. Die gegebene Verfügung betrifft ausnahmslos alle Bürger, Männer, Frauen, Reiche und Arme.

3. Die Ausreise aus der Stadt ist jedem Einwohner ohne Ansehung der Person während der Dauer der Arbeiten zur Überprüfung des Rechtes auf Leben unter allen Umständen verboten.«

Die ersten Wogen der Erregung

»Haben Sie gelesen?«

»Haben Sie gelesen?!«

»Haben Sie gelesen?!!«

»Haben Sie gelesen!!! Haben Sie gelesen?!!!«

»Haben Sie gesehen! Schon gehört?«

»Schon gelesen???!!!«

In vielen Stadtteilen bildeten sich Menschenansammlungen. Der städtische Verkehr stockte und kam fast zum Erliegen. Fußgänger lehnten sich in plötzlichem Schwächeanfall an die Hauswände. Viele weinten. Andere fielen in Ohnmacht. Gegen Abend war die Zahl der Ohnmächtigen riesenhaft angewachsen.

»Haben Sie gelesen?«

»Wie furchtbar! Es ist unerhört und abscheulich.«

»Aber wir haben das Gremium der Höchsten Entschlußfreude doch selbst gewählt. Wir selbst haben es mit den höchsten Vollmachten ausgestattet.«

»Ja. Das ist wahr.«

»Wir sind selbst schuld an diesem ungeheuerlichen Versehen!«

»Ja. Das ist wahr. Wir sind selbst schuld daran. Aber wir wollten doch ein besseres Leben aufbauen. Wer von uns hat denn gewußt, daß das Gremium dieses Problem so einfach und schreckenerregend anpacken würde!«

»Aber was für Namen sind in das Gremium eingezogen! Ach, was für Namen!«

»Woher wissen Sie das? Ist die Liste sämtlicher Gremiumsmitglieder denn schon veröffentlicht worden?«

»Ich habe es von einem Bekannten. Ak ist zum Vorsitzenden gewählt worden!«

»Oh! Was Sie nicht sagen! Ak? Was für ein Glück!«

»Ja. Ja. Es stimmt.«

»Was für ein Glück! Das ist doch eine integre Persönlichkeit!«

»Ja, natürlich. Da brauchen wir uns keine Sorgen zu machen: Da wird tatsächlich nur der Menschentrödel das Leben verlassen. Und es wird keine Ungerechtigkeit geben.«

»Sagen Sie bitte, werter Bürger, was meinen Sie: Ob ich am Leben bleiben kann? Ich bin ein sehr guter Mensch. Wissen Sie, damals, als die Schiffskatastrophe war, da hatten sich zwanzig Passagiere mit einem Boot gerettet. Aber das Boot hielt die übergroße Last nicht aus, und allen drohte der Untergang. Damit fünfzehn gerettet wurden, mußten fünf ins Meer springen. Ich gehörte zu diesen fünf. Ich bin freiwillig ins Meer gesprungen. Sehen Sie mich nicht so argwöhnisch an! Ich bin jetzt alt und schwach. Aber damals war ich noch jung und beherzt. Haben Sie nicht von der Sache gehört? Alle Zeitungen haben darüber geschrieben. Meine vier Kameraden sind ertrunken. Aber ich bin wie durch einen Zufall gerettet worden. Was meinen Sie? Ob ich am Leben bleiben kann?«

»Und ich, Bürger? Und ich? Ich habe meinen ganzen Besitz und mein Kapital an die Armen verteilt. Das ist schon lange her. Ich habe Dokumente darüber.«

»Ich weiß es wirklich nicht. Es hängt alles von dem Standpunkt und von den Zielen des Gremiums der Höchsten Entschlußfreude ab.«

»Erlauben Sie mir, verehrte Bürger, Ihnen zu versichern, daß die primitive Nützlichkeit eines Menschen für die ihm Nahestehenden sein Vorhandensein auf der Welt durchaus noch nicht rechtfertigt. Da hätte ja jede schwachköpfige Kinderfrau schon das Recht aufs Dasein. Dieser Standpunkt ist veraltet. Wie weit Sie zurück geblieben sind!«

»Aber worin besteht denn der Wert des Menschen?«

»Ich weiß es nicht.«

»Ach, Sie wissen es nicht! Was belästigen Sie uns mit Ihren Erklärungen, wenn Sie es selbst nicht wissen!«

»Entschuldigen Sie. Ich erkläre es, so gut ich kann.«

»Bürger! Bürger! Seht nur! Seht! Die Leute rennen! Was für eine Verwirrung! Die reinste Panik bricht aus!«

»Ach, mein Herz, mein Herz ... Aah! Rettet euch! Rettet euch!«

»Halt! Stehenbleiben!«

»Macht die Panik nicht noch größer!«

»Halt!«

Sie rannten

Sie rannten in Scharen durch die Straßen. Es rannten rotwangige junge Männer, denen grenzenloses Entsetzen in den Gesichtern stand. Kleine Angestellte aus Büros und Verwaltungen. Bräutigame mit makellosen Manschetten. Sänger aus Laienchören. Lackaffen. Anekdotenerzähler. Billardspieler. Besucher abendlicher Filmvorstellungen. Karrieristen, Ganoven, Hochstapler mit weißer Stirn und lockigem Haar. Schweißtriefende lüsterne Dickerchen, verwegene Saufkumpane. Spaßvögel, Vagabunden, Schönlinge, Träumer, Liebhaber, Radfahrer. Breitschultrige Kampfhähne aus Langeweile, Schwätzer, Betrüger, langhaarige Heuchler, melancholische Nichtsnutze mit traurigen schwarzen Augen, die hinter ihrem jugendlichen Aussehen eine kalte Leere verbargen. Junge Geizhälse mit vollen, lächelnden Lippen, haltlose Abenteurer, Absahner, Skandalbrüder, gutmütige Pechvögel, geriebene Halunken.

Es rannten fette, faule, gefräßige Weiber. Dürre, fade, zudringliche Xanthippen, sich ödende Weibchen, Frauen von Dummköpfen und Schlawinern, Klatschtanten, Fremdgängerinnen, Neidische und Habsüchtige, alle gleichermaßen angstverstört. Anmaßende dumme Gänse, gutmütige Schafe, die sich aus Langeweile die Haare färbten, gleichgültige Betthäschen. Einsame, Hilflose, Unverfrorene, Bittende, Flehende, die vor Entsetzen die alles verhüllende Schönheit ihrer Formen eingebüßt hatten.

Es rannten Dickwänste, runzlige Greise, Zwergwüchsige, Große, Schöne und Mißgestalte.

Hausverwalter, Pfandhaustaxatoren, Eisenhändler, Zimmerleute, Meister, Knastologen, Kolonialwarenhändler, liebenswürdige Puffinhaber, stattliche grauhaarige Lakaien, ehrenwerte Familienväter, die von Gemeinheit und Betrug rundlich geworden waren, ehrwürdige Falschspieler und fettleibige Kanaillen.

Sie rannten in dichter, ungestümer, eisenharter, brutaler Masse. Pudschwere Stofflappen umhüllten ihre Körper und ihre Gliedmaßen. Heißer Dampf schlug aus ihren Mündern. Die getarnte Gleichgültigkeit der verlassenen Gebäude schallte von Zetern und Klagen.

Viele rannten mitsamt ihrem Hab und Gut. Sie schleppten mit krallenhaft gebogenen Fingern Kissen, Schachteln und Kästen fort. Sie rafften Wertsachen, Kinder und Geld, sie schrien, kehrten um, hoben entsetzt die Arme und rannten von neuem los.

Doch sie wurden zurückgeholt. Alle, ausnahmslos. Leute ihres Schlages schossen auf sie, kamen ihnen zuvor, schlugen mit Stöcken, Fäusten, Steinen auf sie ein, bissen und stießen furchtbare Schreie aus, und die Menschenmassen zogen sich zurück, sie hinterließen Verletzte und Getötete.

Gegen Abend nahm die Stadt wieder ihr gewöhnliches Aussehen an. Die flatternden menschlichen Leiber suchten ihre Wohnungen auf und ließen sich auf die Betten niederfallen. In den schmalen, glühenden Schädeln klopfte verzweifelt eine winzige, nadeldünne Hoffnung.

Das Verfahren war einfach

»Ihr Name?«

»Boss.«

»Wie alt?«

»Neununddreißig.«

»Was arbeiten Sie?«

»Ich stopfe Hülsen mit Tabak.«

»Sprechen Sie die Wahrheit!«

»Ich sage die Wahrheit! Vierzehn Jahre lang arbeite ich ehrlich in meinem Beruf und ernähre meine Familie.«

»Wo ist Ihre Familie?«

»Hier ist sie. Das ist meine Frau. Und das ist mein Sohn.«

»Doktor, untersuchen Sie die Familie Boss!«

»Sofort!«

»Nun, wie steht es mit ihr?«

»Der Bürger Boss ist blutarm. Allgemeinzustand durchschnittlich. Die Frau leidet an Migräne und Rheumatismus. Der Junge ist gesund.«

»Gut. Sie können gehen, Doktor. Bürger Boss, welche Vorlieben haben Sie? Was mögen Sie gern?«

»Ich mag die Menschen und das Leben überhaupt.«

»Genauer, Bürger Boss, wir haben nicht so viel Zeit!«

»Was ich gern mag? ... Nun, was ich mag ... Ich mag meinen Sohn ... Er kann so schön Geige spielen ... Ich esse gern, obwohl ich wirklich kein Vielfraß bin ... Ich mag die Frauen ... Es ist angenehm zu sehen, wie schöne Frauen und Mädchen durch die Straßen spazieren ... Am Abend, wenn ich müde bin, spanne ich gern aus ... Ich stopfe gern Hülsen ... Ich schaffe 500 Stück pro Stunde ... Und auch noch vieles andere habe ich gern ... Ich liebe das Leben ...«

»Beruhigen Sie sich, Bürger Boss! Hören Sie auf zu weinen! Sie haben das Wort, Kollege Psychologe.«

»Das ist Tinnef, Kollege. Reiner Schund. Durchschnittlichste Existenzen. Kümmerliches Dasein. Temperament – halb phlegmatisch, halb sanguinisch. Aktivität – schwach entwickelt. Letzte Güteklasse. Hoffnungen auf Verbesserung: keine. Passivität – gleich 75%. Bei Madame Boss noch höher. Der Junge ist fad, aber möglicherweise … Wie alt ist Ihr Sohn, Bürger Boss? Hören Sie auf zu heulen!«

»Dreizehn …«

»Machen Sie sich keine Sorgen! Ihr Sohn bleibt vorläufig noch. Fünf Jahre Aufschub. Sie aber … Das ist übrigens nicht meine Angelegenheit. Entscheiden Sie bitte, Kollege.«

»Im Namen des Gremiums der Höchsten Entschlußfreude, in der Absicht, das Leben von überflüssigem Menschentrödel, von indifferenten, den Fortschritt aufhaltenden Existenzen zu reinigen, befehle ich Ihnen, Bürger Boss, und Ihrer Ehehälfte, binnen vierundzwanzig Stunden das Leben zu verlassen. Ruhe! Schreien Sie nicht! Sanitäter, beruhigen Sie die Frau! Rufen Sie die Wache! Die kommen bestimmt nicht ohne Hilfe zu Rande.«

Die Beurteilungen der wertlosen Existenzen
wurden im Grauen Schrank verwahrt

Der Graue Schrank stand im Korridor der Hauptverwaltung des Gremiums der Höchsten Entschlußfreude. Er hatte das gewöhnliche, solide, dümmlich-versonnene Aussehen, das alle Schränke auszeichnet. Er maß keine drei Arschin in der Höhe und in der Breite, und doch war er das Grab von einigen zehntausend Existenzen. Zwei lakonische Aufschriften prangten auf dem Schrank: »Katalog der Wertlosen«.

Und: »Protokolle der Beurteilungen.«

Der Katalog enthielt zahlreiche Abteilungen, zum Beispiel folgende:

»Eindrücke aufnehmende, aber nicht klarsehende Personen«, »Unbedeutende Nachahmer«, »Passive«, »Zentrumslose«. Und so weiter.

Die Beurteilungen waren knapp und objektiv. Manchmal hatten sich allerdings auch schneidende Formulierungen eingeschlichen, und in diesen Fällen schimmerte von der Rückseite des Blattes unerbittlich der rote Stift Aks, des Vorsitzenden des Gremiums, hindurch, der angemerkt hatte, daß man die Wertlosen nicht beschimpfen dürfe.

Und hier sind ein paar Charakteristiken:

Wertloser Nr. 14741

Durchschnittlich gesund. Besucht Bekannte, ohne daß er für sie notwendig oder interessant ist. Erteilt Ratschläge. Hat in seinen besten Jahren ein Mädchen verführt und es sitzenlassen. Hält die Anschaffung von Möbeln zur Ausstattung seiner Wohnung nach der Hochzeit für das größte Ereignis in seinem Leben. Gehirn träge, mürbe. Arbeitsfähigkeit gleich null. Nach Aufforderung, das Interessanteste zu schildern, was er vom Leben weiß und was ihm vor Augen gekommen ist, erzählt er vom Restaurant »Quasisana« in Paris. Ein Geschöpf von simpelster Art. Unterste Klasse des Spießbürgers. Herztätigkeit schwach. Binnen 24 Stunden.

Wertloser Nr. 14623

Arbeitet in einer Böttcherei. Qualität mittelmäßig. Liebe zur Arbeit gleich null. Sein Denken geht in allen Bereichen den Weg des geringsten Widerstandes. Physisch gesund, aber seelisch infiziert von der Krankheit der Primitivisten: Hat Angst vor dem Leben. Angst vor der Freiheit. An Feiertagen, wo er nicht arbeiten muß, betäubt er sich mit Alkohol. Hat während der Revolution Tatkraft bewiesen: Trug eine rote Schleife, hamsterte Kartoffeln und alles, was er kriegen konnte. Hatte Angst, daß es nicht reicht. War stolz auf seine proletarische Herkunft. Hat die Revolution nicht aktiv mitgemacht, aus Angst. Hat saure Sahne gern. Schlägt seine Kinder. Lebenstempo: gleichförmigmutlos. Binnen 24 Stunden.

Wertloser Nr. 15201

Beherrscht acht Sprachen, redet aber so, daß man schon bei der ersten vor Langeweile umkommt. Liebt raffinierte Manschettenknöpfe und Feuerzeuge. Äußerst selbstbewußt. Schöpft Selbstvertrauen aus den Sprachkenntnissen. Fordert Achtung. Schwatzt. Öchsisch gleichgültig gegenüber dem wirklichen lebendigen Leben. Hat Angst vor Bettlern. Aus Feigheit zuckersüß im Umgang. Tötet gern Fliegen und andere Insekten. Empfindet nur selten Freude. Binnen 24 Stunden.

Wertloser Nr. 4356

Brüllt aus Langeweile ihre Diener an. Nascht den Rahm von der Milch und die oberste Fettschicht von der Bouillon. Liest Boulevardromane. Wälzt sich tagelang auf der Couch herum. Ihr größter Wunschtraum: sich ein Kleid mit gelben Ärmeln nähen zu lassen, das an den Seiten ausgestellt ist. Wurde zwölf Jahre lang von einem begabten Erfinder geliebt, wußte aber nicht, was er machte, glaubte, er sei Elektrotechniker. Sie verließ ihn und heiratete einen Lederhändler. Kinder keine. Ist sehr launisch und heult oft. Nachts wacht sie auf, befiehlt, den Samowar aufzustellen, trinkt Tee und ißt dazu. Wertlose Existenz. Binnen 24 Stunden.

Bei der Arbeit

Um Ak und das Gremium der Höchsten Entschlußfreude scharte sich eine Gruppe fest angestellter Spezialisten. Es waren dies Doktoren, Psychologen, Beobachter und Schriftsteller. Alle arbeiteten ungewöhnlich rasch. Es kam vor, daß wenige Spezialisten binnen einer Stunde ein gutes Hundert Leute ins Jenseits beförderten. Und in den Grauen Schrank flogen dann hundert Beurteilungen, in denen die Prägnanz des Ausdrucks mit der absoluten Selbstsicherheit der Autoren wetteiferte.

Die Arbeit lief in der Hauptverwaltung vom Morgen bis zum Abend auf Hochtouren. Wohnungskommissionen kamen und gingen, Trupps von Urteilsvollstreckern marschierten ein und aus, und hinter den Schreibtischen saßen wie in einem riesigen Redaktionssaal Dutzende Leute und schrieben mit harten, raschen, unbedenklichen Fingern.

Ak jedoch sah diesem ganzen Treiben mit schmalen, festen, undurchdringlichen Blicken zu und hegte einen nur ihm allein verständlichen Gedanken, unter dem sich sein Körper krümmte und sein großer, ungebärdiger, eigensinniger Kopf grauer und grauer wurde.

Etwas wucherte empor zwischen ihm und seinen Angestellten, als wollte es sich wie eine Trennwand zwischen sein angespanntes schlafloses Denken und die blinden unbedenklichen Hände der Vollstrecker schieben.

Aks Bedenken

Eines Tages kamen Mitglieder des Gremiums der Höchsten Entschlußfreude in die Verwaltung, um Ak den routinemäßigen Bericht zu erstatten.

Ak war nicht an seinem gewohnten Platz. Sie suchten nach ihm und fanden ihn nicht. Sie schickten Boten nach ihm aus, sie telefonierten und fanden ihn trotz allem nicht.

Erst zwei Stunden danach entdeckten sie ihn zufällig im Grauen Schrank.

Ak saß im Schrank auf den Sterbeakten der Vernichteten und dachte mit einer selbst bei ihm nie dagewesenen Anspannung nach.

»Was machen Sie denn hier?« fragte man Ak.

»Sie sehen doch, ich denke nach«, antwortete Ak erschöpft.

»Aber weshalb denn im Schrank?«

»Es ist der geeignetste Ort. Ich denke an die Menschen, und direkt auf den Akten ihrer Vernichtung sitzend, kann man fruchtbringend über die Menschen nachdenken. Erst dann, wenn man auf den Unterlagen über die Ausrottung eines Menschen sitzt, kann man sein höchst sonderbares Leben studieren.«

Irgend jemand lachte platt und nichtssagend auf.

»Lachen Sie nicht!« sagte Ak aufschreckend und fuchtelte mit einer Beurteilung herum. »Lachen Sie nicht! Allem Anschein nach ist das Gremium der Höchsten Entschlußfreude in eine Krise geraten. Die eingehende Beschäftigung mit den Umgekommenen hat mich auf die Suche nach neuen Wegen zum Fortschritt gebracht. Ihr alle habt gelernt, die Wertlosigkeit dieses oder jenes Menschenwesens rasch und schneidend nachzuweisen. Sogar die Unbegabtesten unter euch leisten dies auf überzeugende Weise mit wenigen Sätzen. Und nun sitze ich hier und denke darüber nach, ob unser Weg richtig gewesen ist.«

Wieder versank Ak in Nachdenken, dann seufzte er bitter und sagte leise: »Was sollen wir tun? Wo ist der Ausweg? Studiert man die lebenden Menschen, so kommt man zu dem Schluß, daß sie zu drei Vierteln ausgerottet werden müssen, aber wenn man die Hingemetzelten studiert, dann weiß man nicht, ob man sie nicht eher lieben und bemitleiden müßte? Eben hier gerät die Menschen-Frage in die Sackgasse, in die unheilvolle Sackgasse der menschlichen Geschichte.«

Ak versank in trübsinniges Schweigen, er vergrub sich in den Wust der Toten-Charakteristiken und wurde von der Lektüre der grauenvoll-lakonischen Protokolle völlig in den Bann geschlagen.

Die Mitglieder des Gremiums zogen sich zurück. Keiner widersprach ihm. Denn erstens war es sinnlos, Ak zu widersprechen. Und zweitens wagten sie nicht zu widersprechen. Aber sie alle spürten, daß ein neuer Entschluß heranreifte, und fast alle waren unzufrieden. Offensichtlich sollte jetzt eine einmal in Gang gekommene, klar umrissene Sache durch eine andere ersetzt werden. Aber durch welche?

Was würde dieser kindisch gewordene Mensch, der eine so unerhörte Macht über die Stadt hatte, wohl noch alles ersinnen?

Die Krise

Ak war verschwunden.

Er pflegte stets zu verschwinden, wenn er ins Grübeln kam. Überall wurde er gesucht, doch man fand ihn nicht. Irgend jemand sagte, Ak säße vor der Stadt auf einem Baum und weinte. Dann hieß es, er liefe in seinem Garten auf allen vieren herum und kaue Erde.

Die Tätigkeit des Gremiums der Höchsten Entschlußfreude erlahmte. Mit Aks Verschwinden kam seine Arbeit irgendwie ins Stocken. Die Einwohner brachten an ihren Wohnungstüren eiserne Riegel an und ließen die Kontrollkommissionen einfach nicht mehr herein. In mehreren Bezirken wurden die Fragen der Gremiumsmitglieder nach dem Recht auf Leben mit Gelächter beantwortet, und in manchen Fällen kam es sogar so weit, daß wertlose Menschen Vertreter des Gremiums der Höchsten Entschlußfreude am Schlafittchen packten, an ihnen das Recht auf Leben überprüften und ihnen höhnische Beurteilungsprotokolle schrieben, die sich kaum von denen unterschieden, die im Grauen Schrank aufbewahrt wurden.

In der Stadt brach ein Chaos aus. Die Wertlosen, die Menschennullen, denen man noch nicht den Garaus gemacht hatte, wurden derartig dreist, daß sie sich offen auf den Straßen zeigten, daß sie begannen, sich zu vergnügen, allen möglichen Zerstreuungen zu frönen und sogar Ehen zu schließen.

Auf den Straßen beglückwünschten sich die Leute:

»Es ist vorbei! Vorbei! Hurra!«

»Die Überprüfung des Rechts auf Leben ist eingestellt worden!«

»Finden Sie nicht, Bürger, daß das Leben anziehender geworden ist? Es ist nicht mehr soviel Menschentrödel da! Sogar atmen kann man jetzt besser!«

»Daß Sie sich nicht schämen, Bürger! Glauben Sie denn, nur die sind aus dem Leben geschieden, die kein Recht darauf hatten? O nein! Ich kenne Leute, die nicht das Recht haben, eine einzige Stunde zu leben, und sie leben und werden noch viele Jahre leben. Aber anderer-

seits, wie viele der wertvollsten Persönlichkeiten sind zugrunde gegangen! Oh, wenn Sie wüßten, wie viele!«

»Das hat nichts zu bedeuten. Fehler sind ja unvermeidlich. Sagen
sie, wissen Sie nicht zufällig, wo Ak ist?«

»Nein, ich weiß es nicht.«

»Ak sitzt vor der Stadt auf einem Baum. Er weint.«

»Ak läuft auf allen vieren herum und kaut Erde.«

»Soll er nur weinen!«

»Soll er ruhig Erde kauen!«

»Ihr freut euch zu früh, Bürger! Zu früh! Heute abend kommt Ak
zurück, das Gremium der Höchsten Entschlußfreude nimmt die Arbeit wieder auf.«

»Woher wissen Sie das?«

»Ich weiß es! Es ist noch viel zuviel Menschenplunder übriggeblie-
ben. Man muß weiter säubern, säubern und nochmals säubern!«

»Wie grausam Sie sind, Bürger!«

»Da spuck ich drauf!«

»Bürger! Bürger! Seht nur! Seht!«

»Sie kleben wieder Plakate an!«

»Seht!«

»Bürger! Was für eine Freude! Welch ein Glück!«

»Bürger, lest!«

»Lest!«

»Lest! Lest!«

»Lest!!!«

Es wurden Plakate angeklebt

Ganz außer Atem, rannten Leute mit Kleistereimern durch die Straßen. Dicke Packen riesiger rosafarbener Plakate entrollten sich mit
freudigem Rascheln und Knistern und blieben an den Häuserwänden
kleben. Der Text auf den Plakaten war klar umrissen und höchst einfach. Er lautete: »An alle ohne Ausnahme.

Mit Bekanntgabe dieser Erklärung ist allen Bürgern unserer Stadt das Leben gestattet. Lebt und mehret Euch und füllet die Erde! Das Gremium der Höchsten Entschlußfreude hat seine unerbittlichen Pflichten erfüllt und wird nunmehr Gremium der Höchsten Rücksichtnahme heißen. Ihr alle seid schön, Bürger, und Euer Recht auf Leben ist unantastbar.

Das Gremium der Höchsten Rücksichtnahme überträgt Sonderkommissionen von jeweils drei Mitgliedern die Aufgabe, Tag für Tag von Wohnung zu Wohnung zu gehen, die Mieter zur Tatsache ihres Seins zu beglückwünschen und ihre Beobachtungen in besonderen Freudenprotokollen niederzulegen.

Die Mitglieder der Kommission sind berechtigt, die Bürger zu befragen, wie sie leben, und die Bürger können, sofern sie es wünschen, ausführlich antworten. Letzteres ist sogar begrüßenswert. Alle freudigen Beobachtungen werden in dem Rosaroten Schrank für die Nachwelt aufbewahrt.«

Das Leben normalisierte sich

Alle Türen, Fenster und Balkons wurden aufgetan. Laute Stimmen, Lachen, Musik und Gesang drangen ins Freie. Dicke untalentierte Fräulein lernten Klavier spielen. Von morgens bis abends kreischten die Grammophone. Auch Geige, Klarinette und Gitarre wurden gespielt. Die Männer zogen abends die Jacketts aus, saßen mit gespreizten Beinen auf den Balkons und rülpsten vor Wohlbehagen. Der städtische Verkehr nahm auffallend zu. In Droschken und Automobilen jagten die jungen Männer mit ihren Damen vorbei. Keiner hatte mehr Angst, auf die Straße zu gehen. In Konditoreien und Süßwarenbuden wurden Törtchen und Erfrischungsgetränke verkauft. In den Galanteriewarenhandlungen wurde ein steigender Absatz von Spiegeln vermerkt. Die Leute kauften Spiegel und besahen sich darin mit Genugtuung. Die Maler und Fotografen bekamen Aufträge, Porträts anzufertigen. Die Porträts wurden gerahmt, und dann schmückte man die Wände der Zimmer damit. Dieser Porträts wegen kam es sogar zu einem Mord, über den in den Zeitungen viel geschrieben wurde. Ein junger

Mann, der in einer Wohnung ein Zimmer gemietet hatte, verlangte, daß die Inhaber der Wohnung die Bilder ihrer Eltern aus seinem Zimmer entfernten. Die Wirtsleute, die sich gekränkt fühlten, brachten den jungen Mann um, indem sie ihn – aus dem vierten Stockwerk – hinauswarfen.

Selbstbewußtsein und Eigenliebe kamen zu voller Entfaltung. Alle möglichen Zänkereien und Zusammenstöße waren bald an der Tagesordnung. Neben dem üblichen Geschimpf konnte man folgendes zum Klischee gewordene Gespräch hören, in dem die Kontrahenten einander auf den Leib rückten: »Sie verdanken Ihr Leben offenbar einem Irrtum. Das Gremium der Höchsten Entschlußfreude scheint ziemlich nachlässig gearbeitet zu haben …«

»Sogar überaus nachlässig, wenn ein Subjekt Ihres Schlages am Leben bleiben konnte …«

Doch im allgemeinen ging dieses Gezänk im normalen Ablauf des Lebens unter. Die Leute sorgten jetzt besser für ihren Mittagstisch, sie kochten Warenje. Die Nachfrage nach warmer wollener Unterwäsche stieg beträchtlich, denn alle achteten sehr auf ihre Gesundheit.

Die Mitglieder des Gremiums der Höchsten Rücksichtnahme gingen gewissenhaft von einer Wohnung zur andern und fragten die Mieter nach ihrem Wohlergehen.

Viele antworteten, es gehe ihnen gut und man solle sich selbst davon überzeugen.

»Sehen Sie«, sagten sie, während sie selbstzufrieden lachten und sich die Hände rieben, »wir salzen Gurken ein, he, he … Und wir haben marinierten Hering. Neulich hab ich mich gewogen: Ich hab ein halbes Pud zugelegt, Gott sei Dank …«

Andere beschwerten sich über Unzulänglichkeiten und klagten, das Gremium der Höchsten Entschlußfreude habe zu wenig getan: »Verstehen Sie, gestern fahre ich mit der Straßenbahn, und – stellen Sie sich das mal vor! – alle Plätze waren besetzt … Die reinste Niedertracht! Nicht nur ich, sondern auch meine Frau mußte stehen! Es gibt noch viel überflüssiges Volk in der Stadt. Überall lungern sie herum, aber der Teufel weiß, warum! Ganz umsonst ist dieses Gelichter damals nicht beseitigt worden ...«

Andere wieder empörten sich: »Halten Sie sich vor Augen, niemand hat mich am Mittwoch und am Donnerstag zur Tatsache des Seins beglückwünscht! Eine richtige Flegelei ist das! Was soll das denn heißen! Soll ich mir vielleicht noch meine Glückwünsche bei Ihnen abholen, was?«

Ende der Geschichte

In Aks Kanzlei lief die Arbeit wie seit eh und je auf Hochtouren. Leute saßen an den Tischen und schrieben. Der Rosarote Schrank war mit Freudenprotokollen und Beobachtungen der Freude gefüllt. Sorgfältig und ausführlich waren die Namenstage, die Hochzeiten, die Spaziergänge, die Mittagessen und Abendbrote, die Liebesgeschichten und alle erdenklichen Ereignisse beschrieben worden, und viele Protokolle hatten den Charakter und die Form von Romanen und Novellen angenommen. Die Einwohner baten die Mitglieder des Gremiums der Höchsten Rücksichtnahme, sie als Bücher herauszugeben, und über diesen Büchern vergaßen sie alles andere.

Ak schwieg.

Nur sein Rücken krümmte sich noch stärker, und sein Haar wurde noch grauer. Manchmal schlüpfte er in den Rosaroten Schrank und blieb lange darin sitzen, wie er früher im Grauen Schrank die Zeit versessen hatte.

Aber eines Tages sprang Ak aus dem Rosaroten Schrank und brüllte: »Niedermetzeln muß man! Niedermetzeln! Niedermetzeln! Niedermetzeln!«

Doch als er die weißen, flink übers Papier huschenden Hände seiner Beamten sah, die jetzt genauso dienstbeflissen die lebenden Einwohner der Stadt beschrieben wie sie dereinst die toten beschrieben hatten, winkte er ab, rannte aus der Kanzlei und – verschwand.

Er verschwand für immer und ewig.

Viele Legenden spannen sich um Aks Verschwinden, allerlei Gerüchte wurden darüber verbreitet, doch Ak war trotz allem nicht wiederzufinden.

Und die Menschen, die so zahlreich waren in jener Stadt, die Menschen, die Ak zuerst vernichtet und die er danach bemitleidet hatte und die er am Ende wieder vernichten wollte, diese Menschen, unter denen es sowohl wahre und schöne gibt als auch viele unnütze, sie leben bis zum heutigen Tage immer noch so, als hätte es Ak niemals gegeben und als hätte niemand je die große Frage nach dem Recht auf das Leben berührt.

Fjodor Sologub
Das Land, in dem eine Bestie die Macht ergriff

Alte, vergilbte Papyrusbögen künden
oft von Menschen und Dingen, die
längst in die unabänderliche Ewigkeit entschwunden sind. Hier folgt
solch eine Erzählung. Sie ist nicht frei
von Unklarheiten, deren Ursache aller
Wahrscheinlichkeit nach darin liegt, daß nur Bruchstücke des Manu-
skripts erhalten blieben und der Inhalt mit Hilfe von Analogien re-
konstruiert werden mußte. Wir wissen nicht einmal, wie jenes Land
hieß. Auch das Ende der Erzählung ist nicht überliefert. Bei den Teilen der Geschichte, die phantastischen Charakter tragen, wird nicht
völlig klar, ob der Chronist sinnbildlich spricht oder ob er selbst an die
Erzählung von der wundersamen Verwandlung des grausamen Jünglings glaubt.

Ein neuer Kaiser mußte gekürt werden. Die Ältesten beschlossen,
die Wahl dem Schicksal zu überlassen. Vor Anbruch der Nacht wurde
ein mit Smaragden und Saphiren verziertes goldenes Ei zum Stadttor
hinausgetragen und am Wegrand ins Gras gelegt. Derjenige, der von
weit her aus einem fremden Land kam und das im Gras versteckte
goldene Ei aufhob, sollte Kaiser sein. Ob dies hierzulande Sitte war
oder ob die Ältesten diesmal durch Wahrsagungen auf diese Art der

Wahl verfallen waren, weiß ich nicht. Doch nach einigen Umständen der Ereignisse zu urteilen, neige ich zur letzteren Erklärung.

Hell und strahlend erhob sich über dem Land der am Himmel flammende Drache, den die Menschen das Tagesgestirn, die rote Sonne nennen, hell und strahlend, wie es dem Tag angemessen war, da der große Herrscher in jenem Land die Macht ergriff. Die Ältesten zogen zum Stadttor, gefolgt vom gesamten Volk, und alle harrten in andächtigem Schweigen, wen ihnen das Schicksal zum Kaiser bestimmen würde. Lange blieb der Weg stumm und öde, als hielten die erhabenen Götter oder Dämonen jenes Landes Rat und als schwankten sie lange, auf wen ihre wunderbare Wahl fallen sollte. Schließlich aber faßten sie einen Entschluß.

Auf dem Weg näherten sich der Stadt zwei Jünglinge in grober, dürftiger und zerschlissener Kleidung. Der eine hatte schwarzes Haar, war brünett und schlank, auf dem Kopf des anderen ringelten sich rotblonde Locken, die in den goldflammenden Blicken des am Himmel stehenden Drachens leuchteten. Der Körper des rotblonden Jünglings war olivbraun, seine Wangen flammten in frischem Rot, und in den Augen brannte unersättliches Verlangen. Im übrigen sahen sich die beiden Jünglinge so ähnlich, als blickte das brünette Antlitz des einen in einen wundersam flammenden Spiegel und als entstände hinter dem zauberischen Glas ein rotwangiger, goldhaariger Doppelgänger.

In ein fröhliches Gespräch vertieft, waren die beiden Jünglinge ahnungslos lachend an dem im Gras verborgenen Ei vorübergeschritten und näherten sich dem Stadttor. Das Stimmengewirr der tausendköpfigen Menschenmenge ließ sie innehalten. Bestürzt, erschrocken standen sie am Rand des staubigen Weges, blickten umher, suchten zu begreifen, wem die Aufmerksamkeit und die Verwunderung der lauten Menge galt. Als erster erblickte der brünette Jüngling das Ei und trat darauf zu.

»Schau, Meteja, was für ein schönes Spielzeug im Gras liegt«, sagte er zu seinem Gefährten.

Er hob das Ei auf. Der rothaarige Meteja eilte hinzu, streckte dem brünetten Jüngling gierig die Hände entgegen und rief bittend: »Oh, lieber Kenija, gib mir das goldene Ei! Gib es mir! Gib!«

Lachend gab Kenija ihm das Ei und sprach: »Nimm. Es soll dir gehören, wenn du es so gern haben möchtest.«

Meteja freute sich. Er warf das Ei in die Höhe und betrachtete wohlgefällig das vielfarbene Schillern der Edelsteine.

Da traten die Stadtältesten aus dem Tor, verneigten sich vor dem Jüngling Meteja, der das goldene Ei in den Händen hielt, und riefen ihn zum Kaiser aus.

Im Volk erhob sich Streit über diese Wahl. Einige leichtfertige Jünglinge sagten, dem schwarzäugigen Kenija gebühre das Diadem des Kaisers: »Der schwarzäugige Jüngling hat unser Ei aufgehoben und es freiwillig dem gierigen rothaarigen Jungen gegeben. Der schöne schwarzäugige Kenija soll unser Kaiser sein, er ist freigebig und großmütig, wie es einem Kaiser ziemt.«

Die ihnen gewogenen schönen Jungfrauen stifteten sie zum Ungehorsam an, flüsterten: »Das goldene Diadem auf Kenijas pechschwarzem Haar – wie wunderschön dies aussähe!«

Doch die alten Menschen sprachen: »Kaiser ist nicht, wer gibt, sondern wer fordert und nimmt. Die Stadt braucht einen Herrscher, aber nicht einen weichherzigen Jüngling mit weibischer Seele.«

Als einige Anhänger Kenijas widerspenstig blieben und den unnützen, die Menge aufwiegelnden Streit fortzusetzen gedachten, wurden sie gefesselt und enthauptet, und ihre Leichen wurden verbrannt.

So ergriff Meteja die Macht in dem Land. Er sprach zu den Würdenträgern: »Ich habe mit meinem Freund Kenija einen langen, schweren Weg zurückgelegt. Die schwarzen Augen meines lieben Freundes entdeckten im dichten Gras mein kaiserliches Ei. Kenija ist und bleibt mir ein treuer, ergebener Freund, und er kommt auf den Platz zur Rechten von meinem glanz- und prachtvollen kaiserlichen Thron. Gebt meinem Freund Kenija das reichste und schönste Gewand, das sich in der Stadt findet, und steckt ihm den schönsten und kostbarsten Ring auf.«

Sie taten, was sie Kaiser Meteja geheißen hatte. Zu seiner Rechten saß der Jüngling Kenija, doch wurde er nicht hochmütig. Kenijas schwarze Augen blickten wie zwei erloschene, aber trotzdem schöne Sterne. Seine Lippen leuchteten rot wie zwei prächtige Rosen, über denen eine Nachtigall schluchzt. Der goldene Diamantring blitzte an seiner Hand wie der Abendstern bei Sonnenuntergang am purpurdunstigen Himmel. Seine Augen leuchteten nicht, seine Lippen lächelten nicht, und seine Hände verrieten keine Freude.

Seine schwarzen, ruhigen Augen blickten Kaiser Meteja an, und der Kaiser wurde bekümmert und fragte ihn eines Tages: »Mein lieber Freund Kenija, beneidest du mich?«

Kenija beugte seinen Kopf so tief, wie es sich schickt, wenn der Kaiser sein erlauchtes Wort an einen zu richten geruht, und antwortete ruhig: »Großmächtiger Kaiser, ich beneide dich nicht.«

Der Kaiser runzelte die Stirn und fragte weiter: »Lieber Kenija, möchtest du nicht Kaiser sein?«

Kenija erwiderte: »Ich möchte nicht Kaiser sein.«

»Denkst du vielleicht«, fuhr der Kaiser fort, »weil du das Ei aufgehoben hast, käme dir das Recht zu, Kaiser zu sein?«

»Ich habe mein Ei aufgehoben«, entgegnete Kenija ruhig, »und ich habe es dir geschenkt. Jetzt kannst du darüber verfügen und ruhig im Land herrschen – niemand wird es dir streitig machen.«

Kaiser Meteja schwieg und wußte nicht, was er noch fragen könnte. Doch der schwarze Ärger plagte sein Herz. Und zu des Kaisers Ohr beugte sich der älteste und listigste der Würdenträger, der graubärtige Salcha, und flüsterte böse, tückische Worte.

»Großmächtiger Kaiser, du unser Reichtum und Trost«, flüsterte Salcha, »dein Freund Kenija, den die unvernünftigen Jünglinge und die lüsternen Mädchen wegen seiner Schönheit lobpreisen, dieser Kenija, den du aus kaiserlicher Gnade auf den höchsten Platz erhoben und zu deiner Rechten neben deinen erlauchtigen Thron gesetzt hast – er nennt leichtfertig und dreist jenes Ei das seinige, das du in deinen sonnenflammenden Fingern hieltest, als wir aus den Mauern der Stadt traten, uns vor deiner Erhabenheit und wunderbaren Schönheit verneigten und dich zu unserem Herrscher erkoren.

Sein nennt er jenes Ei, das die mächtigen Götter dieses Landes in deine Herrscherhände gelegt haben.«

Kaiser Meteja verfärbte sich vor Zorn, und in seinen Augen blitzte unerträgliches Feuer. Er richtete Zornesblicke auf seinen Freund Kenija, der brünette, schwarzäugige Jüngling aber wurde nicht verlegen, blieb stumm, reglos und ruhig, wie die schwarze Nacht, die ohne Wetterleuchten und ohne Sterne ist.

Da näherte sich dem Kaiser Meteja ein anderer Würdenträger, der dem Höchsten Gericht des Landes vorsaß, der weise und böse Channa. Er verbeugte sich vor dem Kaiser und flüsterte ihm Worte ins Ohr, die ebenso böse und tückisch waren wie die Worte des arglistigen Salcha.

»Großmächtiger Kaiser, dessen Schönheit die schönsten Sterne des Himmels in den Schatten stellt, dessen heller Verstand und dessen wunderbarer Heldenmut die Weisesten und Ruhmreichsten unseres Landes und der anderen Länder weit und breit überragt«, flüsterte der böse Channa dem Kaiser zu, »dein Freund Kenija, den du für einen nichtigen Dienst so hoch erhoben und so reich beschenkt hast, erdreistet sich zu denken und wohl gar zu sagen, er sei besser als du, denn er habe dir das kaiserliche Ei überlassen und dich somit an Freigebigkeit und Großmut übertroffen. Dein Freund schickt sich an, dein Feind zu werden, großmächtiger Herrscher. Wahrlich, grausame Bestrafung verdient, wer unserem großmächtigen Kaiser übelwill.«

Kaiser Meteja bebte vor Zorn, preßte das Zepter in den zitternden, mit rotblonden Härchen bedeckten Händen und fragte seinen Freund Kenija: »Sag mir, Kenija, wen von uns beiden hältst du für besser und ehrenwerter!«

»Großmächtiger Kaiser«, entgegnete Kenija ruhig, »die Menschen ehren dich als ihren Herrscher und verbeugen sich vor dir, und das tue auch ich. Ich bin dein treuer Diener und Knecht, und ich werde dir unabänderlich treu und gehorsam sein.«

Zornig erhob sich Kaiser Meteja und rief: »Die Götter haben mich auf den Kaiserthron gesetzt, weil ich besser bin als alle anderen Menschen dieses Landes sowie aller anderen Länder und auch besser als du.«

Darauf erwiderte Kenija: »Kaiser, du und ich, wir sind Jünglinge, die noch nichts auf der Erde vollbracht haben, was Lob und Tadel verdient hätte. Wer von uns beiden besser ist, das weiß niemand und kann niemand sagen.«

»Nun«, sagte Kaiser Meteja leise, verwundert über die Dreistigkeit seines Freundes, »hältst du dich nicht in Wirklichkeit für besser, als ich, dein Kaiser und Gebieter, es bin?«

»Großmächtiger Kaiser«, widersprach Kenija, »das denke ich nicht. Ich meine, wir beide sind gleich. Schließlich sind wir zusammen aufgewachsen und sehen einander so ähnlich. Wenn ich mich beim hellen Morgenrot oder beim purpurnen Abendrot über einen Bach beuge, um meinen Durst zu stillen, so scheint mir, als würdest du, o Kaiser, mich freundlich anlächeln und mir deine Lippen zum süßen Bruderkuß darbieten. Obwohl du dich von mir unterscheidest durch das flammende Rot von Haar und Haut, das bei mir unter dem Braun der Haut verborgen ist, bist du mir so ähnlich, als wärst du mein Ebenbild in einem flammenden Spiegel. Du bist schön wie ich, bist wie ich freigebig, gütig und großmütig.«

Da erhoben sämtliche Würdenträger heftiges, entrüstetes Geschrei und bezichtigten Kenija, er wage es, sich mit dem großen Herrscher zu vergleichen. Von Wut entbrannte das Herz des Kaisers, und er befahl, seinen Freund Kenija erbarmungslos auszupeitschen.

Als Kenija nackt und gefesselt dalag, vor unerträglichen Schmerzen ächzte und schrie, sein schöner schlanker Körper sich mit purpurnen Striemen bedeckte und heiße Tropfen seines Blutes dem Kaiser Meteja ins Gesicht spritzten, drang die grimmige Freude des Peinigers ins Herz des jungen Kaisers, und er lachte laut und freute sich über die Schreie und die Qualen seines Freundes. Und alle Umstehenden lachten mit ihm.

Da schrie Kenija auf: »O Kaiser, erinnere dich: Ich habe dein kaiserliches Ei aufgehoben und es dir gegeben. Erinnere dich, und hab Erbarmen mit mir!«

Der ergrimmte Kaiser antwortete ungezügelt, laut und wild schreiend: »Ich erinnere mich, Kenija, ich erinnere mich an alles – und damit du dich künftig nicht mehr vor mir rühmst, befehle ich meinen getreuen Dienern, dich zu Tode zu peitschen.«

Auf Geheiß des Kaisers wurde der schwarzäugige Kenija geschlagen, bis sein Stöhnen verstummte, dann nahm man seinen Leichnam und warf ihn zum Tor des Kaiserpalastes hinaus.

Seit jenem Tag war des Kaisers Herz von unersättlicher Grausamkeit erfüllt, und das Wehgeschrei der Gefolterten ergötzte ihn. Jeder, der Worte des Mitleids mit dem liebreizenden Jüngling Kenija äußerte oder Worte des Vorwurfs gegenüber dem grausamen und undankbaren Kaiser, wurde vor seinen Thron gezerrt und zu Tode gequält. Daran labte er sich.

Wenn er vom Anblick der verstümmelten Leiber und vom Geruch des reichlich vergossenen heißen Blutes genug hatte, berauschte er sich mit Wein und vergnügte sich mit Tänzerinnen, Schlangenbeschwörerinnen, Wahrsagerinnen und anderen liederlichen Frauen und Mädchen. Die Würdenträger und die Stadtältesten hielten ihn nicht zurück, sie tafelten und zechten mit ihm und waren froh, daß der Kaiser sich nicht um die Regierungsgeschäfte kümmerte und sie, die Habgierigen und Hartherzigen, nicht hinderte, sich auf Kosten der Witwen und Waisen und wegen der Mißernte Hungernden zu bereichern. Die liederlichen Söhne der Würdenträger zechten mit dem Kaiser und belustigten ihn mit ihrer Schamlosigkeit.

Für das Land kamen Tage des Weinens und der Verwirrung. Frauen, Jungfrauen und Jünglinge trafen sich nachts heimlich im Wald, brachten den Göttern viele kostbare Opfer dar, beschworen mit schrecklichem Zauber den getöteten Jüngling Kenija. Und aus der Grabesfinsternis erschien der von dem Grausamen getötete schwarzäugige Jüngling.

Einmal, als der Kaiser mit seinen Würdenträgern und den unvernünftigen Jünglingen zechte, erschien Kenija bei ihm. Die Zecher erschraken.

Am Abendhimmel brannte noch rasches Abendrot. Die Täler füll-

ten sich mit Nebel. Ganz weiß leuchtete im milchig-roten Widerschein des Sonnenuntergangs der erste Stern, und plötzlich öffnete
sich der schwere Vorhang der kaiserlichen Tür, und, vom hellen Widerschein des Abendrots dunkel abgehoben, erschien der schwarzäugige, schwarzhaarige, braunhäutige Kenija, in einer kurzen weißen
Bekleidung, die seine schönen Arme und Beine nicht verhüllte. Jemand grölte noch, sinnlos betrunken, den Kopf auf den Tisch ge-
stützt, doch die Blicke der Zecher waren, mit Stummheit und Entsetzen geschlagen, auf Kenija gerichtet. Ein goldener Becher fiel jemandem aus der Hand, rollte von der Zedernholztafel auf die Erde,
beschrieb zwischen dem Kaiser und Kenija einen Bogen, und der
dunkle, blutrote Strahl des Weines berührte die nackten Füße des
aus der Grabesfinsternis auferstandenen Jünglings.

Still trat Kenija vor den Kaiser und setzte sich zu seiner Rechten,
auf jenen Platz, auf dem er früher gesessen und auf den der Kaiser
noch keinen anderen gesetzt hatte.

Bebend vor Angst und vor Zorn, fragte der Kaiser: »Du lebst, Kenija?«

Und Kenija antwortete: »Ich bin auferstanden und zu dir gekommen. Einst wanderte ich mit dir in diese Stadt, und wir beide waren
froh und unschuldig. Nachdem ich dir mein Ei gegeben, saß ich neben dir, unwissend und einfältig. Doch der Grimm der hohen kaiserlichen Macht hat dein Herz entbrennen lassen und uns getrennt, und
nach deinem Willen habe ich schlimme Qualen erlitten. Jetzt komme ich zu dir, wissend und weise und mit einer Kraft begabt, die du
nicht besitzt, obwohl du der Herrscher eines großen Landes bist. Ich
habe das kostbare Ei aufgehoben, das von Guten und Weisen ausgelegt
und von Unvernünftigen und Bösen bewacht wurde. Es ist mein, und
mein ist alles, was mit seinem Besitz zusammenhängt. Doch jetzt, da
ich erfahren habe, wie die hohe Macht einen Menschen zum Bösen
wendet, jetzt will ich, der ich dem Kaiser Meteja so wunderbar ähnlich sehe, jetzt will ich nicht Kaiser sein. Und zwischen uns, o großer
Kaiser, wird es keinen Gegenstand der Trennung und des Zwistes geben. Teilen wir friedlich – du behältst die wertvollen Smaragde und

Saphire der kaiserlichen Macht, mir aber gibst du das von meinen Händen gehobene und mit meinem Blut reingewaschene schwere Gold.«

Wilder Zorn entflammte des Kaisers Blicke, und er schrie: »Rebellische Worte höre ich, den aufrührerischen Blick eines ungehorsamen Knechts sehe ich. Wo seid ihr, meine treuen Diener! Ergreift den Aufrührer, peinigt ihn mit vielen Qualen, peitscht ihn vor meinen Augen, schlagt ihn mit Gerten und Ochsenziemern, gießt glühendes Blei in seine Kehle, stecht ihm die schwarzen Hexenaugen aus.«

Alles geschah, wie es der grausame Kaiser den eifrigen Knechten kaltherzig befohlen hatte. Entsetzlich schrie der gepeinigte Jüngling. Bis über die Federwolken klangen seine gellenden Schreie. Bis zum Himmel wären sie gedrungen, wenn es über der Erde einen Himmel gäbe.

Sie peinigten Kenija zu Tode, schleppten den verstümmelten Leichnam zur Stadtmauer hinaus und warfen ihn auf den Mist. Von fern heulten Schakale, die das frische Blut witterten.

Im Kaiserpalast grölten trunkene, heisere Stimmen lustige und unanständige Lieder. Nackte Dirnen tanzten vor dem Kaiser, der schallend lachte und die Tänzerinnen mit einer dünnen Peitsche antrieb, sich noch hurtiger zu drehen. Das geheuchelte Kreischen der nackten Dirnen war ihm eine Lust.

Und wieder währten die Tage der Grausamkeiten und der Übeltaten. Wieder wurde in den dichten Wäldern der zu Tode gequälte Jüngling mit schrecklichen nächtlichen Zaubern beschworen. Wieder erschien Kenija, und wieder kam er in den Kaiserpalast. Er wurde in Stücke gerissen und den Hunden zum Fraß vorgeworfen.

Als Kenija abermals kam, wurde er zusammen mit tausend um ihn weinenden Jünglingen und Mädchen verbrannt. Man trieb sie alle in ein Haus, häufte trockenes Reisig ringsum, schüttete Teer darüber und zündete es an. Freudig loderten helle Flammen auf, ergossen purpurnes Blut über die nächtlichen Wolken, und das grauenhafte Geschrei der tausend Verbrannten erscholl weithin und erschreckte die grimmigen Tiger, die im ufernahen Schilf auf lebende Beute lauerten. Die

Menschen aber tanzten, ihrem grimmigen Herrscher zum Gefallen, um das von den Flammen erfaßte Haus.

Doch wieder erschien Kenija. Den wutentbrannten Kaiser packte Entsetzen, und er fragte den unentwegt auferstehenden Jüngling: »Oder willst du deine und meine Qualen endlos sein lassen?«

Lächelnd entgegnete Kenija: »Das liegt in deiner Hand, großmächtiger Kaiser. Gib mir mein Gold, so wirst du Ruhe haben.«

»Ich gebe es nicht her!« schrie der Kaiser. »Immer wieder werde ich dich unerhörten Qualen unterwerfen, bis du der Leiden müde bist und fortgehst in die ewige Finsternis.«

»Kaiser Meteja«, entgegnete Kenija, »ich kann nicht mehr abweichen von jenem Kreis der unentwegten Wiederkehr zu dir, auf den mich die höchsten Kräfte gestellt haben. Entweder du gibst mir das Gold meines Eies, oder du mußt mich mit deinen Zähnen zerfleischen und mich verschlingen, wie ein wildes Tier die Beute frißt, der es am einsamen Ort aufgelauert hat. Dann wirst du eine Bestie, aber so besiegst du mich, und ich werde zu dir, der Bestie, niemals mehr kommen.«

Kaiser Meteja ließ den Kopf sinken. Lange dachte er nach. Schließlich sagte er: »So soll es geschehen. Ich bin der Kaiser, und mir obliegt es, dich zu besiegen – um welchen Preis auch immer. Lieber eine Bestie sein, die siegt und triumphiert, als ein Mensch, der nachgibt und herausrückt, was ihm selbst gehört.«

Der schwarzäugige Kenija lachte. Da vollzog sich binnen eines Augenblicks eine wundersame Verwandlung des Kaisers. Sein ganzer Körper bedeckte sich mit rötlichem Fell von der gleichen Farbe, die Metejas Haar hatte. Biegsam und wendig wie ein bengalischer Tiger wurde Metejas Körper und ließ sich auf alle viere nieder, ein plötzlich gewachsener Schweif reckte sich empor, an Händen und Füßen, aus denen gewaltige, schreckliche Tatzen wurden, erschienen scharfe Krallen. Gräßlich verwandelte sich der schöne Kopf: Ober- und Unterkiefer wurden riesig, und im Rachen blitzten furchtbare Raubtierzähne, weiß, gebogen, scharf. Grünes Feuer funkelte in Metejas rund gewordenen Augen. Die grimmig brüllende Stimme des Kaisers gab das Gebrüll einer Bestie von sich, das selbst beherzten Männern Entsetzen einflößte. Mit einem gewandten, mächtigen Sprung stürzte sich der in eine Bestie verwandelte Meteja auf Kenija, und unter freudigem Knurren und Murren verschlang er dessen süßes Fleisch, zermalmte die Knochen zwischen den Zähnen, während die zottigen Raubtierohren wachsam spielten und Kenijas letzten Schreien lauschten.

So fraß der in eine Bestie verwandelte Kaiser Meteja seinen Freund auf. Die Würdenträger und die Ältesten freuten sich und priesen den Kaiser Meteja, trunken vor Schadenfreude: »Ein großes Wunder haben die erhabenen Götter zum Segen unseres Landes vollbracht. Unserem geliebten Kaiser Meteja haben sie das furchtgebietende Aussehen einer Bestie verliehen, damit seine schrecklichen Krallen und seine mächtigen Kiefer die Knochen seiner Feinde zermalmen wie sprödes, knisterndes Schilf.«

Und sie führten die Bestie durch die Straßen, zur Einschüchterung der zitternden Feinde. Mit einem blitzenden Diadem war der Kopf der Bestie gekrönt, ein Diamantengeschmeide hing um ihren Hals, leuchtende Rubine und Saphire und funkelnde Smaragde prangten in dem rötlichen Raubtierfell. Duftende Blumen wurden von nackten Jungfrauen auf den Weg geschüttet, die schreckliche Spur der Bestie aber war mit heißem Blut getränkt. Das Volk warf sich der hohen Bestie zu Füßen, und sie wählte ihre Beute unter den demütig sich Verneigenden und verschlang die zarten Leiber von Jünglingen und Jungfrauen.

Dunkel ist das Ende der Erzählung. Eine Jungfrau mit einer brennenden Kohle in der Brust (vielleicht muß man »Die Jungfrau mit dem flammenden Herzen« lesen) würde die Bestie töten, so verhießen es die nächtlichen Wahrsagungen im geheimnisvollen Wald. Doch wurde die Bestie getötet? Wurden die zitternden Menschen von der entsetzlichen Macht der wütenden Bestie befreit? Unbekannt blieb das Schicksal des Landes, in dem die Bestie die Macht ergriffen hatte, sogar der Name des Landes geriet in Vergessenheit.

Ossip Mandelstam
Sergej Iwanytsch

Neunzehnhundertfünf – Chimäre der
russischen Revolution mit Gendarmenluchsaugen und blauer Studentenmütze
auf dem Ohr! Schon von weitem witterten dich die Petersburger, hörten das
Getrappel deiner Pferde und fröstelten,
von deinem eisigen Hauch getroffen, wenn in den spiritusdurchtränk-
ten Auditorien der militärärztlichen Akademie oder in dem riesenlan-
gen »jeu de paume« der Menschikow-Universität ein Armenier und
zukünftiger Versammlungsredner einen schmächtigen Sozialrevolutionär oder Sozialdemokraten wie ein gereizter Löwe anbrüllte und
alle, die gemeint waren, die Hälse reckten. Das Gedächtnis liebt es, im
Trüben zu fischen, und in der dichtesten Finsternis bist du geboren,
Augenblick, in dem der Newskij-Prospekt mit seinen langen elektrischen Wimpern blinzelte, in schwarze Nacht versank und ganz am
Ende der Perspektive eine Chimäre mit Gendarmenluchsaugen und
Studentenmütze aus dem schwarzen, rauhen Dunkel auftauchte.

Für mich ist das Jahr neunzehnhundertfünf in Sergej Iwanytsch
verkörpert. Ihrer waren so viele, dieser Repetitoren der Revolution!
Einer meiner Freunde, ein hochmütiger Mensch, pflegte nicht ohne
Grund zu sagen: »Manche Leute sind wie Bücher, andere wie Zeitungen«. Bei dieser Einteilung wäre der arme Sergej Iwanytsch leer ausge-
gangen, für ihn hätte man eine dritte Kategorie schaffen müssen: Leu-

te, die wie Klatschen sind. Aus Sergej Iwanytsch hagelte es Kladden der Revolution, sie raschelten in seinem erkälteten Kopf wie dünnes Papier, er schüttelte ätherisch leichte illegale Literatur aus den Ärmelaufschlägen seiner meerblauen Kavalleristenjacke, und seine Zigarette qualmte so verboten, als sei sie aus illegalem Papier gedreht.

Ich weiß nicht, wo und wie Sergej Iwanytsch das geworden war, was er war. Diese Seite seines Lebens blieb mir meiner Jugend wegen verborgen. Aber eines Tages schleppte er mich in seine Wohnung, und ich sah sein Arbeitszimmer, sein Schlafzimmer und sein Laboratorium. Damals machten wir eine große und erhaben fruchtlose Arbeit: wir schrieben ein Referat über die Ursachen des Verfalls des römischen Imperiums, Sergej Iwanytsch diktierte mir salvenartig in einer Woche hundertfünfunddreißig Seiten eines eng beschriebenen Hefts. Er machte nie eine Pause, überlegte nicht, zog keine Quellen zu Rate, sondern spann wie eine Spinne – vielleicht aus dem Rauch seiner Zigarette – ein klebriges Gespinst aus wissenschaftlicher Phraseologie, wobei er mit langen Perioden um sich warf und die Knoten sozialer und ökonomischer Momente schürzte. Er war ein Kunde unseres Hauses, wie vieler anderer Häuser auch. Haben es die Römer nicht ähnlich gemacht? Sie mieteten griechische Sklaven, um beim Gastmahl mit einem gelehrten Traktat auf ihrem Schreibtäfelchen glänzen zu können. Als die erwähnte Arbeit ihren Höhepunkt erreicht hatte, nahm mich Sergej Iwanytsch mit in seine Wohnung. Er wohnte in den Hunderter-Nummern des Newskij, hinter dem Nikolaj-Bahnhof, wo die Häuser jegliche Eitelkeit abgestreift haben und alle grau sind wie die Katzen. In Sergej Iwanytschs Wohnung herrschte ein so dumpfer und beißender Geruch, daß ich entsetzt zurückfuhr. Das jahrelang vollgeatmete und vollgerauchte Zimmer enthielt keine Luft mehr, sondern irgendeinen neuen, unbekannten Stoff mit einem anderen spezifischen Gewicht und anderen chemischen Eigenschaften. Ich mußte unwillkürlich an die Hundsgrotte bei Neapel denken, die wir im Physikunterricht durchgenommen hatten. In der ganzen Zeit, die er hier wohnte, hatte der Herr des Hauses offenbar nichts angerührt oder umgestellt und wie ein richtiger Derwisch, dem die Dinge gleichgültig sind, alles, was ihm unnütz schien, auf den Fußboden geworfen, wo es für ewige Zeiten liegenblieb. Zu Hause erkannte Sergej Iwanytsch nur die Horizontale an. Während er mir diktierte, schielte ich auf seine koksfarbene Unterwäsche. Wie staunte ich dann, als er eine Pause machte und zwei Gläser herrlich dicker und aromatischer Schokolade kochte. Es stellte sich heraus, daß er eine Leidenschaft für Schokolade hatte. Er kochte sie meisterhaft und weit stärker als üblich. Was konnte man daraus schließen? War Sergej Iwanytsch am Ende ein Sybarit oder war der Schokoladenteufel in ihn gefahren und ließ ihn, den Asketen und Nihilisten, nicht mehr los? O, die düstere Autorität Sergej Iwanytschs, seine illegale Tiefe, seine Kavalleristenjacke und seine Hosen aus Gendarmentuch! Sein Gang war der eines Menschen, den man gerade ergriffen hat und an der Schulter vor das Angesicht des strengen Satrapen führt, und der versucht, ein gleichgültiges Gesicht zu machen. Mit ihm über die Straße zu gehen, war ein Vergnügen, weil er einem die Polizeispitzel zeigte und nicht die geringste Angst vor ihnen hatte.

Ich finde, daß er selber einem Spitzel ähnlich sah – entweder deshalb, weil er beständig über diesen Gegenstand nachdachte, oder nach dem Gesetz der Mimikry, nach dem Vögel und Schmetterlinge die Farbe des Felsens annehmen, auf dem sie leben. Ja, Sergej Iwanytsch hatte etwas von einem Gendarmen. Er war mürrisch, er war ein richtiger Griesgram, er erzählte mit heiserer Stimme allerlei Witze von Generälen und sprach die Rangbezeichnungen der obersten fünf zivilen und militärischen Dienstgrade mit Lust und Abscheu zugleich aus. Sergej Iwanytschs unausgeschlafenes, wie eine Studentenmütze zerknittertes Gesicht war so finster und verdrossen wie das eines Gendarmen. Einen General oder einen wirklichen geheimen Staatsrat durch den Dreck zu ziehen, war sein höchstes Glück – unter Glück verstehe ich hier einen mathematischen, etwas abstrakten Grenzwert.

So klang folgender Witz in seinem Mund fast wie ein Theorem: ein General schnarrt sämtliche Speisen auf der Karte herunter und sagt dann: »So ein Dreck!« Ein Student, der das gehört hat, fragt den

General nach seinen sämtlichen Titeln und sagt: »Ist das alles? So ein Dreck!«

Irgendwo in Sedletz oder in Rowno hatte sich Sergej Iwanytsch wahrscheinlich schon in zartem Knabenalter von dem Verwaltungs- und Polizeifels abgespalten. Unter seiner Verwandtschaft waren kleine Gouverneure der westlichen Gebiete Rußlands, und er selbst, bereits Repetitor der Revolution und vom Schokoladenteufel besessen, freite um eine Gouverneurstochter, die sich offenbar auch unwiderruflich von ihrer Klasse losgesagt hatte. Sergej Iwanytsch war natürlich kein Revolutionär. So möge ihm denn der Spitzname bleiben: Repetitor der Revolution. Im Licht des historischen Tages zerrann er wie ein Spuk. Je näher das Jahr neunzehnhundertfünf und die große Stunde kam, desto geheimnisvoller tat er, und desto höher stieg seine düstere Autorität. Jetzt mußte er sein wahres Gesicht zeigen, mußte irgend etwas tun – etwa seinen Revolver von der Kampfgruppe vorzeigen oder einen anderen gegenständlichen Beweis dafür erbringen, daß er in die Revolution eingeweiht war. Und was geschah? In den aufregendsten Tagen des Jahres neunzehnhundertfünf wird Sergej Iwanytsch zum Beschützer der von süßem, harmlosem Schreck gepackten Spießbürger und bringt ihnen, vor Vergnügen die Augen zukneifend wie ein Kater, die zuverlässige Nachricht, daß an dem und dem Tag der Petersburger Intelligenz ein Pogrom droht. Als Mitglied der Kampfgruppe verspricht er, mit seinem Browning zu kommen, und garantiert seinen Schützlingen volle Sicherheit.

Lange nach dem Jahr neunzehnhundertfünf begegnete ich ihm wieder: er war endgültig ausgeblichen, er hatte fast kein Gesicht mehr, so verwischt und farblos waren seine Züge. Ein schwacher Schatten der einstigen Bärbeißigkeit und Autorität. Ich erfuhr von ihm, daß er eine gute Stellung gefunden hatte und Assistent in der Sternwarte in Pulkowo war.

Hätte Sergej Iwanytsch sich in einen Logarithmus der Planetengeschwindigkeit oder in eine Funktion des Raumes verwandelt, so hätte mich das nicht gewundert: er mußte aus dem Leben verschwinden, so sehr war er eine Chimäre.

Pawel Florenski
Der Vampir

1904 begann Stefan Konstantinowitsch Sedow mit mir zusammen
das Studium an der Moskauer Geistlichen Akademie. Dieser junge Mann
war aus Wologda zu uns gekommen,
wo er das Geistliche Seminar besucht hatte. Er stammte aus einer
armen Bauernfamilie und war zum Teil wohl deshalb etwas men-
schenscheu, obwohl er eigentlich an der Geistlichen Schule und auf
dem Seminar Zeit genug gehabt hatte, sich an eine ihrer Herkunft
nach andersgeartete Gesellschaft zu gewöhnen. Nach seinen Erzählungen und dem allgemeinen Eindruck, den er machte, zu urteilen, unterschieden sich seine Eltern von den anderen Bauern, zumindest von
den Bauern Mittelrußlands, durch ihre Weichheit und Bildung. Jedenfalls hatte er etwas Weiches, Gedämpftes, da waren bestimmte
Halbtöne, von einer gesunden Grobheit war nichts zu spüren und
schon gar nichts von den harten und scharfen Zügen, die man für gewöhnlich den Menschen des Nordens zuschreibt. Seine Bescheiden-
heit, sein stilles Wesen, seine Schweigsamkeit und die Abneigung, sich
hervorzutun, machten einen außerordentlich angenehmen Eindruck
auf mich. Anziehend an ihm war vor allem seine besondere Aufmerksamkeit für die Dinge des inneren Lebens; seine Kameraden pflegten
sich entweder nicht um ihren Seelenzustand zu kümmern oder aber

die Sorge um ihre Seele ungelenk und ärgerlich zur Schau zu stellen, je nachdem, was sie aus Büchern oder Gesprächen aufgeschnappt hatten. Bei Sedow dagegen spürte man etwas davon, daß er in seinem Leben mit diesen Dingen wirklich in Berührung gekommen war und eine asketische Vergangenheit hatte. Er war nicht dumm, wenn er auch nicht eigentlich einen begabten Eindruck auf mich machte; wenn ich aber seine Vergangenheit bedenke und mir die Schwierigkeiten vor Augen führe, die unter günstigeren Bedingungen aufgewachsene junge Leute haben, auf die Akademie zu kommen, muß ich diesen Eindruck doch korrigieren und zugeben, daß er über den Durchschnitt hinausragte. Zumindest war es seine ein wenig an Carrière erinnernde Weichheit, die ihn darüber hinausragen ließ. Ich spürte an ihm eine gewisse asketische Erfahrung, jedenfalls schien er mit den Schriften der Glaubensstreiter vertraut zu sein. Das zog mich bei ihm an. Hinzu kam seine Kenntnis des Nordens, der Sprache und des Brauchtums der Menschen von Wologda, etwas, das mir bis dahin völlig unbekannt gewesen war.

Es gab aber noch einen Grund, der mich bewog, mich mit ihm zu unterhalten und ihm bei seinen Studien zu helfen: Ich war bei meinem Eintritt in die Akademie von dem Wunsch erfüllt, Gutes zu tun und mich aufzuopfern, und die Akademie – die Wärme der akademischen Kameradschaft und des akademischen Alltags, das gerade Gegenteil von dem, was ich auf dem Gymnasium und besonders an der Universität erlebt hatte – kam meinen Neigungen entgegen, hier wurde ich warm und taute auf. Sedow war ziemlich einsam an der Akademie, er konnte sich weder dem Leben voll hingeben noch sich einer mehr von Büchertugenden geprägten Kameradschaft anschließen und brauchte jede Art von Hilfe. Ich war zwar nicht älter als meine Kameraden, fühlte mich aber so, und sie begegneten mir auch so. Das legte mir allgemein die Pflichten eines Älteren auf, und ich hatte mit meinen Kameraden regelmäßig ihre Semesterthemen zu erörtern, Bücher für sie herauszusuchen, etwas zu übersetzen, ihnen Gliederungen für ihre schriftlichen Arbeiten zu liefern, häufig auch ihnen die Arbeiten mündlich zu entwickeln und gelegentlich sogar einfach zu diktieren. Ich tat das alles recht gern, in einer Art Rausch, froh, meiner selbst ledig zu sein, keine Zeit zu haben, keine Pause, keinen eigenen Gedanken, denn all diese Arbeiten mußten im Namen eines fremden und unter fremder Maske durchdacht werden. Begeistert ging ich eine Weile in dem durchaus gesunden Alltagsleben auf, und ich erinnere mich dieser Zeit immer mit Dankbarkeit und stillem Beifall. Ich sage das hier nur, um zu erklären, wie gern ich bereit war, Sedow in seinen Nöten beizustehen. Hinzu kam, daß er kränkelte.

Mit seinem Kränkeln war es seltsam. Er hatte ständig Kopfschmerzen, das machte ihn unfähig zu lernen und raubte ihm dazu noch den Schlaf; er war seelisch niedergedrückt und fühlte sich körperlich immer wie zerschlagen. Der Gedanke an seinen kränklichen Zustand verließ ihn keinen Augenblick, zugleich litt er unter seinem, wie er meinte, zu geringen Glaubenseifer. Bald quälte er sich damit, daß er überhaupt nicht beten konnte, bald damit, daß er vor Kopfschmerzen im Gebet steckenblieb. Von Zeit zu Zeit wandte er sich an die Ärzte. Aber die fertigten ihn mit der Verordnung von Brom und der tiefsinnigen Diagnose »Neurasthenie« ab. Da sie bei Sedow nichts Gefährliches fanden, weigerten sie sich, ihn weiter zu behandeln. Stefan Konstantinowitsch quälte sich schrecklich mit seinem Zustand und dachte oft an Selbstmord. Ich beobachtete ihn tagaus, tagein, manchmal ununterbrochen und sah, daß er das nicht spielte und nichts erfand, sondern daß er wirklich seelisch und körperlich angegriffen war. Die Absicht, das zu spielen, wäre absolut unvereinbar gewesen mit seiner ehrlichen Natur, der alles Zurschaustellen zutiefst fremd war. Man mußte Mitleid mit ihm haben, und man konnte über die Selbstgerechtigkeit der Ärzte nur staunen, die sich erst dann mit einem Kranken beschäftigen, wenn es ihnen gelingt, ihm ein ihnen geläufiges Etikett anzuhängen, und die eine Krankheit so lange leugnen, wie sie in ihrem Wörterbuch keinen passenden Terminus für den Fall finden.

Teils aus Mitleid, teils, weil er deutlich, wenn auch diskret die Verbindung zu mir suchte, begann ich mich Stefan Konstantinowitsch zu nähern. Unsere Beziehungen waren ungleich: Als Kranker, weniger Begabter und innerlich Schwankender zeigte er sich als bedeutend jünger als ich, ich wurde für ihn derjenige, dem er sein Herz ausschütten konnte und dem er vieles rückhaltlos offenbarte, was er anderen niemals hätte sagen können.

Er erzählte mir sein Leben, er beschrieb mir sein einstöckiges dörfliches Haus mit seiner bis zum ersten Stock reichenden Toreinfahrt, ich erfuhr etwas über die Sagen und den Volksglauben des Nordens. Seine Familie war fromm, liebevoll und offenbar zartfühlend. Es bedurfte jedoch einer gewissen Anstrengung, solche objektiven Berichte aus ihm herauszuholen: In sich gekehrt, wie er war, kam er verständlicherweise immer wieder auf die ihn quälenden Empfindungen zurück, sonst lag für ihn alles hinter einem ebensolchen Grauschleier wie für mich der ganze Mann. Am leichtesten fiel es ihm noch, sich an seine Zeit in der Grundschule zu erinnern, die für ihn etwas Helles und Strahlendes hatte, und dann auch an die auf dem Seminar, die zwar härter war, aber voller Bedeutsamkeit. Auf dem Seminar hatte der dortige Inspektor Feofan, der spätere Archimandrit, einen starken Eindruck auf ihn gemacht. Dieser Mönch war durch seinen Glaubenseifer bekannt, er gab später seine Gelehrtenkarriere auf, reiste nach Alt-Athos und widmete sich, nachdem er sich als Einsiedler in eine der fast unzugänglichen Berghöhlen des Athos zurückgezogen hatte, ganz dem Mönchsleben. Als Sedow mir von ihm erzählte, begann ich teils auf Grund der seelischen Obertöne bei Sedow, teils auf Grund meiner eigenen halb unbewußten Schlüsse an den Maßregeln des Archimandriten Feofan zu zweifeln. Sedow lobte ihn und staunte über ihn und konnte in der Erinnerung an ihn nicht aufhören zu staunen, in mir aber wollte sich weder Begeisterung noch Staunen einstellen, soviel ich mich auch mühte, Sedows hohen Ton zu halten. Viele Jahre später, als der Athosstreit um den Namen Gottes entbrannte, trat dieser Feofan als entschiedener Verteidiger der Namensbekämpfer auf, wobei er sich auf seine Autorität als Asket und Theologe berief.

Man hat mir erzählt, daß er sich durch Schulrationalismus auszeichnete. Soweit ich es rückblickend verstehe, stieß mich in Sedows Erzählung namentlich dieses sein bücherhaftes und rationalistisches

Verhältnis zum geistlichen Leben ab. Auf den Jungen jedenfalls, der ihm ganz ergeben war, hat Vater Feofan alles, was er irgendwo über Askese gelesen hatte, rein rational und ohne Verständnis für das innere Leben angewandt. Stefan Konstantinowitsch träumte schon als Kind von Glaubenstaten. Vom Inspektor unterwiesen, hat er ganze Nächte im Gebet verbracht, ständig gefastet, unablässig Gottesdienste besucht: er hat seiner Seele keine Ruhe gegönnt, immerfort in ihr gegraben und eine Seelenanalyse auf sie angewandt, die weder seinem Alter noch seinen Kräften entsprach. Man darf mit so hochverantwortlichen Dingen nicht spielen, wenn das Verständnis dafür noch nicht herangereift ist; und gibt es denn viele Erwachsene, selbst unter denen, welche so kühn sind, sich über die »schwerste der Künste«, die Asketik, zu äußern, die für das Verständnis wirklich reif sind? Man darf aus seiner abstrakten Meinung vom hohen Wert der Asketik im allgemeinen nicht unvernünftigerweise den für das Leben folgenschweren Schluß ziehen, daß sie in jedem einzelnen Fall von unbedingtem Nutzen sei. Kurz, unter dem Druck von Vater Feofan oder infolge von dessen Unaufmerksamkeit gab sich der empfängliche und empfindsame Junge einem Leben hin, dem er nicht gewachsen war. Seine Gesundheit und sein seelisches Gleichgewicht wurden erschüttert, vor allem aber verlor er sein geistiges Gleichgewicht. Er konnte schon bald nicht mehr die Gebote und Vorschriften einhalten, die in seine weiche Knaben- und später Jünglingsseele mit dem diamantenen Wort der heiligen Märtyrer vom Archimandriten Feofan mit rationaler Nachdrücklichkeit eingeritzt worden waren. Von seiner Vergangenheit erschöpft und gegen sie erkaltet, wollte er wohl die Forderungen, die über seine Kraft gingen, auch nicht erfüllen. Er konnte aber diese Taten auch nicht vergessen oder die Unbedingtheit der Weisungen der heiligen Väter abschwächen. Nicht daß er den in ihm großgezogenen sehr feinen geistigen Stolz nicht brechen konnte, er wollte ihn wohl auch gar nicht brechen. So brach seine Seele und bebte und litt unter ihrem Beben.

Zu dieser sittlichen Gebrochenheit gesellte sich noch geistige Erschöpfung; man beobachtet das nicht selten bei Bauern, die von der

Erde abgefallen sind und das Joch des Intellektuellen auf sich genommen haben. Durch Generationen erblich vorbereitet auf eine ständige geistige Arbeit und ein sitzendes Leben im Zimmer, kommt der Intellektuelle schon knarrend zur Welt und verfolgt, wenn auch knarrend, ein Leben lang seine Linie, ohne dabei überzuschnappen. Der Bauernjunge aber, auch wenn er mehr als mittelmäßig begabt ist, gerät in eine ihm ungewohnte staubige, verbrauchte Luft, in der der Handwerker des Denkens seine Tage zuzubringen pflegt: Von einem gemächlichen und ruhigen Rhythmus muß er sich auf einen unruhigen und beschleunigten umstellen. Gezwungen, sich einseitig anzuspannen, erblüht der auf diese Einseitigkeit nicht vorbereitete Organismus zum Staunen seiner Umgebung schnell, ebenso schnell aber sinkt er auf ein mittelmäßiges Niveau herab. Sehr bald gehen auch gemäßigte Forderungen über seine Kräfte, er verbraucht seine letzten Reserven, um nur einigermaßen die Mittelschule abzuschließen, und nur mit Mühe erreicht er die höhere Schule, die sein Schicksal besiegelt. Aus dem vielversprechenden Bauernjungen, der in seiner Kindheit alle so überraschte, wird meist nur ein durchschnittlicher Intellektueller, seinem Organismus fehlen die Fertigkeiten ererbter Intellektualität, und er verliert daher leicht das Gleichgewicht. Diese frühzeitige Erschöpfung gesellte sich bei Stefan Konstantinowitsch noch zu seiner Zerrüttung durch die Askese. Sedows Zustand war mir nach seinen Erzählungen verständlich; vielleicht verstand er sich innerlich genauso.

Was sollte ich diesem Jüngling sagen? Meine eigentliche Antwort behielt ich wegen ihrer Unerbittlichkeit und Unerfüllbarkeit für mich; sie wäre gewesen: »Verlassen Sie noch heute die Akademie, geben Sie den Traum von einem intellektuellen Leben auf, und kehren Sie in Ihren Urzustand, in den Kreis Ihrer bäuerlichen Obliegenheiten zurück.« Er hätte jedoch diesem Rat nicht folgen können, selbst wenn er entschlossen gewesen wäre, all die Anstrengungen der vergangenen Jahre einfach durchzustreichen. Er war schon ein Intellektueller, zumindest was die unvorteilhaften Seiten des Intellektuellenlebens betraf. So wie er jetzt war, wäre er weder sittlich noch körperlich in der

Lage gewesen, auf dem Dorfe auch nur zu Gast zu sein, geschweige denn als Bauer zu arbeiten.

So blieben mir nur halbe Maßnahmen – Trösten, Gutzureden, Hoffnungmachen. Da der unglückliche Sedow nirgends Hilfe erfuhr und sie wohl gar nicht zu verlangen wagte, fand er auch in diesen Halbheiten Trost. Wie ermüdend aber, unzählige Male ein und dasselbe zu sagen, wenn man in seinen Worten selber nicht die volle Wahrheit spürt. Nachdem ich ihm tausendundeinmal gut zugeredet hatte, wurde mein ursprünglich überaus weicher und behutsamer Ton allmählich immer eindringlicher und schärfer. Und da stellte ich fest, daß Stefan Konstantinowitsch um so zufriedener von mir schied, je unbeherrschter und nachdrücklicher meine Tröstungen und meine Ermahnungen, sich zusammenzunehmen, ausfielen. Ich bin beinahe grob und er blüht immer mehr auf. Und umgekehrt. Ich nehme mich zusammen, er nicht. Je mehr ich ihm ins Gewissen rede, je schärfer und härter – zum Schluß geschieht das ununterbrochen –, desto weniger Kopfschmerzen hat er, desto leichter lernt er und … desto erschöpfter und zerschlagener bin ich. So ging das drei Jahre lang.

Einmal wurde mir das Unzulässige meines Tons bewußt, ich war freilich durch die ständige Wiederholung der gleichen Worte selber am Ende, und ich entschuldigte mich bei Sedow. Er erklärte mir jedoch, daß er gerade mit diesem entschiedenen Ton sehr zufrieden sei und ihn beizubehalten bitte. Da begriff ich plötzlich, daß bei all meinen Tröstungen nicht die Vernunftgründe und nicht mein Mitleid und meine Zuneigung ausschlaggebend waren, sondern einzig und allein die Suggestion. Und mir kam der Gedanke: Wozu soviel Kraft vergeuden und mich und ihn mit einem Surrogat quälen, wenn das gleiche Resultat schnell und leicht und vermutlich auch umfassender auf dem Wege echter Suggestion zu erreichen ist. Bisher hatte ich an den freien Willen und die Vernunft appelliert, damit aber mich selbst und unwillkürlich auch ihn betrogen: Bei ihm wirkte unter den gegebenen Umständen weder das eine noch das andere. In diesem Falle war es richtiger und aufrichtiger, das Kind beim Namen zu nennen und die Suggestion pur anzuwenden. All dies wurde Sedow sofort mitgeteilt.

Ohne im geringsten zu zögern, willigte er ein und bat mich darum, die Suggestion unter Hypnose an ihm zu praktizieren. Das spielte sich ab, als ich im vierten Studienjahr war und in dem hohen gewölbten Raum nahe beim Rektorenaufgang allein wohnte; Sedow war, wegen seiner Kränklichkeit zurückgestellt, noch im dritten Studienjahr.

Er kam jetzt viel häufiger in mein Gewölbe, in meine Zelle, und legte sich auf mein Bett aus rohen Brettern mit einem Holzkloben als Kopfkissen. Die glänzende Metallkugel des Bettgestells tat schnell ihre Wirkung, sein Schlaf war jedoch nie tief und wurde sogar allmählich immer leichter. Nach der Suggestion ließ ich Stefan Konstantinowitsch so lange ruhen, wie er wollte. Nach einer Viertelstunde oder etwas mehr erwachte er und fühlte sich erleichtert. Anfangs bedurfte er dieser Hilfe so sehr, daß er zweimal am Tage kam, später kam er nur noch einmal, dann lagen immer größere Pausen zwischen den Suggestionen. Er empfand spürbar Erleichterung, hatte kaum noch Kopfschmerzen und lernte sichtlich mit Erfolg. Das Aussehen seines Gesichts veränderte sich, das Olivgelb wandelte sich ins Rosige, wenn die Gesichtsfarbe auch dunkel blieb. Auch sein Selbstgefühl hatte sich ganz verändert: Er fühlte sich viel sicherer, lebendiger. Sedow war nun gern in Gesellschaft und hatte seine schwarzen Selbstmordgedanken aufgegeben. Kurz, sein Zustand hatte sich deutlich gebessert, und er selbst hielt sich sogar für gesund.

Was mich anging, so wunderte mich, daß ich meinem Werk gegenüber so teilnahmslos war. Was ist unerträglicher, könnte es scheinen, als eine ewig knarrende Seele zu schmieren; doch ich tat es gern, es wurde mir nicht zuviel, die mir auferlegten Pflichten zu erfüllen, im Gegenteil, ich war Sedow aufrichtig zugetan; jetzt war er sein Knarren los, war munter und, früher unausstehlich, bei seinen Kameraden gut gelitten; schließlich sah er jetzt auch sehr viel besser aus. Doch gerade jetzt wurde er mir ohne ersichtlichen Grund unerträglich, die Begegnungen legten sich wie eine schwere Last auf mich, und ich bemühte mich, jeder Begegnung mit ihm, jedem Gespräch, ja selbst dem Grüßen auszuweichen. Sedow gab nicht den geringsten Anlaß zu solcher Feindseligkeit. Er war weder besonders anhänglich noch gar aufdringlich und bat mich auch um nichts; aber da war etwas Unüberwindliches, das in mir diesen Widerstand hervorrief. Ich warf mir Ungerechtigkeit vor und gab mir die größte Mühe, mich anders zu verhalten, doch mein Gefühl änderte sich nicht. Die Hypnose belebt den Hypnotisierenden gewöhnlich, sie führt ihm einen Strom kräftigen Selbstgefühls zu, und selbst die Erschöpfung nach der Séance ist normalerweise keine Belastung für ihn. Hier aber war es gerade umgekehrt. Die Hypnose Sedows hypnotisierte auch mich, bedrückte mich, und ich fühlte mich hinterher ganz ausgeleert. Vielleicht war auch die körperliche Veränderung, die sich bei mir in dieser Zeit zeigte, von diesen Séancen verursacht. Jedenfalls staunten diejenigen, die mich kannten, über meine Abmagerung und über mein schlechtes Aussehen im ganzen, ohne daß irgendwelche Gründe erkennbar waren.

Ich weiß nicht, wohin diese nun verhältnismäßig selten gewordenen Suggestionen noch geführt hätten. Sie brachen jäh ab, da Stefan Konstantinowitsch nach Hause in das Gouvernement Wologda zu seiner erkrankten Mutter reiste. Er blieb lange fort, etwa ein halbes Jahr oder länger, und bereitete sich auf sein Abschlußexamen vor; ich war zu der Zeit in ein Häuschen auf der Petropawlowskaja gezogen und hatte Sedow fast vergessen. Das heißt, ich erinnerte mich sehr gut an alles, aber da es eine belastende Erinnerung für mich war, wurde der Gedanke an Sedow hartnäckig aus dem Bewußtsein verdrängt; in irgendwelchen dunklen Ecken nistend, war er wie nicht vorhanden. Meine Beziehungen zu ihm kamen mir jetzt vor wie ein längst vergangener, dem Gedächtnis fast entfallener Traum. Endlich kehrte Sedow an die Akademie zurück, er ließ sich aber nicht bei mir blicken, er war mit seinen Prüfungen und anderen Studienangelegenheiten stark beschäftigt und brauchte mich nicht, vielleicht ahnte er auch, daß ich nicht den Wunsch hatte, ihm zu begegnen.

Ich wohnte damals allein, es war wieder eine Zeit gesteigerter okkulter Empfänglichkeit bei mir. Zu Beginn des Sommers klopfte einmal jemand mit dem Ring an meine Gartenpforte. Ich ging hinaus und öffnete. Herein kam Sedow. Es war gegen Abend, die Sonne war am Untergehen. Eine unüberwindliche Abneigung faßte mich, mein

Selbstschutzinstinkt erwachte, plötzlich, ohne ersichtlichen Grund, überkam mich ein Grauen. Anstatt den Gast hereinzubitten, blieb ich vor ihm auf der Treppe stehen, ich hatte nur den einen Wunsch, ihn aufzuhalten. Sedow stand mit dem Gesicht nach Westen und war buchstäblich vom Licht der untergehenden Sonne übergossen. Diese Beleuchtung macht alles schön, warm und traut. Hier aber entdeckte mir die Sonne eine Wahrheit, die ich schon lange dunkel ahnte, für die ich aber das rechte Wort nicht fand. Sedow stand ganz gelöst vor mir, zufrieden mit dem erfolgreich bestandenen Examen, voller Vertrauen in seine Kräfte. Er schien geradezu etwas Schalkhaftes zu haben. Doch seine großen vorstehenden Augen waren starr und von einem gläsernen Glanz, auf den Wangen brannte eine unnatürliche Röte, der Mund war halbgeöffnet, ebenso unnatürlich weiß blitzen-de Zähne bloßlegend, die tiefroten und im Abendlicht noch roter erscheinenden Lippen waren buchstäblich blutverschmiert. Ich ver-sperrte ihm den Weg, doch entgegen seiner sonstigen Zurückhaltung, ja Schüchternheit, versuchte er hartnäckig ins Haus zu gelangen, steif vor Gier, als ob ihn eine fremde Kraft erfüllte und vorwärts stieße – in einem unüberwindlichen Verlangen, dessen er sich selbst nicht bewußt war.

Als ich ihn so gesehen hatte, traf mich wie ein Blitz der Gedanke: Ein Vampyr! Augenblicklich stand mir das Vergangene vor Augen, und nun war mir der Grund für meine Feindseligkeit Sedow gegenüber klar und der Sinn oder, besser, die Sinnlosigkeit all dessen, was ich un-ternommen hatte. Ich hatte einen Leichnam vor mir, galvanisiert mit Hilfe meiner Lebensenergie. In meinem gewissenhaften Wahn hatte ich vier Jahre lang mein Blut in ihn gepumpt, um etwas zum Leben zu erwecken, was kein eigenes Leben mehr besaß, um der Zersetzung, das wurde mir jetzt klar, eine bereits eroberte Beute zu entreißen. Tatsächlich hatte ich sie ihr entrissen, aber sie war nicht mehr leben-dig. Diese Gedanken durchfuhren mich in einem Augenblick, und in ebendiesem Augenblick stand der Entschluß in mir fest, mit Sedow um keinen Preis allein zu bleiben: Ich hatte das Gefühl, es kam mir zumindest so vor, als sei eine solche Begegnung nicht rückgängig zu machen. Ich warf Sedow ein »gleich« zu, war mit einem Sprung hinter der Tür, versperrte sie mit einem großen Haken und lief, meine Mütze und ein Schloß packend, zur anderen Tür hinaus; diese mit einem Vorhängeschloß verschließend, sagte ich zu Sedow, daß ich in die Akademie wolle. Er begleitete mich, aber auch auf der Straße empfand ich diese Nachbarschaft als nicht ungefährlich. Unter irgendeinem Vorwand verabschiedete ich mich von ihm; seitdem habe ich ihn nicht mehr gesehen. Kurz darauf reiste er in seine Heimat, sein weiteres Schicksal ist mir nicht bekannt. Nachdem mir der Sinn unserer Beziehungen klargeworden war, konnte ich auch die Last meines getrübten Bewußtseins abwerfen; diese Begegnung sehe ich jetzt als etwas Objektives, gleichsam als etwas, das nicht mir zugestoßen ist und mich infolgedessen auch nicht verletzt hat. Deshalb klingt meine Erzählung nun wie ein literarisches Werk.

Lew Lunz
In der Wüste

In der Nacht zündeten sie rings um das Lager Feuer an und schliefen in den Zelten. Am Morgen aber gingen sie – voll Hunger und Groll – weiter. Ihrer waren viele: Wer zählt den Staub Jakobs und errechnet die Größe Israels? Und ein jeder führte mit sich sein Vieh und seine Frauen und seine Kinder. Hitze hüllte sie ein und Schrecken. Am Tage aber war noch mehr Schrecken als in der Nacht, denn die Tage waren erfüllt von jenem goldenen, steten Lichte, das in seiner Unveränderlichkeit finsterer ist als das Dunkel der Nacht.

Schrecken war und Öde. Nichts konnte man tun – nur gehen, immer weiter gehen. Ob der brennenden Langeweile, ob des Hungers, ob der Schwermut der Wüste stahlen sie einander, nur um ihre behaarten Hände mit den erstarrten Fingern zu beschäftigen, Hausrat, Felle, Vieh und Frauen; diejenigen aber, die gestohlen hatten, wurden erschlagen. Sodann wurde Rache genommen für das Morden und jene erschlagen, die getötet hatten. Wasser gab es keines, doch gab es viel Blut. Vor ihnen aber lag das Land, das von Milch und Honig fließt. Es gab kein Entkommen. Wer zurückblieb, starb. Israel aber kroch weiter, hinter ihm her krochen die Tiere der Wüste, und vor ihm her kroch die Zeit.

Eine Seele besaß keiner mehr: die Sonne hatte sie ausgebrannt. Da war nur noch der Leib, der schwarze, ausgedörrte und starke: das bärtige Gesicht, das aß und trank, die Beine, die gingen, und die Hände, die töteten, die das Fleisch zerrissen und die Frauen auf dem Lager umfingen. Über Israel jedoch: der Gnadenreiche und Langmütige, der Gerechte, Wohlwollende und Wahrhaftige, – Gott –, schwarz und bärtig wie Israel, der Rächer und Mörder. Und zwischen Gott und Israel: der blaue, stete, bartlose und schreckliche Himmel, und Mose, der Besessene, der Führer Israels.

An jedem sechsten Tage ertönten am Abend die Hörner, und Israel ging hin zum Zelt der Offenbarung und drängte sich vor jenem Zelte aus gezwirntem Byssus und vielfarbiger Wolle. Am Opferaltar aber stand Aaron, der Hohepriester, schwarz und bärtig, in einem kostbaren Ephod, und er schrie und wehklagte. Ihn umringten seine Söhne und seine Enkel und seine Anverwandten aus dem Geschlechte Levi, schwarz und bärtig, in Purpur und Karmesin, und sie schrien und wehklagten. Israel aber stand, schwarz und bärtig, in Ziegenfellen, voll Hunger und Furcht, und schrie und wehklagte.

Dann aber hielten sie Gericht. Ein hohes Gerüst erstieg Mose, der Besessene, der mit Gott sprach, die Sprache Israels aber nicht zu sprechen vermochte. Und auf dem hohen Gerüst warf er sich nieder, sein Mund stieß Schaum und mit dem Schaum Laute aus, die unverständlich und doch schrecklich waren. Israel bebte und heulte und flehte, auf die Knie fallend, um Vergebung. Die Schuldigen bekannten ihre Schuld, und auch Unschuldige bekannten sich schuldig, denn es war schrecklich. Und diejenigen, die bekannt hatten, steinigten sie. Dann aber gingen sie weiter nach dem Land von Milch und Honig.

Wenn die Hörner ertönten –

– Gold und Silber und Kupfer und Stoffe von blauem und rotem Purpur und von Karmesin, Byssus und Wolle aus Ziegenhaar und rotgefärbte Widderfelle, feines Leder und Akazienholz, Gewürze für das Salböl und für das wohlriechende Räucherwerk und Edelsteine –

– trug Israel zum Offenbarungszelt, wenn die Hörner ertönten. Aaron aber, und seine Söhne und seine Enkel und seine Anverwandten aus dem Geschlechte Levi nahmen sich das Dargebrachte.

Wer aber weder Gold noch Purpur oder Edelsteine besaß, der brachte Schüsseln und Teller und Becher und Krüge für das Trankopfer, die besten Salböle, das beste vom Weinstock und vom Korn, gesäuertes und ungesäuertes Brot und mit Salböl bestrichene Fladen und Schafsböcke und Stiere und Widder. Wer aber weder Salböl noch Weinreben, weder Vieh noch Hausrat besaß, den erschlugen sie.

Als sie aber keine Kraft mehr zum Gehen hatten, als der Sand ihre Sohlen und die Sonne ihre Haut verbrannt hatte, es aber kein Wasser gab; als sie Eselsfleisch verzehrten und den Harn der Esel tranken, da ging Israel hin zu Mose und wehklagte und drohte: »Wer gibt uns Fleisch zu essen und stillt unseren Durst mit Wasser? Wir denken an die Fische zurück, die wir in Ägypten aßen, an die Gurken und Melonen und an den Lauch, die Zwiebeln und den Knoblauch. Wohin führst du uns? Wo ist dieses Land, das von Milch und Honig fließt? Wo ist dein Gott, der uns führt? Wir wollen ihn nicht fürchten. Wir wollen zurückkehren nach Ägypten.« Mose aber, der Führer Israels, der Besessene, warf sich zur Antwort auf dem Gerüst nieder, sein Mund stieß Schaum und Schmähworte aus, die unverständlich und doch schrecklich waren. Aaron aber, sein Bruder, in Purpur und Karmesin, stand daneben und drohte und schrie: »Erschlagt die Murrenden!« Und sie erschlugen die Murrenden.

Wenn aber Israel fortfuhr zu murren und ausrief: »Genügt es etwa nicht, daß du uns aus dem Lande Ägypten fortgeführt hast, daß wir in der Wüste verderben sollen? In das Land aber, das von Milch und Honig fließt, hast du uns nicht geführt. Und Weinberge und Felder hast du uns nicht gegeben. Wir gehen nicht weiter, nein, wir gehen nicht weiter!« – dann sprach Aaron zu seinen Anverwandten aus dem Geschlechte Levi: »Zieht die Schwerter und geht mitten durch das Volk!« Und die Söhne des Geschlechtes Levi zogen die Schwerter und gingen mitten durch das Volk, und sie erschlugen jeden, der auf ihrem Wege stand. Israel aber schrie und weinte vor Furcht, denn Mose sprach mit Gott, und die Leviten besaßen Schwerter.

Dann aber erhoben sie sich und gingen weiter nach dem Land von Milch und Honig. Und die Jahre krochen dahin wie Israel dahinkroch, und Israel kroch dahin, so wie die Jahre dahinkrochen.

Wenn sie auf ihrem Marsch einem Stamme, einem Volke begegneten, so töteten sie es. Gierig, wilden Tieren gleich, rissen sie es in Stücke und, hatten sie alles zerrissen, krochen sie weiter. Hinter ihnen her aber krochen die Tiere der Wüste und gierig wie Israel zerrissen und fraßen sie, was von jenem Volke übrig war. Die Edomiter und Moabiter, die Baschaniter und Amoriter zwangen sie in den Staub. Ihre Opferstätten verwüsteten sie, und ihre Heiligtümer zerstörten sie, und ihre heiligen Bäume fällten sie. Und sie ließen keinen einzigen Mann am Leben. Ihre Güter aber, ihr Vieh und ihre Frauen nahmen sie an sich und, hatten sie sich des Nachts an einer Frau vergnügt, so töteten sie diese am folgenden Morgen. Den Schwangeren schnitten sie den Leib auf und töteten die Frucht, die Frauen aber nahmen sie zu sich bis zum Morgen. Am Morgen jedoch töteten sie sie. Das beste aber vom Hausrat, vom Vieh und die besten von den Frauen nahm sich das Geschlecht Levi.

Die Jahre krochen dahin, so wie Israel dahinkroch. Und gemeinsam mit den Jahren und mit Israel krochen der Hunger und der Durst und das Entsetzen und der Groll. Es gab nichts mehr, was sie zum Offenbarungszelt tragen konnten, wenn die Hörner ertönten. Und Israel tötete sein Vieh und trug es zu Aaron und zu seinen Anverwandten aus dem Geschlechte Levi. Diejenigen aber, die mit leeren Händen kamen, erschlugen sie. Und immer öfter ging Israel hin zu Mose und schrie und murrte, und immer öfter zogen die Söhne des Geschlechtes Levi die Schwerter und gingen mitten durch das Volk. Und es wuchsen die Kinder und die Jahre und das Entsetzen und der Hunger.

Einmal aber geschah es, da traf Israel auf die Midianiter. Und es entbrannte eine große Schlacht. Pinchas aber, der Sohn Eleasars, des Sohnes des Hohepriesters Aaron, führte Israel an, und die heiligen Geräte und die Kriegstrompeten waren in seinen Händen. Und Israel errang den Sieg, und da es gesiegt hatte, wütete Israel. Dann aber teilten sie das Vieh und die Frauen. Und die beste Herde und die beste Frau nahm sich Pinchas, der Enkel des Hohepriesters.

Es geschah aber am Morgen, da sich Pinchas an der Frau vergnügt hatte, daß er sein Schwert nahm, um sie zu töten. Die Frau aber lag nackt vor ihm. Und Pinchas konnte sie nicht töten. Und er ging vor das Zelt und rief einen Sklaven, gab ihm das Schwert und sprach: »Geh hinein in das Zelt und töte die Frau!« Der Sklave aber sagte: »So sei es. Ich werde die Frau töten.« Und er ging in das Zelt. Und es verging einige Zeit, da sprach Pinchas zu einem anderen Sklaven: »Geh hinein in das Zelt und töte die Frau und den, der bei ihr liegt!« Und später sagte er dieses zu einem dritten und vierten und zu einem fünften Sklaven. Und alle sagten: »So sei es« und gingen in das Zelt. Und die Zeit verstrich, doch keiner kam aus dem Zelt. Da trat Pinchas in das Zelt, dort aber lagen die Sklaven erschlagen auf dem Boden, der als letzter in das Zelt gegangen war, aber lag bei der Frau. Und Pinchas nahm sein Schwert und tötete den Sklaven und wollte auch die Frau töten. Die Frau aber lag nackt vor ihm. Und Pinchas konnte sie nicht töten; und er ging hin und legte sich vor den Eingang des Offenbarungszeltes.

Und großer Wahnwitz und große Unzucht brach aus unter den Israeliten. Denn die Frau lag auf ihrem Lager, die Söhne Israels aber töteten einander am Eingang des Zeltes, und der Sieger legte sich zu der Frau. Sobald er aber wieder vor das Zelt trat, töteten sie ihn.

So verstrich ein Tag, und nach dem Tage eine Nacht, und nach der Nacht ein neuer Tag, und nach dem Tage eine weitere Nacht. Es gab kein Brot, doch niemand murrte; es gab kein Wasser, doch niemand dürstete.

Und am Abend des sechsten Tages ertönten die Hörner nicht, und Israel kam nicht zum Zelt der Offenbarung, sondern drängte sich rings um das Zelt des Pinchas, des Sohnes Eleasars. Pinchas aber lag vor dem Eingang des Offenbarungszeltes.

Und es verging der siebente Tag, der Tag des Sabbat, Israel aber hatte sich nicht beim Zelt der Offenbarung versammelt und hatte keine Gaben dargebracht. Und die Söhne des Geschlechtes Levi gingen hin, um die Frau zu töten, doch sie töteten einander, der Sieger aber legte sich zu der Frau.

Mose aber, der Besessene, warf sich auf dem Gerüst nieder und schrie, und er stieß Schaum und Schmähworte aus, doch niemand hörte ihm zu.

Pinchas aber, der Sohn Eleasars, lag vor dem Eingang des Offenbarungszeltes, doch niemand beachtete ihn.

Und das Lager der Israeliten kroch nicht weiter nach dem Lande, das von Milch und Honig fließt, sondern stand still. Und die Tiere der Wüste, die hinter ihm her gekrochen waren, standen still, und die Zeit stand still.

Und es geschah am zehnten Tage, da trat die Frau vor das Zelt und ging nackt durch das Lager. Israel aber kroch im Staube hinter ihr her und küßte die Spuren ihrer Füße. Und die Frau sprach: »Zerstört die Opferstätten eures Gottes und errichtet dem Baal von Peor Heiligtümer, denn er ist der wahre Gott.« Und Israel zerstörte die Opferstätten seines Gottes und errichtete dem Baal von Peor Heiligtümer. Und die Frau ging hin zum Zelt der Offenbarung, vor dem Eingang des Zeltes aber lag Pinchas, der Sohn Eleasars. Und die Frau wagte nicht, in das Zelt zu gehen, sondern sprach: »Was liegst du hier, einem Wüstenhunde gleich? Komm mit mir in dein Zelt und lege dich zu mir!« Und sie sprach weiter: »Schlagt diesen Menschen!« Und Simri, der Sohn Salus, des Oberhauptes eines Geschlechtes der Simeoniten, trat hinzu und stieß Pinchas mit dem Fuß. Und die Frau ging in das Zelt. Und Simri, der Sohn Salus, folgte ihr nach.

Es geschah aber am Abend, da stand Pinchas, der Sohn Eleasars, auf und ging in sein Zelt, um sich zu der Frau zu legen. Und Israel sah, daß Pinchas kam, und wich vor ihm zurück. Und Pinchas trat in sein Zelt, in seiner Hand aber trug er einen Speer. Da lag die Frau nackt auf dem Lager, und nackt lag auf ihr Simri, der Sohn Salus. Und Pinchas, der Sohn Eleasars, stieß ihm den Speer mitten in den Rücken und durchbohrte seinen Leib und den Leib der Frau, und der Speer bohrte sich in das Lager. Danach stürzte Pinchas das Zelt um, Israel aber erblickte die Frau und Simri, den Sohn Salus, wie sie nackt auf ihr Lager gespießt waren, und Israel heulte auf und begann zu wehklagen. Pinchas aber, der Sohn Eleasars, des Sohnes des Hohepriesters Aaron, ging hin und legte sich vor den Eingang des Offenbarungszeltes.

Und es geschah am Morgen. Und es gab kein Brot und kein Fleisch und kein Wasser. Und der Hunger erwachte wieder und auch der Durst und das Entsetzen und der Groll. Und Israel ging hin zu Mose, dem Besessenen, und sprach zu ihm: »Wer gibt uns Fleisch zu essen und stillt unseren Durst mit Wasser? Wir denken an die Fische und an den Lauch zurück, den wir in Ägypten aßen, und an die Gurken und Melonen, an die Zwiebeln und an den Knoblauch. Warum hast du uns in diese Wüste geführt, daß wir hier zusammen mit unserem Vieh umkommen? In das Land aber, das von Milch und Honig fließt, hast du uns nicht geführt. Wir gehen nicht weiter, nein, wir gehen nicht weiter.« Und zur Antwort warf sich Mose, der mit Gott sprach, auf dem Gerüst nieder, sein Mund stieß Schaum und unverständliche Schmähworte aus. Aaron aber, der Hohepriester, erhob sich und sprach zu den Söhnen des Geschlechtes Levi: »Zieht die Schwerter und geht durch das Lager!« Und die Söhne des Geschlechtes Levi zogen die Schwerter und gingen durch das Lager, und jeden, der auf ihrem Wege stand, erschlugen sie.

Und es geschah am Abend, da stand Israel auf und begann weiter nach dem Lande zu kriechen, das von Milch und Honig fließt: ihm voran kroch die Zeit, und hinter ihm her krochen die Tiere der Wüste und die Dunkelheit.

Pinchas aber, der Sohn Eleasars, ging als letzter und im Gehen wandte er sich um. Und dort hinter ihm waren die Frau und Simri, der Sohn Salus, des Oberhauptes eines Geschlechtes der Simeoniten, nackt und auf ihr Lager gespießt.

Über Israel aber und über der Zeit und über dem Lande, das von Milch und Honig fließt: schwarz und bärtig wie Israel, der Rächer und Mörder, – Gott –, der Gnadenreiche und Langmutige, der Gerechte, Wohlwollende und Wahrhaftige.

Ilja Ehrenburg
Der VKM

Gut werden's spätere Geschichts-
schreiber haben: sie werden der
Ordnung halber die Dokumente
nummerieren, sie auf einem großen Tisch zu verschiedenen Sta-
peln aufhäufen, und die »historische Unausweichlichkeit« wird, den
Setzern zum Trost, ihren Lauf nehmen. Doch hier bei uns in Moskau gibt es viele, die die Kommunisten noch heute nicht für Menschen halten, sondern für Krokodile mit Scharnieren, zur Strafe derer herabgesandt, die die Leiber bis zum Nabel entblößt und Tauben
(Schänder des Heiligen Geistes!) mit Erbsen gefressen haben. Das ist
natürlich blanker Unsinn, man hört ihn auch nur gelegentlich bei
einem ehemaligen Mehlhändler auf dem Läuseberg. Die Kommunisten sind Menschen wie alle anderen, mit sämtlichen unserer Art
eigenen Schrullen. Es gibt kluge Köpfe, Lloyd George würde mit
Freuden bei ihnen in die Vorschule gehen, es gibt solche, die das
Pulver nicht erfunden haben, aber ehrlich, nach den Direktiven, auf
Hochzeiten Klagelieder anstimmen und auf Begräbnissen Trepak
tanzen, es gibt regelrechte Glaubenseiferer, die, selbst von der fauligen »Laus« angefault, ähnlich wie Serafim von Sarow ein Schwitz-
bad inmitten des geistigen Aufschwungs verachten, es gibt auch
Snobs, die es nicht für Sünde halten, nach der Arbeit eine Zigarre zu

schmauchen, und die Krawatten tragen, um deretwillen selbst ein Brummel* nicht abgeneigt gewesen wäre, zum »Sympathisanten« zu werden, und es gibt ganz gewöhnliche Leute – eh' so einer keine Dekrete fabriziert, wird niemand ihn für einen Kommunisten halten, ein Mensch wie jeder andere, wenn er auch das RKP*-Buch in der Tasche hat.

So einer, dem man nichts ansah, war auch der Genosse Wosow, obgleich er an der Spitze der Staatspyramide stand, dort oben, wo man Tag und Nacht balancieren muß – ein echter Volkskommissariatler! Auf den ersten Blick hätte man gesagt – ein Intelligenzler, höchstwahrscheinlich ein Saboteur. Allein das spärlich sprießende Bärtchen, das in pathetischen Augenblicken energisch hochgezwirbelt wurde – alles, was recht ist, ein ehrbares Volkstümlerbärtchen, so troff es von Gutmütigkeit, Ethik und Nekrassows Versen. Der Schein trügt, denn obgleich Wosow im Grunde seines Herzens »die Muse des Volkszorns«, das heißt Nekrassow in der Beilage der »Niwa«, allen zeitgenössischen futuristischen Verrenkungen vorzog, obgleich er im höchsten Maße gutmütig war und wie Mohammed keiner Katze grundlos etwas zuleide getan hätte, obwohl er keinen Tag ohne Ethik leben konnte, indem er sowohl nach Höherem strebte, das heißt zehn neue Gebote ins RKP-Buch schrieb, als auch im täglichen Leben auf Redlichkeit hielt und sich auf Sitzungen nie fremder Zigaretten bediente, war er doch kein blaublütiger Sozialrevolutionär, sondern ein Kommunist reinsten Wassers, so daß jeder SR*** ihn mit Vergnügen umgelegt hätte, hätte deren ZK**** nicht auf Grund besonderer diplomatischer Erwägungen das Bombenwerfen verboten.

Aber da brach über Wosow ein Unglück herein, und wer weiß, ob nicht die SR diese raffinierten Machenschaften ausgeklügelt hatten. Einfältig, wie sie sind, schwätzen sie auf ihrem slawischen Flügel von

---

* George Bryan Brummel (1778–1840), gefeierter Modeheld der vornehmen Londoner Gesellschaft
** Kommunistische Partei Rußlands (Bolschewiki), später KPdSU
*** Mitglied der Sozialrevolutionären Partei, agrarsozialistische Orientierung
**** Zentralkomitee

der Dorfgemeinschaft, doch was sie dabei im Schilde führen, weiß niemand. Kurzum, waren es nun Ränke der SR oder eine unselige Verkettung von Umständen, Wosow jedenfalls widerfuhr etwas sehr Merkwürdiges und Trauriges.

Alles begann am Abend des 23. Februar 1921 in einem Raum des Nikolai-Palais, in dem Wosow sein Arbeitszimmer hatte.

Friedlich schlummerte Moskau, frierend zusammengerollt unter zerschlissenen Steppdecken, geflickten Baumwolldecken und stinkenden Bauernpelzen, unter allem möglichen Plunder, es schlummerte und dachte nicht an den 24. Februar, denn weder Verschwörungen noch Feierlichkeiten, ja nicht einmal beachtliche Sonderzuteilungen standen in Aussicht. Doch keineswegs an erquickenden Schlaf dachte Wosow, obwohl ihm die Lider schwer wurden; die sechste Nacht durchwachte der Mann nun schon und arbeitete ohne Unterlaß. Aber worin eigentlich diese Arbeit bestand, ließ sich auf Grund der komplizierten Vielseitigkeit und der unglaublichen Vermessenheit schwer sagen. Wäre Wosow zum Beispiel Volkskommissar für Vobi, das heißt für Volksbildung, gewesen, hätte er natürlich in sechs Nächten mindestens tausend Schulen umgekrempelt, oder hätte er das Verkehrswesen geleitet, gäbe es ebenfalls keinen Zweifel – die elektrischen Züge würden nur so über seinen Eichenschreibtisch flitzen, aber Wosow hatte keine bestimmten Funktionen, sein allumfassender Geist gab sich mit den wunderlichsten Dingen ab. Was für Projekte und Kostenanschläge mit in die Milliarden gehenden Nullen tanzten nicht vor seinen von ewiger Schlaflosigkeit geschwollenen Augen! Er dachte an eine zweckdienliche Erziehung, die das Kind unverzüglich in die Produktion einbezieht, an die notwendige Einmütigkeit aller Menschen, die »Arbeiteropposition« und, die Tschuwaschen inbegriffen, an eine künftige Regelung der einstweilen noch planlos verlaufenden Geburten und an vieles andere, wahrhaft Titanische, so daß man in biblischer Sprache, die im roten Kreml zwar verpönt, für derartige Fälle jedoch durchaus angebracht ist, sagen könnte, Wosow, der das Licht von der Finsternis schied, erschuf schlicht und einfach die Welt.

An jenem unseligen Abend, als Wosow die letzten Gedanken zu Ende gedacht hatte, verspürte er den Drang, sein angespanntes geistiges Suchen zu einer Synthese zu bringen, und wie jeder ehrliche, Neues schaffende Kommunist, machte er sich daran, ein Organisationsschema zu entwerfen. Zeichnen konnte er zwar nicht, die Kreise sahen aus wie Birnen mit Stiel und die Quadrate wie Kreise, das heißt eher wie zerbrochene Kringel. Aber schöne Skizzen brachten ja auch nur Kleinigkeitskrämer zustande, der Direktor der Sektion Malerei der Museen in Pensa zumBeispiel oder der Leiter der Informationsunterabteilung für Schachsport beim Amt für allgemeine Schulpflicht in Twer; dort hatten sie einen ganzen Monat mit dem Reißzeug herumhantiert, nicht mit Farben gespart und ein regelrechtes Gemälde zuwege gebracht, so daß der Direktor in Pensa, unter uns gesagt, sogar versucht war, es mangels anderer Exponate in sein Museum rüberzuholen. Ernsthafte Funktionäre dagegen warfen in aller Eile eine Skizze hin, die Nervosität und Terminnot verriet, nicht um plastische Schönheit ging's ihnen, sondern einzig darum, Entdeckungen von höchster Wichtigkeit festzuhalten.

Und so zeichnete Wosow ein Schema, nicht etwa von einer Institution oder einem neuen Amt, sondern vom Wesen des Seins – vom Leben des Menschen, und zwar nicht eines liederlichen Faulenzers, eines arbeitsscheuen Vagabunden, nein, eines vernünftigen, vorschriftsmäßigen Menschen. Es begann mit einem einheitlichen Zentrum, das bis ins letzte die Verteilung der Kinder nach Gouvernements und Gebieten festlegte, verzweigte sich in Anbetracht der Vielfalt der Funktionen in Hunderte Dreiecke mit je einer Seite für Arbeit, Zerstreuung und Erholung und mündete schließlich in das breite Tor eines im Zuge der allgemeinen Elektrifizierung geplanten grandiosen Krematoriums. Das Ergebnis war erstaunlich: Ohne Stockung, ohne Schliche durchliefen die Menschen sämtliche Etappen, und keiner konnte sich verirren, keiner entwischen. Als Wosow fertig war, dachte er begeistert: Das ist er, der vollkommene kommunistische Mensch, kürzte wie gewohnt die Wörter ab – VKM – und schloß die müden Augen.

Als er sie kurz darauf wieder öffnete, sah er vor sich sein Ebenbild sitzen, gleichfalls mit Bärtchen und sachlicher Miene. Weniger erschreckt als erstaunt über die verblüffende Ähnlichkeit und das unerwartete Auftauchen zu so später Stunde, fragte Wosow das Subjekt: »Wer sind Sie, Genosse?«

Das Subjekt grapschte im Vorbeigehen die Mappe vom Tisch und antwortete: »Ich? Wosow, VKM. Aber jetzt muß ich in den nächsten Rhombus eilen!«

Und da geschah etwas ganz Unwahrscheinliches, der VKM verschwand mir nichts, dir nichts, ohne daß er zur Tür gegangen wäre oder das Fenster benutzt hätte. Ich bin überarbeitet, dachte Wosow, ich muß mich schonen, um der Sache willen! Nach einem Blick auf den entworfenen Plan flüsterte er noch einmal, schon im Liegen: »Sei gegrüßt, VKM! Wenn bloß die Arbeiteropposition keine Diskussion anzettelt.«

Gut schlief der Genosse Wosow, zwar geisterten durch seine Träume alle möglichen Diagramme, doch in gehöriger Entfernung und durchaus nicht beunruhigend. Das Erwachen jedoch war höchst unangenehm: Um elf Uhr schrillte hartnäckig das Telefon. Verschlafen und in Unterhosen brummte Wosow: »Hallo!«

Eine wohlbekannte Baßstimme antwortete: »Ist dort das Zimmer des Genossen Wosow? Notieren Sie: Einstimmigkeit geregelt, Arbeiteropposition liquidiert, Rektifizierung der Tschuwaschenschädel in Angriff genommen. Notiert? Wer hat's aufgenommen?«

Schlaftrunken und ohne recht zu begreifen, worum es ging, murmelte Wosow seinen Namen. Ordnungshalber fragte er noch: »Und wer hat's durchgegeben?«

Beflissen und jede Silbe exakt betonend, antwortete die Baßstimme: »Wosow, VKM« und legte den Hörer auf.

Zurück blieben der offensichtlich absurde Text des Fernspruchs und die Erinnerung an irgendwelchen nächtlichen Blödsinn. Wer nahm sich da solche Frechheit heraus? Vielleicht das Telefonfräulein, dachte Wosow gereizt, dann beschloß er, diese Ränke zu durchkreu-

zen, das heißt sie einfach nicht zu beachten und zur Sitzung der
Sonderkommission zu eilen.

Er eilte hin, kam aber trotzdem zu spät, als die Sitzung gerade zu
Ende ging. Der Vorsitzende kündigte eine Pause an, zwecks Abfassung
einer Resolution.

Der Genosse Wul trat zu Wosow und sagte schmeichlerisch: »Ich
gehöre doch gar nicht zur Arbeiteropposition. Ihr Referat war großartig, wer kann jetzt noch Einwände erheben?«

»Was für ein Referat?« fragte Wosow beunruhigt. »Ich bin eben erst
gekommen, Sie verwechseln mich sicher mit jemand.«

Wul dachte, Wosow wolle sich, mit seinem Erfolg zufrieden, einen
Spaß machen, und kicherte: »Haha! Verwechseln ist gut! Wie Sie Ihre
Thesen durchgeboxt haben ...«

»Unsinn! Alles Unsinn!« schrie Wosow. »Was denn für Thesen, ich
sag Ihnen doch, ich hab verschlafen, hab zu lange gearbeitet. Worum
geht es in der Resolution? Aber reden Sie vernünftig!«

»Um Ihr Projekt, den VKM zu organisieren.«

Wosow ergriff entsetzt die Flucht. Zum Teufel! Irgendwer spielte
ihm da einen üblen Streich. Also hatte er gestern doch nicht geträumt,
es hatte sich tatsächlich so ein Halunke bei ihm rumgedrückt und die
Mappe mit den Projekten geklaut. Aber wie war er ohne Passierschein
in den Kreml eingedrungen? Wosow rannte zur Torwache und erkundigte sich, wem am Vorabend ein Passierschein ausgestellt worden war.
Das Kremltor hatten passiert: der Offiziersschüler Pleschko, zwei-
undzwanzig Jahre alt, und die Bürgerin Utschelistschewa, zum Leiter
des Klubs. Zweifel beschlichen Wosow – ob er am Ende krank war,
Nervenzerrüttung, Halluzinationen, Sinnesverwirrung? Er mußte sich
zusammenreißen. Und nachdem er abermals beschlossen hatte, den
Vorfall zu vergessen, begab er sich in die Kantine des Rates der Volks-
kommissare. Aber von wegen – vergessen; die Kantinenleiterin erklärte ihm nicht nur, daß er bereits Mittag gegessen hätte, sie fügte auch
noch hinzu, daß sie seinen Vorschlag, die Klopse und Kartoffeln durch
kondensierte Kalorien zu ersetzen, voll und ganz unterstütze (die Lei-
terin kam von der Hochschule und vermochte sich gewählt auszu-

drücken). Wosow schämte sich schrecklich. Jetzt dachte sie womöglich, er wolle noch einen zweiten Klops essen, und ohne den leisesten Versuch, sich zu rechtfertigen, lief er schnurstracks nach Hause, in der festen Absicht, sich entweder unverzüglich zu kurieren oder den Verbrecher zu fassen.

Zu Hause schloß er sich ein, nahm den Telefonhörer ab und versuchte sich zu überzeugen, daß es nur einen Wosow gab, Wosow, der die Realschule in Nishni-Nowgorod besucht hatte, aus der sechsten Klasse geflogen und 1907 hochgegangen war, ein tüchtiger, kluger RKPist, einen zweiten gab es nicht, alles andere war Unsinn, er hatte fünf Nächte nicht geschlafen und so weiter.

Als er sich beruhigt hatte, schlief er erneut ein, der Körper forderte sein Recht, und erwachte, von keinem unangenehmen Anruf aufgeschreckt, frisch und gestärkt am späten Abend. »Nun bin ich wieder kuriert«, grunzte er, der morgendlichen Ängste eingedenk, und rekelte sich.

Doch kuriert oder nicht kuriert, als er zur Abendsitzung eilen wollte, mußte er feststellen, daß seine Aktenmappe mit den Projekten verschwunden war. Klar, daß es sich hier nicht um ein dekadentes Spiel mit mysteriösen Doppelgängern handelte, sondern um eine ganz infame Verschwörung. Nachdem Wosow unter den Tisch gekrochen war und alle Ecken abgesucht hatte, vielleicht war ihm die unselige Mappe in der Nacht heruntergefallen, ging er entschlossen zum Telefon und ließ sich über direkten Draht mit der zuständigen Behörde verbinden. Als er dann aber das streng sachliche »Hallo, hier Zentrale der Tscheka« hörte, war er plötzlich so verdattert, daß er kein Wort herausbrachte. Wie sollte er auch erklären, daß der Verschwörer nicht die Tür benutzt hatte, sondern wie im Kino mir nichts, dir nichts verschwunden war, daß er Wosows Mittagessen gefressen und dann noch irgendwas von Kalorien gefaselt hatte? Auslachen würden sie ihn, weiter nichts. Das waren doch ernsthafte, vielbeschäftigte Leute, die würden's am Ende noch übelnehmen! ... Und ohne sich zu melden, legte er den Hörer auf.

Wieder war Wosow drauf und dran, in äußerste Verwirrung zu ge-

raten; aber da kam ihm der rettende Gedanke, Tanja Janschina zu be-
suchen, die Tochter eines ehrenwerten ZK-Mitglieds, die im Kloster
nebenan in den ehemaligen Gemächern der Äbtissin wohnte. Zwar
schickt es sich nicht, wenn man von Leuten spricht, die, zum Neid des
Schöpfers, in sechs Tagen die Welt erschaffen, gewöhnliche menschliche Leidenschaften zu berühren, aber zur Erklärung des ganzen be-
trüblichen Zwischenfalls muß hier unbedingt betont werden, daß
Wosow Tanja gegenüber nicht nur nicht gleichgültig, sondern daß
er regelrecht in sie verliebt war, blind und rasend verliebt, ungeachtet
seiner vierunddreißig Jahre und seiner RKP-Zugehörigkeit, genau wie
ein Tertianer oder, noch schlimmer, wie ein Turgenjewscher Tage-
dieb.

Noch eine angemessene Beschäftigung für unsere Enkel: Während
der Historiker in aller Ruhe verstaubte Dekrete, harmlos wie kahle
Igel, kommentiert und Anmerkung an Anmerkung reiht, sollte sich
der Romancier mit dem Bahnhofsleben, dem verborgenen Pathos, den
wahrhaft zyklopischen Ränken der großen Epoche befassen. Weiß
Gott, welche Schlußfolgerungen er ausbrüten wird: Zerfall der Sitten
oder unverhoffte Wiedergeburt des von den Asketen gequälten Eros,
auf jeden Fall wird vor den Augen der Nachkommen ein neues Moskau erstehen, das nicht nur Pläne skizziert, sondern auch fähig ist, leidenschaftlich zu küssen in den heroischen Zwischenakten, zwischen
zwei Salti mortali überraschender Dekrete, Aufstände, Kämpfe, irdischer Hast und anderer Erscheinungen des revolutionären Alltags.
Und wer weiß, ob nicht das junge Mädchen des neuen, glücklichen
Jahrhunderts, vom Treibhaus des Überflusses betäubt, jene müden,
hungrigen, manchmal blutbesudelten oder den Tod erwartenden
Menschen beneiden wird, die im chaotischen Moskau die spärlichen,
flüchtigen, dreimal geheiligten Blumen nahezu unmöglicher Liebe
pflückten?

Aber das alles lag natürlich in ferner Zukunft. Einstweilen lief
Wosow, ohne sich derartigen Verallgemeinerungen hinzugeben, über
den verödeten Platz zu Tanja, der teuren Herzallerliebsten mit dem
Muttermal am Hals und einem so kindlichen Lächeln, daß selbst der

ehrenwerte ZK-Mann, sollte man meinen, außer sich vor schlichter, übergroßer Freude, wie ein Narr zu tanzen anfangen oder in Tränen ausbrechen mußte, zu Tanja, die einen Bolschewiken nicht von einem Menschewiken unterscheiden konnte, es aber durch ein einziges Wort fertigbrachte, daß Wosow alle seine Diagramme vergaß, wie ein Kind alberne Kosenamen stammelte, in die Hände klatschte oder einfach still dasaß, ohne sich zu bewegen, damit Moskau nicht zu Staub zerfiele, Moskau, das alte Kloster, Tanja, die Liebe ... Die Liebe ist immer und überall zerbrechlich wie ein Streichholz im Wind; aber hier, in diesen Tagen, war sie so unfaßbar, daß nur übermenschlich starke Hände sie vor dem alles verwehenden Schneesturm schützen konnten.

Sobald Wosow das niedrige, freundlich helle Zimmer betrat, in dem Tabaksqualm, Zeitungsstapel und die Porträts von Schwärmern und Fanatikern aus aller Welt sich mit dem noch nicht verflüchtigten Weihrauchduft, dem Geist des Akathistos, dem Geruch nach Lindenblütentee und den Seufzern der Fastenden mischten und zu einem Nebel von Glauben, wilder Raffsucht und Stickigkeit verschmolzen, beruhigte er sich augenblicklich und dachte keine Sekunde mehr an die Aktenmappe und den nächtlichen Einbrecher. Sehnsüchtig blickte er nach der kleinen Seitentür, aus der Tanja schlüpfen würde. Lange mußte er warten. Die Turmuhr schlug elf. Endlich kam Tanja, verweint, gebeugt, die zuckenden Schultern in einen breiten Schal gehüllt. Wie hatte sie sich seit gestern verändert! Als wäre sie bis gestern trällernd herumgelaufen, und plötzlich sei jemand über sie hergefallen und habe ihr eine Last aufgebürdet, die selbst zwei Mann nicht tragen konnten, als sei sie zusammengebrochen, versuche zu gehen, komme aber nicht vom Fleck, wolle hinstürzen und losweinen: Ich kann nicht mehr!

Wosow sprang auf.

»Tanja, meine kleine Goldamsel, was ist mit dir?«

Aber bitter und abweisend antwortete Tanja: »Weshalb sind Sie noch einmal gekommen?«

Noch einmal gekommen! Wosow, der nichts begriff, ahnte

Schreckliches, in seinem Kopf begannen Quadrate, Kreise und die schwere Aktenmappe mit dem Schlößchen zu kreisen.

»Jetzt ist mir alles klar. Sie brauchen keine Liebe, Ihnen geht es nur um die Verteilung der Spermien, um chemische Reagenzgläser. Wie fremd Sie mir sind! Vielleicht ist das alles schön und richtig so … Als Sie gegen Abend gegangen sind, bin ich die Treppe hinuntergelaufen, habe Sie gerufen. Sie haben nicht reagiert, aber das war nur Schwäche. Nicht Sie habe ich gemeint, sondern einen anderen, der nur in meiner Vorstellung existiert, den es nie gegeben hat! Sie aber brauche ich nicht. Leben Sie wohl!«

Und noch tiefer gebeugt unter der neuen Last, verließ Tanja das Zimmer. Wosow vergaß seine Mütze am Kleiderhaken und rannte hinaus auf den Platz, bemüht, seinen maßlosen Schmerz und sein Entsetzen nicht in verzweifeltem tierischem Gebrüll zu äußern.

Schnee hüllte den toten, öden Kreml ein. Die blinden Fenster der Büros, hinter denen andere, noch Gesunde, in aller Ruhe hundertstöckige Schemata entwarfen, versuchten dagegen anzukämpfen. Aber die herabwirbelnden dicken weißen Flocken erstickten die spärlichen Lichter. Nur die Steine bäumten sich auf, die Steine der Schießscharten unter den Zinnen der dickwandigen Mauern, und die Kreuze der Glockentürme, die wie das zweifingrige Kreuzeszeichen der Ketzer auf dem Scheiterhaufen aufragten – dem Leben, der Macht, der Sonne, dem Eisen zum Trotz.

Wosow setzte sich auf einen Prellstein vor der Zwölf-Apostel-Kathedrale. Er zweifelte nicht mehr, hoffte nicht mehr auf Heilung, dachte nicht mehr daran, den Feind zu fassen. Nachdem er soeben in der freundlichen hellen Stube das Teuerste, Unwiederbringliche verloren hatte, begann er still und tränenlos zu weinen, und der Schnee wehte ihn zu, als wolle er dieses fremde Fleckchen Leben inmitten der sonderbaren Ödnis auslöschen, verwischen. Es war, als rückte der alte Kreml gegen Wosow an und erdrückte ihn mit der finsteren Macht der Vergangenheit, der gestrigen ungesühnten Sünde. Aus den kleinen Kapellen, den winkligen Kirchen mit den niedrigen Gewölben, aus den Zaren- und Fürstengemächern mit Mönchen, die bei den Zarinnen

Tee tranken, mit Eingemauerten, Geblendeten, in den schmalen Gängen Verbrühten, mit ausladenden stickigen Betten, wo nach dem Tee auf purpurschößigen Leibern die Mönche sich vergnügten, wälzte sich gelber heißer Nebel. Es war Mütterchen Altrußland, das da über den Eindringling hereinbrach – die lüsterne Betschwester, die streunende Zwangsarbeiterin, mit dem Kreuz auf dem vollgefressenen Wanst, die Scheinheilige, die Nonne, die das Schweigegelübde abgelegt hat, die sanfte Ketzerin.

Wosow wußte – ihr konnte er nicht entrinnen. Sie witterte ihn, spürte ihn auf, wälzte sich vollbusig auf ihn. In seiner Angst wollte er, wie der Einsiedler hinterm Kreuzeszeichen, hinter dem Schutz suchen, was noch kürzlich lebendig und unbesiegbar gewesen, hinter der von ihm erschaffenen Welt, hinter seinem gebieterischen »Es werde Licht!« Er entsann sich seines wunderbaren Schemas, und mit gewaltiger Willensanstrengung zerrte er aus der verschneiten weißen Stadt, in der vereinzelte Schritte hinter der Moskwa wie letzte Atemzüge klangen, das künftige Leben hervor. Aber da begann das Schrecklichste. Riesige gläserne Häuser, gigantische Betonstädte, Menschen auf Sprungfedern, Springer in quadratischen Hemden verschmolzen mit Äbtissinnen, Klosterzellen und Klosterhöfen, mit dem feisten, buhlerischen, blutigen Getriebe der Vergangenheit ... Die Menschen richteten sich flugs in den geräumigen Quadraten ein, die gemütlich und schwül wurden und wie Mönchsklausen stanken. Ungebärdige junge Leute durchbrachen die Dreiecke, und ein behäbiges Weib (vielleicht sogar mit Professorentitel), das einen Verstorbenen beklagte und mit den Fingernägeln die Erde aufkratzte, scharrte den Leichnam schließlich aus und zerstörte dadurch den letzten noch unberührten Kreis des Todes. Das Neue lebte in sichtlichem Einvernehmen mit dem Alten, so daß die Grenzen zwischen Alt und Neu verwischten und dem Tschudow-Kloster die Doppelgänger der verschiedenen Jahrhunderte entströmten und zu randalieren begannen. Aber der Schnee ebnete alles ein, kaum daß der Kopf des lebendigen Betrachters noch herausragte, des armen Kindes, dessen bunter Luftballon, für einen Fünfer auf dem Dewitschi-Feld gekauft, zusammenschrumpfte, welkte und zur Erde fiel, des RKP-Mitgliedes, des Genossen Wosow.

Und so wäre er wohl am unziemlichen Orte erfroren, hätte er nicht dicht über seinem Ohr eine spöttische Baßstimme vernommen: »Wohlan, Genosse, jetzt kommt die letzte Etappe, das Krematorium, seien Sie ein VKM.«

»Halt!« schrie da Wosow verzweifelt und stürzte dem garstigen Komödianten nach. Der aber sprang hoch und war genau wie tags zuvor verschwunden, hatte sich im gelben Himmel aufgelöst. Diesmal aber wollte der genarrte Wosow nicht klein beigeben, ohne zu überlegen, kletterte er affenartig die kalten, glatten Steine des Glockenturms »Iwan der Große« hinauf und heulte: »Du entkommst mir nicht!«

Doch auf der Höhe der Kuppel der Verkündungskathedrale verlor er das Gleichgewicht, rutschte ab und glitt leise wie ein Klumpen Schnee in die Tiefe.

Was war das? Eine Intrige der SR? Übermüdung infolge beispielloser Arbeit? Oder der beklemmende giftige Geist der goldbekuppelten, heuchlerischen einstigen Festung, wo die Kundschafter des neuen Jahrhunderts sich einquartiert und am Tor ihre Posten aufgestellt hatten? Alles war möglich ...

Auf jeden Fall aber war ein tüchtiger Funktionär und guter Mensch sinnlos zugrunde gegangen. Als man ihn am 26. Februar zu Grabe trug, sagte Genosse Wul teilnahmsvoll: »Es war ihm nicht beschieden, in das gelobte Land einzugehen, obwohl er ein wahrer Mensch der Kommune gewesen ist.«

Auf einmal hörten sämtliche Anwesenden, wie jemand, einen Kranz schwenkend, hinter dem Sarg mit schluchzender Stimme ergänzte: »Ein VKM!«

Boris Pilnjak
Maschinen und Wölfe

In der Butterwoche hielt eine Menagerie in Kolomna, im Kino von Ljuljaew.
Ich war dort. Auf dem Marktplatz standen
Karussells, spielten Ziehharmonikas, drängten
sich Gymnasiasten, Bauern in Pelzen, Weiber in roten Jacken und grünen Röcken. Hier auf zwei Pfosten war die einzige und ewig gleich-
lautende Anzeige aller Menagerien:

Tierschau auf der Durchreise

– MENAGERIE –

Verschiedene wilde Tiere unter der Regie von
Wasiljames

Außerdem
DER WELTBERÜHMTE OPTISCHE TRICK
DAS SPINNENWEIB

Auf dem Plakat waren – der Kopf eines Tigers, das Spinnenweib, ein
Bär (der aus einer Pistole schoß) und Akrobaten. Viel Regen war auf
diesen Theaterzettel gefallen. Bei den Karussells quietschten die Ziehharmonikas und dröhnte eine Pauke, Sonnenblumenkerne knabbernd

drängten sich die Schafbepelzten und Genossen. Auf den Holzpferden des Karussells ritten mit hochgezogenen Beinen die Burschen, die Mädel schwammen in Booten; in einer Bude verkaufte man Plinsen, in einer andern Spiegel und Trillerpfeifen. Der Platz war groß und das Lärmen der Karussells nicht gering.

Im Hause des Bürgers Ljuljaew war vor Zeiten ein öffentlicher Klub, dort traten durchreisende Taschenspieler, stellenlose Schauspieler und Dilettanten auf. – Auf der Treppe brannte elektrisches Licht, hingen Tierbilder, drängten sich Jungens, – in der Tür saß der Inhaber der Tierschau, Wasiljames, in einer Matrosenbluse, er vertraute keinem das Geschäft des Kassierens an, schlug vorwitzige Jungens ins Genick, manchmal paßte er nicht scharf genug auf und es gelang einem Glücklichen, unter seinem Ellenbogen hindurchzuschlüpfen. Das Gesicht Wasiljames' war gütig, er ließ um den Eintrittspreis mit sich handeln. – Dort, wo früher das Publikum saß und die Taschenspieler anschaute, schlug einem jetzt der terpentinartige Schweißgeruch von Tieren entgegen. Alles war ganz neu eingerichtet: längs den Wänden standen Käfige mit Papageien, die ununterbrochen kreischten, Käfige mit lautlosen Uhus, die nicht einmal zwinkerten – manche sahen wie Vogelscheuchen aus –, an einem leeren Käfig stand geschrieben: »Pinguine«; eine Serie Kisten beherbergte Kaninchen, die große Ähnlichkeit mit solchen hatten, die man auf dem Markt kaufen kann; in zwei Käfigen hockten Affen, in einer Kiste mit Heu versteckten sich Meerschweinchen; in einem Käfig mit vielen Abteilungen zwitscherten Meisen, Finken, Möwen, Zeisige; in einem runden Käfig saß ein Adler, der keine Federn mehr hatte. Die Lampen brannten trübe; dort, wo früher die Bühne war, war ein Schießstand errichtet: auf einer mit rotem Kattun überzogenen Theke standen ein Teeservice und ein Samowar, lagen eine Ziehharmonika, ein Schlips und ein Kneifer. – Jeder konnte sein Glück versuchen und mit Stecknadeln in die sich drehende Scheibe schießen. Die Spinnenfrau war nicht zu sehen, man zeigte sie nur jede halbe Stunde für fünf Minuten. Es waren nicht viele Menschen da. – Im Foyer standen die großen Käfige – in einem lag ein lahmer Bär, müde und räudig und in eine Pferdedecke gewickelt, in einem anderen liefen zwei Hyänen herum, den Tiger, der auf dem Plakat zu sehen war, gab es nicht; – aber in einer schlecht beleuchteten Ecke war in einem Messingkäfig ein Wolf. Der Wolf war nicht groß, alt und gebrechlich – der Käfig war klein – der Wolf rannte in ihm umher, er versuchte ihn kennenzulernen, er drehte sich in ihm – Fußspur in Fußspur, Schritt auf Schritt, Bewegung griff in Bewegung, er war nicht wie ein lebendiges Geschöpf, *er war wie eine Maschine* – er verschwand im Schatten und tauchte im Licht wieder auf: dann blieb er stehen, neigte den Kopf, blickte von unten herauf auf die Menschen, traurig und müde – heulte leise auf, gähnte: – der Wolf war hilflos, dieses schreckliche russische Tier. Es waren nicht viel Menschen da, und die meisten standen vor dem Wolfskäfig. Mehr Tiere gab es nicht in der Tierschau von Wasiljames.

Und nun etwas – über den Wolf. Ich weiß – wenn nach Winterstürmen und Schneestürmen der Schnee taut (niemand kann beweisen, daß Frühlinge schöner sind als Schneestürme) –, kommen unter dem Schnee – in Bächlein und Frühling – neue Blumen hervor, und zusammen mit ihnen werden viele vorjährige Blätter sichtbar. Wenn man die russische Revolution mit Schneestürmen und Frühlingseisgängen vergleicht – so sind unter ihnen in ganz Rußland, in allen russischen Schluchten und Dörfern viele Wölfe geboren worden, sie laufen einzeln und in ganzen Rudeln umher, sie zerfleischen Vieh, Getier und Menschen, klettern auf den Abhängen umher, heulen Eisenbahnzüge an, jagen Herden auseinander und erschrecken nachts einsame Wanderer, sie machen die Treibjagd mit Hundemeuten und Ferkel nötig: sind sie neue Blumen oder alte Blätter? – Der Wolf ist schrecklich in den Feldern, grausam, Besitzer der Wälder; für mich ist der Wolf – die herrliche russische Romantik, stürmisch und schrecklich wie der Aufstand Stenjka Rasins.

Neue Blumen oder vorjähriges Laub – dieser Wasiljames und seine Tierschau? Wie und wo lebte er in den stürmischen Jahren Rußlands, wie hat er gehungert, wer hat ihn entnationalisiert – wer hat ihm gestattet wie einem Drehorgelmann, durch russische Siedlungen und Dörfer zu ziehen – vorjähriges Laub oder neue Blume? – Hier im

Käfig, der zerlumpte, heruntergekommene – Wolf, überwältigte Naturgewalt: seine Brüder wandern in den Wäldern umher, heulen, leben um zu töten, zu gebären, zu sterben, seine Brüder sind frei, und sie sind – russisch, denn sie herrschen in den russischen Feldern, Wäldern und Nächten – und er, räudig, zerlumpt – ruhelos wie ein Perpendikel, *Schritt in Schritt, Bewegung in Bewegung,* hier im Käfig – wie ist er zu Wasiljames gekommen, wie ist er in die Gesellschaft des Spinnenweibes geraten? – Am Wolfskäfig drängte sich das Volk – und auch am Affenkäfig, wahrscheinlich suchten sie Zusammenhänge und Ähnlichkeiten ...

Neben mir, am Wolfskäfig, stand der Meister Kosaurow, und er sagte:

»– Uh, das Scheusal! Ich betrachte diesen Wolf hier – und es ist, als dränge aus ihm unsere ganze Wildheit, ich meine unsere russische Wildheit. Die ganze Bande müßte man in Käfige sperren.«

Ich dachte:

– Und ich blickte ihn an, und er tat mir leid, ich wurde traurig. In unserem Wolf ist für mich unsere ganze Romantik, die ganze Revolution, der ganze Stenjka Rasin verkörpert. Es tat mir leid, daß er eingesperrt wurde! Man muß ihn herauslassen – den Wolf –, in die Freiheit – wie das Jahr Achtzehn.

Ich sagte:

»– Unsere ganze Revolution ist elementar wie der Wolf.«

»– Nun, ich fasse die Revolution anders auf«, – entgegnete Kosaurow. – »Im fünften Jahr erst habe ich sie ganz begriffen, als Riman meinen Sohn erschoß; zum Teufel mit allen Wasiljames und ihren Wölfen und so weiter!« ... –

Der Wolf begann wieder im Käfig herumzulaufen. Es wurde geklingelt und ausgerufen, daß für ein Draufgeld das Spinnenweib gezeigt würde. Die Rotarmisten, die beim Scheibenschießen waren, zogen unter ihren Mänteln ihre Geldbörsen hervor. Weder ich noch Kosaurow schauten uns das Spinnenweib an. – Kosaurow wünschte, nicht betrogen zu werden. Die Straßen waren dunkel. Der Wolf blieb in den Räumen des Bürgers Ljuljaew zurück, im trüben Licht

der elektrischen Birnen, im Terpentingeruch tierischen Schweißes. –
Die Karussells auf dem Platz drehten sich nicht mehr. –

Ich entsinne mich, wie ich einst bei einer Wolfstreibjagd einem
Wolf Auge in Auge gegenüberstand: der Wolf, der mir riesengroß
erschien, lief im Galopp, sein Kopf war weit zurückgeworfen – er
war herrlich, er sah mich nicht, er ging frei umher und ich erinnere
mich an jene wilde, tierische Freude – nicht Furcht, nur Freude und
Wildheit, die mich damals durchströmten, damals als ich auf ihn
zielte, um ihn zu töten – ich traf ihn, der Wolf blieb stehen, zögerte,
warf dann den Kopf zurück und – entfernte sich von mir in ruhigem
majestätischem Galopp: – *dort war der Wolf frei und elementar* ...
Der Wolf ist für mich herrliche Romantik Rußlands, unsere russische,
stürmische, schreckliche – der Wolf hier im Käfig von Wasiljames
ist heruntergekommen und räudig – *besiegte Elementargewalt*: seine
Brüder leben in den Wäldern, heulen, töten, leben, flößen Schrecken
ein, seine Brüder sind frei, und sind – russisch, denn sie herrschen
über die russischen Felder, Wälder und Nächte, – er ist zerlumpt, heruntergekommen – ruhelos wie ein Perpendikel, Schritt in Schritt,
Bewegung in Bewegung, *wie eine Maschine*, hier im Käfig ...

Es war ein Feiertag, freie Zeit, und ich ging nach Rastschislowo.
Der Himmel war dunkel. Links in der Ferne am Eisenbahndamm
leuchtete die Fabrik im weißen Licht. Der Wald empfing mich mit Rascheln und Sausen in den Wipfeln – uralter Wald, Fichten von zwei
Klafter Umfang. Ich dachte und erwartete, daß die Wölfe anfangen
würden zu heulen und mir über den Weg laufen würden. Und wirklich, tief im Wald heulte ein Wolf auf. Zu Marja ging ich nicht, ich
war zu müde geworden, ich kehrte im Kloster bei den Anarchisten ein.
Das Kloster lag stumm da. – Semjon Iwanowitsch, in Filzstiefeln und
Schal, quälte sich damit herum, im Herd Feuer zu machen, er wollte
Kartoffeln kochen. Der Herd rauchte. Das Zimmer war kalt und außer
dem Feuer im Herd brannte kein Licht. – Sind die Meinigen nicht
mit Ihnen zurückgekehrt? – fragte Semjon Iwanowitsch.

– Nein, sie sind nicht mit mir gekommen, – sagte ich.

Sie sind in die Fabrik gegangen um Anstellung zu bitten ...

– Hören Sie, Semjon Iwanowitsch – sagte ich, – ich war in einer Menagerie. Dort gab es auch einen Wolf. Das Jahr Achtzehn wird nicht wiederkehren, es ist für immer vorbei. Was war das für eine Romantik, alles stürzte zusammen, Blitze schlugen ein, Menschen marschierten, marschierten, marschierten. – Wo ist jetzt dies alles? Das Bauernrußland brannte wieder Kienspäne, alte Lieder wurden wieder gesungen, Schneestürme brausten, Salzfuhren knarrten, Städte starben, Fabriken, Eisenbahnlinien. Das Jahr Achtzehn kehrt nicht wieder, ist für immer vorbei. Mein Bruder ist umgekommen, wir sind in alle Winde zerstreut worden, wir wohnen auf dem Klosterfriedhof, und mein Bruder, wie ein Wolf im Käfig. –

Andrej Platonow
Makar beginnt zu zweifeln

Unter den übrigen werktätigen Massen lebten zwei Mitglieder des Staates: der ganz gewöhnliche Bauer
Makar Ganuschkin und der etwas
prominentere Genosse Lew Tschu-
mowoi, der im Dorf der Übergescheiteste war und dank seinem Ver-
stande die Bewegung des Volkes nach vorn lenkte, und zwar auf
schnurgeradem Wege, hin zum allgemeinen Wohl. Deshalb sagte die
Bevölkerung des Dorfes, wenn Lew Tschumowoi vorüberging: »Sieh
an, unser Führer schreitet per Schritt wohin – da kannst du dich morgen auf irgendeine Maßnahme gefaßt machen. Gescheiter Kopf, aber
nutzlose Hände. Lebt mit dem nackten Verstand.«

Makar hingegen liebte, wie jeder Bauer, mehr die verschiedenen
Gewerbe als das Pflügen und sorgte sich nicht so sehr um das tägliche
Brot als um Volksbelustigungen, weil er, wie Tschumowoi schlußfol-
gerte, einen tauben Kopf hatte.

Ohne Genossen Tschumowois Erlaubnis einzuholen, organisierte
Makar eines Tages eine Volksbelustigung – ein Karussell, das sich
durch Windkraft um sich selbst drehte. Das Volk ballte sich um Makars Karussell zu einer dichten Wolke und wartete auf einen Sturm,
der das Karussell in Gang setzen könnte. Doch der Sturm verspätete
sich etwas, das Volk stand tatenlos herum, währenddessen Tschumo-

wois Fohlen in die Wiesen lief und sich dort in nassen, sumpfigen Gefilden verirrte. Wenn das Volk in Ruhe gewesen wäre, hätte es Tschumowois Fohlen sofort einfangen können und nicht zugelassen, daß Tschumowoi Schaden erlitt, aber Makar hatte es von der Ruhe abgelenkt und somit dazu beigetragen, daß Tschumowoi Verlust erlitt.

Tschumowoi selbst jagte dem Fohlen nicht nach, sondern ging zu Makar, der stumm den Sturm herbeisehnte, und sagte: »Du lenkst hier das Volk ab, und ich habe niemanden, der das Fohlen einfängt.«

Makar erwachte aus seiner Versonnenheit, weil ihm etwas schwante. Denken konnte er nicht, denn er hatte einen tauben Kopf über seinen klugen Händen, doch dafür schwante ihm immer gleich etwas.

»Sei nicht traurig«, sagte er zu Genossen Tschumowoi, »ich mache dir einen Selbstfahrer.«

»Wie denn?« fragte Tschumowoi, weil er nicht wußte, wie er selber mit seinen nutzlosen Händen einen Selbstfahrer hätte bauen sollen.

»Aus Faßreifen und Stricken«, antwortete Makar, ohne zu denken, spürte jedoch die Zugkraft und das Kreisen in diesen Stricken und Faßreifen.

»Dann mach fix«, sagte Tschumowoi, »sonst ziehe ich dich zur gesetzlichen Verantwortung wegen der ungesetzlichen Volksbelustigung.«

Doch Makar dachte nicht an Strafe, denken konnte er nicht, er versuchte sich vielmehr zu erinnern, wo er Eisen gesehen hatte, aber es fiel ihm nicht ein, weil das Dorf aus Oberflächenmaterialien gemacht war; aus Lehm, Stroh, Holz, Hanf.

Ein Sturm ereignete sich nicht, das Karussell kam nicht in Gang, und Makar ging nach Hause.

Zu Hause trank er aus Gram Wasser und bemerkte dessen herben Geschmack. »Wahrscheinlich haben wir deswegen kein Eisen«, mutmaßte Makar, »weil wir es mit dem Wasser wegtrinken.«

Nachts kroch er in einen ausgetrockneten, verfallenen Brunnen und verbrachte dort einen ganzen Tag mit der Suche nach Eisen unter dem feuchten Sand. Am zweiten Tag zogen die Bauern ihn heraus – unter dem Kommando von Tschumowoi, der fürchtete, ein Bürger könne abseits der Front des sozialistischen Aufbaus ums Leben kommen. Makar war unhebbar – in den Händen hielt er bräunliche Eisenerzbatzen. Die Bauern zogen ihn heraus und verfluchten ihn, weil er so schwer war, und Genosse Tschumowoi versprach, Makar wegen gesellschaftlicher Unruhestiftung eine zusätzliche Geldstrafe aufzubrummen.

Makar überhörte ihn jedoch und machte eine Woche später aus dem Erz Eisen im Ofen, nachdem sein Eheweib Brot darin gebacken hatte. Wie er das Erz zum Glühen brachte, weiß niemand, denn Makar arbeitete mit klugen Händen und stummem Kopf. Am andern Tag fertigte Makar ein eisernes Rad, danach noch eines, aber nicht eines der Räder fuhr von selbst: Man mußte sie mit den Händen rollen.

Da kam Tschumowoi zu Makar und fragte: »Hast du den Selbstfahrer als Ersatz für das Fohlen fertig?«

»Nein«, sagte Makar. »Mir schwante, sie würden von selbst rollen, aber – nee.«

»Weshalb hast du mich getäuscht, du unorganisierter Kopf?« rief Tschumowoi in dienstlichem Ton. »Dann mach ein Fohlen!«

»Es gibt kein Fleisch, sonst gern«, lehnte Makar ab.

»Und wie hast du es fertiggebracht, aus Lehm Eisen zu machen?« erinnerte Tschumowoi.

»Weiß nicht«, antwortete Makar. »Hab kein Gedächtnis.«

Tschumowoi war gekränkt.

»Was denn, du verheimlichst eine Entdeckung von volkswirtschaftlicher Bedeutung, du teuflisches Individuum! Du bist kein Mensch, du bist eine Einzelbauernseele! Ich werde dir gleich eine saftige Strafe aufbrummen, damit du weißt, wie du zu denken hast!«

»Aber ich denke ja gar nicht, Genosse Tschumowoi«, erklärte Makar gefügig, »ich bin ein tauber Mensch.«

»Dann halt deine Hände im Zaum, laß die Finger von Sachen, die du nicht kapierst«, sagte Genosse Tschumowoi vorwurfsvoll zu Makar.

»Wenn ich deinen Kopf hätte, Genosse Tschumowoi, würde ich auch denken«, gestand Makar.

»Genau!« bekräftigte Tschumowoi. »So einen Kopf gibt es aber im ganzen Dorf nur einen, und du mußt dich mir unterordnen.«

Und Tschumowoi knallte Makar eine so hohe Geldstrafe auf, daß der nach Moskau ins Gewerbe gehen mußte, um die Summe bezahlen zu können. Das Karussell und die Wirtschaft überließ er der umsichtigen Obhut des Genossen Tschumowoi.

Neun Jahre zuvor, im Jahre 1919, war Makar oft mit der Bahn gefahren. Damals wurde er umsonst befördert, weil man in ihm auf den ersten Blick den Tagelöhner erkannte, er wurde auch nicht nach Papieren gefragt. »Fahr weiter«, pflegten die proletarischen Wachposten zu ihm zu sagen, »du bist uns lieb, weil du arm bist.«

Heute nun setzte sich Makar, genau wie vor neun Jahren, ohne groß zu fragen in den Zug und wunderte sich, wie leer er war und daß die Türen offenstanden. Trotzdem setzte sich Makar nicht in einen Wagen, sondern auf die Kupplung, um zu beobachten, wie die Räder während der Fahrt funktionierten. Die Räder begannen sich zu drehen, und der Zug fuhr ins Herz des Staates – nach Moskau.

Der Zug fuhr schneller als jedes Halbblut laufen konnte. Die Steppe jagte ihm nur so entgegen und nahm kein Ende.

»Sie quälen die Maschine«, bedauerte Makar die Räder. »Tja, was es auf der Welt nicht alles gibt, wenn sie weit und leer ist.«

Makars Hände befanden sich in Ruhe, ihre freie kluge Kraft ging in seinen geräumigen tauben Kopf über, und Makar begann zu denken. Er saß auf der Kupplung und dachte, was er konnte. Doch lange saß er dort nicht ungestört. Ein unbewaffneter Wächter kam und fragte ihn nach der Fahrkarte. Eine Fahrkarte hatte Makar nicht, weil er der Annahme war, daß die festgefügte Sowjetmacht existierte, die jetzt und für immer alle, die es nötig hatten, umsonst beförderte. Der

Kontrolleur sagte zu Makar, er solle, um Scherereien zu vermeiden, auf der nächsten Zwischenstation aussteigen, dort sei eine Imbißstube, wo er etwas zu essen bekäme, damit er auf dem öden Streckenabschnitt nicht Hungers sterbe. Makar sah, daß die Macht sich um ihn sorgte, ihn nicht einfach vertrieb, sondern ihn in eine Imbißstube schickte, und er bedankte sich bei dem Zugvorsteher.

Trotzdem stieg Makar auf der Zwischenstation nicht aus, obwohl der Zug hielt und Briefe und Ansichtskarten aus dem Postwagen ausgeladen wurden. Er hatte einen technischen Einfall und blieb im Zug, um diesem weiterfahren zu helfen.

Je schwerer ein Gegenstand ist, Makar verglich in Gedanken einen Stein und eine Feder, desto weiter fliegt er, wenn du ihn wirfst; deshalb fahre ich auf diesem Zug als zusätzlicher Ziegelstein, damit er bis nach Moskau gelangt.

Da Makar den Zugschaffner nicht kränken wollte, kroch er in die Tiefe des Mechanismus, unter den Wagen, dort legte er sich zur Erholung hin, lauschte auf die erregende Geschwindigkeit der Räder. Die Ruhe und der ewige Anblick des unterm Zug vorbeiflitzenden Sandes ließen Makar in tiefen Schlaf fallen, und ihm träumte, er reiße sich von der Erde los und fliege im kalten Wind dahin. Dieses wunderbare Gefühl weckte in ihm Mitleid mit den Menschen, die auf der Erde zurück blieben.

»Serjoshka, warum läßt du die Lager heißlaufen?«

Von diesen Worten erwachte Makar und betastete sich – waren sein Körper und sein Innenleben noch heil?

»Keine Bange!« rief Serjoshka von ferne. »Bis Moskau ist's nicht mehr weit. Sie glühen schon nicht aus!«

Der Zug hielt auf einem Bahnhof. Eisenbahner klopften gegen die Wagenachsen und fluchten leise.

Makar kletterte unter dem Waggon hervor und erblickte in der Ferne das Zentrum des Staates – die Hauptstadt Moskau.

Jetzt komme ich zu Fuß bis hin! dachte Makar. Vielleicht schafft es der Zug auch ohne zusätzliche Last!

Und Makar wanderte los in Richtung der Türme, der Kirchen und der gewaltigen Industrieanlagen – in die Stadt der wissenschaftlichen und technischen Wunder, um sich unter den goldenen Häuptern der Kirchen und der Führer sein Leben einzurichten.

Nachdem Makar den Zug von seiner Last befreit hatte, ging er auf das in der Ferne sichtbare Moskau zu, voller Neugier auf diese zentrale Stadt. Um nicht vom Weg abzukommen, schritt er neben den Gleisen her und wunderte sich über die vielen Bahnsteige. Hinter den Bahnsteigen wuchsen Kiefern- und Tannenwälder, und in den Wäldern standen kleine Holzhäuser. Die Bäume waren mickrig, und darunter lagen Bonbonpapier, Weinflaschen, Wurstpelle und diverses anderes Zeug, Gras gedieh hier nicht unter dem Joch des Menschen, und die Bäume kümmerten ebenfalls nur dahin. Makar begriff das nicht: hier müssen ganz besondere Lumpen wohnen, daß sogar die Pflanzen ihretwegen eingehen! Das ist doch traurig – der Mensch lebt und schafft Wüste um sich herum! Wo bleiben denn hier Wissenschaft und Technik?

Makar fuhr sich glättend über die Brust, was er immer tat, wenn er Mitleid hatte, und ging weiter. Auf einem Bahnsteig lud man aus einem Waggon leere Milchkannen aus und volle ein. Ein Gedanke ließ Makar stehenbleiben.

»Wieder fehlt die Technik!« kommentierte er laut die Lage. »Sie transportieren volle Kannen, das ist richtig – in der Stadt leben auch Kinder, die auf Milch warten. Aber die leeren Kannen, wozu müssen die mitgenommen werden? Das ist doch Vergeudung von Technik, die Kannen nehmen viel Platz weg!«

Makar ging zum Chef, der die Milchkannen unter sich hatte, und riet ihm, eine Milchleitung zu bauen, von hier bis nach Moskau, damit man keine Waggons mit leeren Kannen mehr loszuschicken brauchte.

Der Milchchef hörte sich Makar an, er achtete Menschen aus der Masse, empfahl ihm jedoch, sich an Moskau zu wenden, dort säßen klügere Leute, und die befaßten sich mit Verbesserungsvorschlägen.

Makar wurde ärgerlich.

»Aber du beförderst doch die Milch und nicht sie! Sie trinken sie nur, sie sehen die überflüssigen Ausgaben für Technik nicht!«

»Meine Sache ist es, Lasten zu befördern«, erklärte der Chef, »ich bin Ausführender und kein Erfinder von Milchleitungen.«

Da ließ Makar von ihm ab und ging, allmählich zweifelnd, stracks nach Moskau.

In Moskau war später Morgen. Zehntausende Menschen liefen durch die Straßen, es waren ihrer so viele wie Bauern beim Einbringen der Ernte.

Was die wohl vorhaben? dachte Makar, der mitten im dichtesten Gedränge stand. Wahrscheinlich gibt's hier gewaltige Fabriken, die für das ganze weit entfernt lebende Landvolk Kleider und Schuhe herstellen!

Makar sah auf seine Stiefel und sagte »danke!« zu den vorbeieilenden Passanten – ohne sie würde er unbeschuht und unbekleidet leben. Fast alle Menschen hatten lederne Säcke unterm Arm, in denen wahrscheinlich Stiefel, Nägel und Pechdraht waren.

Aber warum hasten sie nur so und vergeuden ihre Kräfte? fragte Makar sich bestürzt. Sie sollten lieber zu Hause arbeiten, das Essen könnte man ja auf Pferdefuhrwerken zu den Häusern fahren!

Doch die Menschen liefen weiter, quetschten sich in die Straßenbahnen, daß die Federn zusammengepreßt wurden, und schonten ihren Körper nicht zum Nutzen der Arbeit. Das befriedigte Makar sehr. Gute Menschen, dachte er, wie schwer haben sie es, sich zu ihren Werkstätten durchzuboxen, aber welche Begeisterung!

Die Straßenbahnen gefielen Makar, weil sie selbsttätig fuhren, der Fahrer saß lässig im vorderen Wagen, als lenke er überhaupt nicht. Makar bestieg ebenfalls ohne jede Anstrengung einen Wagen, weil ihn nämlich die Nachdrängenden eilig hineinstießen. Der Straßenbahnwagen schwebte dahin, unter dem Fußboden dröhnte die unsichtbare Kraft der Maschine, und Makar hörte ihr zu und litt mit ihr.

Arme Arbeiterin! dachte er. Sie fährt und strengt sich an, trägt die nützlichen Menschen zu ihrem Arbeitsplatz und schont so die lebendigen Beine.

Eine Frau, die Inhaberin der Straßenbahn, gab an die Leute Quittungen aus, Makar aber lehnte die Quittung ab, er wollte der Inhaberin keine Umstände machen.

»Es geht schon so!« sagte er und zwängte sich an ihr vorbei ins Wageninnere.

Man rief der Inhaberin zu, einem dies und das zu geben, und sie war dazu bereit. Um herauszukriegen, was da ausgegeben wurde, sagte Makar: »Inhaberin, gib mir auch was auf Verlangen!«

Die Inhaberin zog an einer Schnur, und die Straßenbahn bremste. »Steig aus – das kriegst du auf Verlangen«, sagten die Bürger zu Makar und drängten ihn aus der Bahn.

Makar war an die Luft gesetzt.

Die Luft war hauptstädtisch – es roch nach den erregenden Abgasen der Autos und dem Stahlstaub der Straßenbahnbremsen.

»Wo ist denn hier das Zentrum des Staates?« fragte Makar einen zufälligen Passanten.

Der Mann wies mit der Hand die Richtung und spie eine Kippe in den Straßenabfalleimer. Makar trat zu dem Eimer und spie ebenfalls hinein, er wollte auch das Recht wahrnehmen, alles in der Stadt zu benutzen.

Die Häuser ragten so massiv und klotzig auf, daß Makar die Sowjetmacht bedauerte – sie hatte es schwer, dieses gewaltige Netz von Wohnkolossen in Ordnung zu halten.

Auf einer Kreuzung hob ein Milizionär einen roten Stock, während er die linke Hand zur Faust ballte und einem Fuhrmann drohte, der Roggenmehl geladen hatte.

Roggenmehl scheint hier mißachtet zu werden, schlußfolgerte Makar. Hier ißt man lieber Weißmehlprodukte.

»Wo ist hier das Zentrum?« fragte Makar den Milizionär.

Der Milizionär deutete einen Berg hinunter und erklärte: »Dort unten, beim Bolschoi-Theater.«

Makar ging den Berg hinunter und befand sich plötzlich inmitten zweier blühender kleiner Wiesen. Auf der einen Seite des Platzes erhob sich eine Mauer, auf der anderen ein Haus mit Säulen. Die Säulen trugen ein Gespann aus vier gußeisernen Pferden, man hätte die Säulen ruhig dünner machen können, denn so schwer waren die Pferde nicht.

Makar suchte auf dem Platz nach einer Stange mit einer roten Fahne, die ihm den Mittelpunkt der zentralen Stadt und das Zentrum des Staates hätte zeigen können, aber eine solche Stange war nirgends zu sehen, doch stand da ein Stein mit einer Inschrift. Makar stützte sich auf den Stein, um nur ja mitten im Zentrum zu stehen und ganz von Achtung zu sich selbst und zu seinem Staat durchdrungen zu werden. Er seufzte glücklich und verspürte Hunger. Er ging zum Fluß und erblickte die Baustelle eines ungeheuren Hauses.

»Was wird hier gebaut?« fragte er einen Vorübergehenden.

»Ein dauerhaftes Haus aus Eisen, Beton, Stahl und Glas!« antwortete der Passant.

Makar beschloß, auf der Baustelle vorzusprechen, er wollte dort arbeiten und essen.

Am Tor stand ein Wachposten. Der fragte: »Was willste, Männeken?«

»Ich bräuchte Arbeit, sonst fall ich vom Fleisch«, erklärte Makar.

»Was willste hier schon groß arbeiten, wenn du ohne Talon ankommst?« sagte der Wächter traurig.

Da kam ein Maurer vorbei, der hörte sich Makar an und half ihm.

»Geh in unsere Baracke, zum Gemeinschaftskessel, die Jungs werden dir schon was zu essen geben. Aber gleich bei uns anfangen kannste nich, du lebst in Freiheit, also biste ein Niemand. Da mußte dich zuerst in den Verband der Arbeiter einschreiben, durch die Klassenüberwachung gehn.«

Makar ging zu der Baracke und aß aus dem Kessel, um sein Leben für ein ferneres, besseres Schicksal zu erhalten.

Auf der Baustelle jenes Hauses in Moskau, das der Passant »dauerhaft« genannt hatte, lebte sich Makar ein. Zuerst aß er sich in der Arbeiterbaracke an nahrhafter Grütze satt, dann ging er die Bauarbeit besichtigen. Wahrhaftig, die Erde war überall von Gräben durchfurcht, das Volk hastete hin und her, Maschinen unbekannter Bezeichnung rammten Pfähle in den Grund. Der Betonbrei lief und lief durch Abflußrinnen, und die übrigen Arbeitsereignisse spielten sich ebenfalls vor seinen Augen ab. Man sah, daß ein Haus gebaut wurde, aber nicht – für wen. Makar interessierte sich auch nicht dafür, wer es bekommen würde – er interessierte sich für die Technik als zukünftiges Heil für alle Menschen. Makars Chef zu Hause im Dorf, der Genosse Lew Tschumowoi, der würde sich natürlich, ganz im Gegenteil, für die Verteilung des Wohnraums in dem künftigen Haus interessieren und nicht für die Eisenträger, aber Makar hatte ja nur kundige Hände und keinen kundigen Kopf, deshalb überlegte er auch bloß, wie was zu machen war.

Makar wanderte die ganze Baustelle ab und sah, daß die Arbeit schnell und glatt lief. Etwas jedoch stimmte ihn wehmütig, aber er wußte vorläufig nicht – was. Er begab sich in den Mittelpunkt der Baustelle und umfaßte das Gesamtbild der Arbeit mit seinem Blick: Etwas fehlte ganz eindeutig auf dem Bau, etwas war verlorengegangen – aber was? Und in Makars Brust wuchs die lautere Arbeiterschwermut. Aus Wehmut und Sattheit suchte sich Makar ein stilles Plätzchen und schlummerte dort ein. Im Traum sah er einen See, Vögel, einen vergessenen Dorfhain, aber das, was not tat, was auf dem Bau fehlte, sah er nicht. Später erwachte Makar, und plötzlich ging ihm ein Licht auf, was auf der Baustelle fehlte: Die Arbeiter kippten Beton in Eisengestelle, damit eine Mauer entstand. Aber das war doch keine Technik, das war grobe Schinderei. Um von Technik reden zu können, mußte der Beton in Rohren nach oben befördert werden, so daß der Arbeiter nur das Rohr zu halten brauchte und nicht ermüdete, dadurch wurde der kostbaren proletarischen Verstandeskraft nicht erlaubt, in ungelernte Schwerarbeiterhände überzugehen.

Makar machte sich sogleich auf die Suche nach dem Moskauer wissenschaftlich-technischen Hauptbüro. Das Büro war in einem soliden, feuersicheren Gebäude untergebracht, das in einer städtischen Schlucht lag. Makar traf dort an der Tür einen kleinen Mann, dem er sagte, daß er eine Art Darmschlauch erfunden habe. Der Kleine hörte ihn an und erkundigte sich sogar nach etwas, was Makar selbst nicht wußte, dann schickte er ihn eine Treppe höher zum Hauptschreiber. Dieser Schreiber war ein studierter Ingenieur, der sich aus irgendeinem Grunde jedoch dazu entschlossen hatte, Papier vollzuschreiben, statt sich die Hände auf dem Bau schmutzig zu machen. Makar erzählte auch ihm von dem Schlauch.

»Die Häuser müssen nicht gebaut, sondern gegossen werden«, sagte er zu dem studierten Schreiber.

Der Schreiber hörte ihm zu und schlußfolgerte: »Aber wie, Genosse Erfinder, wollen Sie beweisen, daß Ihr Darmschlauch billiger ist als die übliche Betonbauweise?«

»Indem ich es ganz deutlich spüre«, sagte Makar.

Der Schreiber dachte im stillen über etwas nach und schickte Makar ans Korridorende.

»Dort erhalten mittellose Erfinder einen Rubel für Essen und eine Rückfahrkarte für die Eisenbahn.«

Makar bekam den Rubel, die Fahrkarte lehnte er jedoch ab, da er beschlossen hatte, fürderhin der Zukunft zu leben, und zwar unwiderruflich.

In einem anderen Zimmer gab man Makar eine Beitrittsbescheinigung für die Gewerkschaft, damit er dort als ein Mann aus der Masse und Darmschlaucherfinder verstärkte Unterstützung bekam. Makar überlegte, daß die Gewerkschaft ihm noch heute Geld für die Herstellung des Darmschlauchs geben müsse, und er machte sich erfreut auf den Weg dorthin.

Die Gewerkschaft war in einem noch riesigeren Haus untergebracht als das technische Büro. Zwei Stunden lang streifte Makar durch die Schluchten des Gewerkschaftshauses auf der Suche nach dem Chef für Menschen aus der Masse, wie auf der Bescheinigung stand, aber der Chef war nicht am Arbeitsplatz – er kümmerte sich irgendwo um die übrigen Werktätigen. Gegen Abend kam er, aß Rührei und las Makars Bescheinigung mit Hilfe seiner Gehilfin, einem recht anmutigen und fortschrittlichen jungen Mädchen mit dickem langem Zopf. Das Mädchen ging zur Kasse und brachte Makar einen weiteren

Rubel, für dessen Erhalt er als arbeitsloser Knecht quittierte. Seine Bescheinigung bekam er zurück. Jetzt hieß es dort unter anderem: »Genosse Lopin, hilf unserem Gewerkschaftsmitglied, seine Darmschlaucherfindung im Rahmen der Industrielinie zu realisieren.«

Makar war zufrieden und machte sich am anderen Tag auf die Suche nach der Industrielinie, um hier den Genossen Lopin zu treffen. Kein Milizionär, kein Passant kannte diese Linie, daher beschloß Makar, sie auf eigene Faust zu suchen. Auf den Straßen hingen Plakate und roter Satinstoff mit der Aufschrift jener Behörde, die auch er brauchte. Die Plakate wiesen klar darauf hin, daß das ganze Proletariat fest auf der Linie der Entwicklung der Industrie stehen müsse. Das überzeugte Makar sofort. Er mußte zuerst das Proletariat suchen, dann würde er auch die Linie finden und irgendwo in der Nähe den Genossen Lopin.

»Genosse«, wandte sich Makar an einen Milizionär, »zeig mir den Weg zum Proletariat.«

Der Milizionär holte ein Büchlein hervor, suchte darin die Adresse des Proletariats und gab sie dem dankbaren Makar.

Makar ging durch Moskau zum Proletariat und staunte über die Kraft der Stadt, die in Bussen, Straßenbahnen und auf den lebendigen Beinen der Menge dahineilte.

Da ist viel Nahrung nötig, um eine solche Körperbewegung zu verpflegen! ging es ihm durch den Kopf, der zu denken vermochte, wenn die Hände unbeschäftigt waren.

Der beunruhigte und bekümmerte Makar gelangte schließlich zu jenem Haus, dessen Standort ihm der Milizionär beschrieben hatte. Es entpuppte sich als Obdachlosenasyl, wo die arme Klasse nachts ihren Kopf zur Ruhe bettete. Früher, in vorrevolutionären Zeiten, hatte die arme Klasse ihren Kopf auf die nackte Erde gebettet, und über diesem Kopf regnete es, schien der Mond, wanderten die Sterne, pfiff der Wind, und der Kopf lag da, wurde kalt und schlief, weil er müde war. Heutzutage ruhte sich der Kopf der armen Klasse auf einem Kissen aus, unter einer Zimmerdecke und unter einem blechgedeckten Dach, und der Nachtwind der Natur beunruhigte nicht mehr das Haar auf dem Kopf des Armen, der einst unmittelbar auf dem nackten Boden des Erdballs lag.

Makar sah einige neue reinliche Häuser und war zufrieden mit der Sowjetmacht.

»Nicht schlecht, die liebe Macht!« lobte er. »Sie darf sich nur nicht verwöhnen, weil sie unser ist!«

Im Obdachlosenasyl gab es ein Büro, wie in allen Moskauer Wohnhäusern. Ohne Büro würde wahrscheinlich überall gleich ein heilloses Durcheinander entstehen, aber die Schreiber gaben dem ganzen Leben einen zwar langsamen, doch richtigen Gang. Makar achtete auch die Schreiber.

Sollen sie leben! entschied er über sie. Immerhin denken sie etwas, da sie Gehalt bekommen, und da sie von Amts wegen denken, werden sie bestimmt kluge Leute, und gerade die brauchen wir dringend!

»Was willst du?« fragte der Kommandant des Obdachlosenasyls Makar.

»Ich bräuchte das Proletariat«, teilte Makar mit.

»Welche Schicht?« erkundigte sich der Kommandant.

Makar brauchte nicht lange zu überlegen, er wußte fürderhin, was er brauchte.

»Die niedrigste«, sagte er. »Sie ist größer, hat mehr Menschen, sie ist die wirkliche Masse.«

»Aha!« Der Kommandant begriff. «Dann mußt du bis zum Abend warten: Die du brauchst, mit denen wirst du auch nächtigen – Bettler, Gelegenheitsarbeiter …«

»Am liebsten mit denen, die den Sozialismus wirklich aufbauen«, bat Makar.

»Aha!« Der Kommandant begriff abermals. »Dann brauchst du die, die die neuen Häuser bauen?«

Hier begann Makar zu zweifeln.

»Neue Häuser wurden auch früher gebaut, als Lenin noch nicht da war. Was für ein Sozialismus ist das schon in einem leeren Haus?«

Der Kommandant überlegte ebenfalls, zumal er selbst nicht genau wußte, wie man sich den Sozialismus vorzustellen hatte, ob es im Sozialismus staunenswerte Freuden geben würde und wie die aussahen …

»Ja, Häuser hat man auch früher gebaut«, pflichtete er Makar bei. »Bloß haben damals Strolche darin gewohnt, aber jetzt gebe ich dir einen Gutschein für eine Übernachtung in einem neuen Haus.«

»Richtig«, freute sich Makar. »Ich sehe, du bist ein wahrer Helfer der Sowjetmacht.«

Makar nahm den Gutschein und setzte sich auf einen Haufen Ziegelsteine, die unbeaufsichtigt liegengeblieben waren.

Auch so eine Sache, überlegte er, da liegt nun so ein Haufen Ziegel unter mir, und das Proletariat hat sie hergestellt und sich geplagt. Unerfahren ist die Sowjetmacht, sieht nicht auf ihren Besitz.

Makar saß bis zum Abend auf dem Ziegelhaufen und beobachtete, wie die Sonne unterging, die Lichter aufflammten, die Spatzen vom Dunghaufen verschwanden.

Nun erschienen auch endlich die Proletarier – die einen mit Brot, die andern ohne, die einen krank, die andern müde. Doch alle wirkten sie schön von der langen Arbeit und strahlten jene Güte aus, die Erschöpfung mit sich bringt.

Makar wartete, bis das Proletariat sich auf den staatlichen Pritschen ausgestreckt und Atem geschöpft hatte von des Tages Arbeit auf dem Bau. Dann trat er mutig mitten in den Schlafsaal und erklärte: »Genossen Arbeiter! Ihr wohnt im lieben Moskau, wo sich die Kraft des Staates konzentriert, aber hier gibt's Schlampereien, hier wird kostbares Material vergeudet.«

Das Proletariat auf den Pritschen kam in Bewegung.

»Mitri!« rief dumpf eine kräftige Stimme. »Nimm ihn ein bißchen in die Zange, damit er wieder normal wird.«

Makar war nicht gekränkt, weil vor ihm das Proletariat lag und keine feindliche Kraft.

»Ihr habt euch noch nicht alles richtig ausgedacht«, fuhr Makar fort. »Milchkannen transportiert ihr auf wertvollen Maschinen, dabei sind sie leer, ausgetrunken. Hier würden Rohre genügen und eine Kolbenpumpe. Beim Bau von Häusern und Scheunen ist es das gleiche – man muß sie aus einem Schlauch gießen, aber ihr verzettelt eure Kraft. Ich habe diesen Schlauch ausgedacht und gebe ihn euch umsonst, damit der Sozialismus und der übrige Wohlstand schneller ...«

»Was für einen Schlauch?« fragte dieselbe dumpfe Stimme des unsichtbaren Proletariers.

»Meinen Schlauch!« bekräftigte Makar.

Das Proletariat schwieg zuerst, aber dann schrie eine helle Stimme aus der hintersten Ecke ein paar Worte, und Makar hörte sie wie Wind: »Um unsere Arbeitskraft ist's uns nicht schade, wir bauen auch so Häuser, unsere Seele jedoch, die ist uns lieb und teuer. Wenn du ein Mensch bist, dann kann es nicht um Häuser gehn, sondern um Herzen. Wir arbeiten hier alle für Lohn, wir haben Arbeitsschutz, wir haben eine Gewerkschaft, wir amüsieren uns in Klubs, aber umeinander kümmern wir uns nicht – damit haben wir das Gesetz beauftragt. Gib uns Seele, wenn du ein Erfinder bist!«

Makar sank augenblicklich der Mut. Er hatte alle möglichen Dinge erfunden, die Seele aber hatte er ausgeklammert, und nun erwies sich gerade sie für das hiesige Volk als die wichtigste Erfindung. Er legte sich auf die staatliche Pritsche und wurde still vor Zweifel – sein Leben lang hatte er sich mit nicht-proletarischen Dingen beschäftigt!

Er schlief nur kurz, weil er im Schlaf anfing zu leiden. Und sein Leiden ging über in Traumgesichte: Er sah einen Berg oder eine Erhebung, und auf diesem Berg stand ein Gelehrter. Er selber lag wie ein schlaftrunkener Tölpel am Fuße des Berges und blickte in Erwartung eines Wortes oder einer Tat des gelehrten Mannes hinauf. Der Mann jedoch stand da und schwieg, er sah den betrübten Makar nicht und dachte nur im Großmaßstab, nicht aber an den privaten Makar. Das Gesicht des höchst gebildeten Mannes war erhellt vom Widerschein des Massenlebens, das sich fern unter ihm ausbreitete, und seine Augen waren schrecklich und tot vom Stehen dort oben und von dem allzu weiten Blick.

Der Gelehrte schwieg, während Makar im Schlafe lag und voller Schwermut war.

»Was muß ich tun im Leben, damit ich mir und anderen nützlich bin?« fragte sich Makar und verstummte vor Entsetzen.

Der gelehrte Mann schwieg nach wie vor, und Millionen Leben spiegelten sich in seinen toten Augen.

Verwundert kroch Makar über den toten steinigen Boden die Höhe hinauf. Dreimal überkam ihn Angst vor dem reglosen Gelehrten, und dreimal verjagte er sie durch Neugier. Wäre Makar klug gewesen, dann hätte er die Höhe nicht erklommen, aber er war rückständig, besaß nur neugierige Hände unter einem tumben Schädel. Doch kraft seiner neugierigen Dummheit gelangte Makar oben bei dem Gebildeten an und berührte sacht dessen gewaltigen Körper. Durch diese Berührung bewegte sich der unbekannte Körper, als sei er lebendig, und stürzte mit Getöse auf Makar, denn er war tot.

Makar erwachte von dem Schlag und erblickte über sich den Aufseher des Obdachlosenasyls, der ihn mit dem Teekessel am Kopf berührt hatte, um ihn wachzukriegen.

Makar setzte sich auf und sah einen pockennarbigen Proletarier, der sich in einer Schüssel wusch, ohne einen Tropfen Wasser zu verspritzen. Die Fähigkeit, sich mit einer Handvoll Wasser sauber zu waschen, wunderte Makar, und er fragte den Pockennarbigen: »Alle sind zur Arbeit, warum stehst du allein hier und wäschst dich?«

Der Pockennarbige trocknete sich das nasse Gesicht am Kopfkissen ab und antwortete: »Arbeitende Proletarier gibt es viele, denkende jedoch wenig, ich hab mir vorgenommen, für alle zu denken. Hast du mich verstanden, oder schweigst du aus Dummheit und Unterdrückung?«

»Aus Kummer und Zweifel schweige ich«, antwortete Makar.

»Aha, dann komm mit und denk mit mir zusammen für alle«, sagte der Pockennarbige verständnisvoll.

Makar erhob sich, er wollte mit dem Pockennarbigen, der Pjotr hieß, mitgehen, um seine Bestimmung zu finden.

Makar und Pjotr kam eine große Vielfalt Frauen in knallenger Kleidung entgegen, was darauf hindeutete, daß sie gern nackt gewesen wären; es begegneten ihnen auch viele Männer, aber die hatten ihren

Körper in bequemere Sachen gehüllt. Viele andere Frauen und Männer, die ihre Rümpfe schonen wollten, fuhren in Automobilen und Kutschwagen, andere zockelten in Straßenbahnen, die vom lebendigen Gewicht der Menschen knirschten, aber standhielten. Die Fahrenden und die Fußgänger strebten vorwärts, im Gesicht einen wissenschaftlichen Ausdruck, wodurch sie im Grunde jenem großen, mächtigen Mann ähnelten, den Makar unantastbar im Traum betrachtet hatte. Vom Beobachten der durchgängig wissenschaftlich gebildeten Persönlichkeiten wurde Makar in seinem inneren Gefühl ganz unheimlich. Hilfesuchend sah er zu Pjotr. War der nicht auch bloß ein Gelehrter mit in die Ferne gerichtetem Blick?

»Womöglich kennst du dich in allen Wissenschaften aus und siehst allzu weit?« fragte Makar schüchtern.

Pjotr nahm sein ganzes Bewußtsein zusammen.

»Ich? Ich nehme mir heraus, in der Art zu leben wie Iljitsch Lenin – ich sehe in die Ferne, in die Nähe, in die Breite, in die Tiefe, in die Höhe.«

»Ach, wie der!« beruhigte sich Makar. »Ich hab nämlich neulich einen riesigen gelehrten Mann gesehen, der hat immer nur in die Ferne geguckt, während neben ihm, nur zwei Sashen entfernt, ein Einzelmensch lag und sich hilflos quälte.«

»Ganz klar!« äußerte Pjotr gescheit. »Er steht auf der schiefen Ebene, ihm scheint, alles liegt in der Ferne, und in der Nähe ist kein Schwanz! Ein anderer wieder guckt nur auf seine Füße, um nur ja nicht über einen Huckel zu stolpern und sich zu Tode zu stürzen, und er glaubt sich auch noch im Recht, aber die Massen finden's langweilig, im Langsamgang zu leben. Wir, Bruderherz, fürchten uns nicht vor Erdhuckeln!«

»Bei uns hat das Volk jetzt Schuhe an den Füßen!« bekräftigte Makar.

Doch Pjotr richtete sein Denken nach vorn, er schweifte nicht ab.

»Hast du irgendwann mal die kommunistische Partei gesehen?«

»Nein, Genosse Pjotr, die haben sie mir noch nicht gezeigt! Im Dorf hab ich den Genossen Tschumowoi gesehen!«

»Genossen Tschumowois finden sich auch hier in reichlicher Anzahl. Ich spreche von der reinen Partei, die einen klaren Blick für den Kern der Sache hat. Wenn ich auf einer Parteiversammlung sitze, komme ich mir immer wie ein Dummkopf vor.«

»Wie denn das, Genosse Pjotr? Du bist doch deinem Aussehen nach fast ein Gelehrter.«

»Weil bei mir der Verstand den Körper verzehrt. Ich möchte Essen haben, aber die Partei sagt: Erst müssen wir Fabriken bauen – ohne Eisen wächst das Getreide schlecht. Verstehst du mich – worum's hier geht?«

»Verstehe«, entgegnete Makar.

Wer Maschinen und Fabriken baute, den verstand er sofort, als sei er ein Gelehrter. Makar hatte von klein auf die Dörfer aus Lehm und Stroh aufmerksam betrachtet und kein bißchen an ihr Schicksal ohne Feuermaschinen geglaubt.

»Du sagst also«, erklärte Pjotr, »der Mensch neulich auf dem Berg hat dir nicht gefallen! Er gefällt auch mir und der Partei nicht – ihn hat nämlich der dämliche Kapitalismus hervorgebracht, aber wir lassen solche Leute allmählich in der Versenkung verschwinden.«

»Ich spüre auch etwas, weiß bloß nicht, was!« gestand Makar.

»Wenn du nicht weißt, was, dann vertrau dich im Leben meiner Führung an; sonst bewegst du dich von der schmalen Linie unaufhaltsam abwärts.«

Makar ließ seinen Blick über das Moskauer Volk schweifen und dachte: Die Menschen hier sind satt, ihre Gesichter sind ehrlich und sauber, sie leben im Überfluß – sie müßten sich fortpflanzen, aber Kinder sind keine zu sehen.

Er teilte diesen Gedanken Pjotr mit.

»Hier ist keine Natur, sondern Kultur«, erklärte Pjotr. »Hier leben die Menschen als Familien, ohne Fortpflanzung, hier ißt man, ohne Produktion von Arbeit ...«

»Wie das?« wunderte sich Makar.

»Ganz einfach«, teilte der wissende Pjotr mit. »Jemand schreibt einen Gedanken auf eine Quittung – dafür ernährt man ihn und seine

Familie volle anderthalb Jahre. Ein anderer wiederum schreibt überhaupt nichts – er lebt einfach zur Belehrung anderer.«

Makar und Pjotr streiften bis zum Abend umher, sie sahen sich die Moskwa an, die Straßen, die Läden, wo Unterwäsche verkauft wurde, und bekamen Appetit.

»Wir gehen zur Miliz essen«, sagte Pjotr.

Makar begriff im Gehen, daß man bei der Miliz ernährt wurde.

»Ich werde reden, und du schweigst und machst ab und zu komische Verrenkungen«, schärfte Pjotr Makar vorher ein.

Im Milizrevier hockten Diebe, Obdachlose, vertierte Menschen und unbekannte Unglückliche. Und ihnen allen gegenüber saß der diensthabende Aufseher und fertigte die Schlange der Wartenden ab. Manche schickte er ins Gefängnis, andere ins Krankenhaus, wieder andere einfach weg.

Als die Reihe an Pjotr und Makar kam, sagte Pjotr: »Genosse Chef, ich hab für Sie einen Geisteskranken auf der Straße geschnappt und hergebracht.«

»Von welcher Sorte?« fragte der Diensthabende des Reviers. »Hat er gesellschaftliches Eigentum zerstört?«

»Keineswegs«, sagte Pjotr offenherzig. »Er geht ganz ruhig, plötzlich regt er sich auf, packt, was ihm in die Hände kommt und schlägt es kaputt. Dann versuch mal, ihm gerichtlich was anzuhängen. Der beste Kampf gegen das Verbrechen ist Vorbeugen. Und ich hab hier ein Verbrechen verhütet.«

»Sehr vernünftig«, pflichtete der Milizchef bei. »Ich schicke ihn gleich ins Institut für Psychopathen – zur allgemeinen Untersuchung.«

Er schrieb eine Bescheinigung aus und sagte ärgerlich: »Leider hab ich niemanden, der ihn hinbringen könnte, meine Leute sind alle auf Razzia.«

»Na, da bring ich ihn eben hin«, schlug Pjotr vor. »Ich bin normal, und er ist ein Irrer.«

»Zisch ab!« sagte der Milizionär erfreut und gab Pjotr die Bescheinigung.

Eine Stunde später waren Pjotr und Makar im Institut für Geisteskranke. Pjotr erklärte, die Polizei habe ihm einen gefährlichen Irren anvertraut, den er keine Minute allein lassen könne, und der Irre habe nichts gegessen und werde gleich einen Tobsuchtsanfall bekommen.

»Geht in die Küche, dort kriegt ihr was zu essen«, wies eine gutherzige Krankenwärterin sie an.

»Er ißt viel«, lehnte Pjotr ab, »er braucht einen ganzen Topf Kohlsuppe und zwei Töpfe Grütze. Sie sollen es herbringen, sonst spuckt er noch in den Gemeinschaftskessel.«

Die Wärterin regelte die Sache auf dem Dienstweg. Man brachte Makar eine dreifache Portion schmackhaftes Essen, und Pjotr schlug sich gemeinsam mit ihm den Bauch voll.

Kurz darauf wurde Makar vom Doktor empfangen, der ihn so gründlich befragte, daß Makar aus Unkenntnis seines Lebens wie ein Geistesgestörter antwortete. Da klopfte der Doktor Makar ab und fand, daß in dessen Herzen überflüssiges Blut pulse.

»Wir müssen ihn zur Überprüfung hierbehalten«, sagte der Doktor abschließend zu Pjotr.

So blieben Makar und Pjotr über Nacht in der Irrenanstalt. Abends gingen sie in den Leseraum, und Pjotr las Makar aus einem Büchlein von Lenin vor: »Unsere Behörden – sind Dreck«, las Pjotr, und Makar hörte ihm zu und wunderte sich über Lenins messerscharfen Verstand. »Unsere Gesetze sind Dreck. Wir verstehen zwar, Anordnungen zu erlassen, nicht aber, sie durchzusetzen. In unseren Behörden sitzen uns feindlich gesinnte Leute, und manche von unseren Genossen sind Beamtenseelen geworden und arbeiten wie Schafsköpfe ...«

Die anderen Geisteskranken lauschten ebenfalls den Worten Lenins, es war ihnen bisher nicht bekannt gewesen, daß Lenin alles wußte.

»Richtig«, riefen die geisteskranken Arbeiter und Bauern beifällig.

»In unsere Behörden gehören mehr Arbeiter und Bauern«, las der pockennarbige Pjotr weiter. »Der Sozialismus wird mit den Händen des einfachen Menschen aufgebaut und nicht durch bürokratischen

Papierkram unserer Behörden. Und ich gebe die Hoffnung nicht auf, daß man uns dafür dereinst zu Recht hängen wird ...«

»Hörst du?« fragte Pjotr Makar. »Selbst Lenin haben die Behörden gemartert, wir aber gehen und liegen herum. Da hast du sie, die ganze Revolution, wie sie im Leben ist ... Das Buch werd ich klauen, weil das hier eine Behörde ist, und morgen gehen wir beide in irgendein Amt und sagen, wir sind Arbeiter und Bauern. Wir setzen uns in eine Behörde und werden für den Staat denken.«

Nach der Lektüre hauten sich Makar und Pjotr aufs Ohr, um von der Mühsal des Tages im Irrenhaus auszuruhen. Zumal beide am andern Tag vorhatten, für die Sache Lenins und der Armen zu kämpfen.

Pjotr wußte, wo sie hin mußten – zur ABI, dort mochte man Beschwerdeführer und allerlei Gramgebeugte. Als sie im oberen Korridor der ABI die erste Tür öffneten, war dort keine Menschenseele zu sehen. Über der zweiten Tür hing ein Plakat »Wer – wen?«, und Pjotr und Makar gingen hinein. Im Raum war niemand, außer Genossen Lew Tschumowoi, der saß dort und leitete irgend etwas, nachdem er sein Dorf der Willkür der Armen überlassen hatte.

Makar hatte keine Angst vor Tschumowoi und sagte zu Pjotr: »Wenn es schon heißt ›Wer – wen?‹, dann wir ihn.«

»Nein«, entgegnete der erfahrene Pjotr, »wir haben einen Staat, und keine Nudelplempe. Wir gehen höher hinauf.«

Weiter oben wurden sie empfangen, weil man sich dort nach Menschen und dem echten Massenverstand sehnte.

»Wir sind Klassenmitglieder«, sagte Pjotr zu dem höchsten Chef. »Wir haben Verstand angesammelt, gib uns Macht über die Unterdrückerbande der Schreiberseelen.«

»Nehmt sie, sie gehört euch«, sagte der Höchste und gab ihnen die Macht in die Hand.

Von da an saßen Makar und Pjotr an den Tischen Lew Tschumowoi gegenüber, sprachen mit den armen Leuten aus dem Volk, die zu ihnen kamen, und lösten alle Angelegenheiten im Kopf – auf der Basis des Mitgefühls für die Besitzlosen. Bald darauf hörte das Volk auf, Makars und Pjotrs Behörde aufzusuchen, weil diese derart einfach dachten, daß die Armen genauso zu denken und zu entscheiden vermochten, und allmählich begannen die Werktätigen in ihren Wohnungen für sich selbst zu denken.

Lew Tschumowoi blieb allein in der Behörde, da niemand ihn schriftlich abberief. Er hielt sich dort auf, bis eine Kommission zur Liquidierung des Staates gebildet wurde. In dieser Kommission arbeitete Genosse Tschumowoi vierundvierzig Jahre und starb dortselbst, von allen vergessen, zwischen den Akten, in denen sein Organisationsverstand untergebracht war.

Alexander Grin
Herz der Wildnis

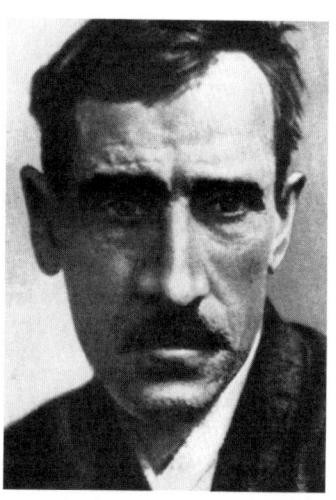

Die Entdeckung der Diamantenfelder in Cordon-Brun war von einem Drang nach Zivilisation begleitet. Für uns ist einzig die Eröffnung eines exzellenten Cafés interessant. Inmitten des übrigen Publikums bemerken wir hier drei skeptische Geister – drei Künstlernaturen –, drei verlorene Seelen, begabt zweifellos, aber nicht mehr imstande, den *Kern* zu sehen. Auf unterschiedlichen Wegen waren sie dahin gekommen, daß sie nur noch die *Schale* sahen.

Diese Weltsicht lenkte ihre Fähigkeiten auf die Mystifikation als Berufung. Die Mystifikation wurde zu ihrer Religion. Und sie brachten es darin zur Perfektion. So übte beispielsweise die Legende von dem eintausendachthundertkarätigen Brillanten, die sie bei einem Glas Champagner und der Arie des »Josselin« voller Bosheit und Raffinesse ersonnen hatten, eine mächtige Wirkung aus, da sie Tausende von Gaunern auf die Beine brachte, um am Wasserfall Alpetri, wo angeblich in einem Felsen der Riesenstein funkelte, über dem Wasser nach dem Wunder zu suchen. Und so weiter. Sie hatten Stella Dijon glauben gemacht, daß der (wie sie fälschlich behaupteten) hoffnungslos in sie verliebte Harry Evans aus Verzweiflung die junge O'Neil geheiratet habe. Die Folge war ein Drama, dessen schändlicher Ausgang niemandem Ehre eintrug: Evans *begann an Stella zu denken* und erschoß sich.

Gart, Weber und Conseil amüsierten sich. Visionen, die in den Rauchgebilden ihrer schweren Zigarren entstanden, bestimmten ihr ränkevoll unbekümmertes Leben. Eines Morgens saßen sie in bequemen Schaukelstühlen im Café, schweigend und mit einem Augurenlächeln; blaß trotz der Sonnenglut, freundlich, nachdenklich; ohne Herz und ohne Zukunft.

Ihre Jacht lag in Cordon-Rouge, und sie zögerten auszulaufen, um sich noch am Brillantenfieber inmitten des Schmutzes und an raubgierig funkelnden Augen zu weiden.

Die Morgenhitze senkte sich schon in die Schatten der Bananenstauden; durch die offenstehenden Türen des Cafés »Kongo« waren hinter einer schmalen Straße rauchende Erdhaufen mit einer darüber aufsteigenden Kirche zu sehen; zwischen den Aufschüttungen leuchteten helle Korkhelme und rote Strohhüte; Büffel zogen einen Planwagen.

Das Café war eines der wenigen Holzhäuser in Cordon-Brun. Hier gab es Spiegel, ein Klavier und ein Mahagonibüfett.

Gart, Weber und Conseil tranken. Da trat Emmanuel Steele ein.

Der Ankömmling unterschied sich kraß von den drei afrikanischen Snobs durch seinen schönen, kräftigen Körperbau und den in den ernsten Augen leuchtenden kindlichen Glauben, daß niemand ihm Böses wollte. Er hatte große und schwere Hände, die Figur eines Kriegers, das Gesicht eines Naiven. Bekleidet war er mit einem billigen Baumwollanzug und prächtigen Stiefeln. Unter der Jacke zeichnete sich ein Revolvergriff ab. Sein Hut, an dessen breite Krempe im Nacken ein weißes Tuch genäht war, sah aus wie ein Zelt, das einen Riesen aufnehmen konnte. Er sprach stets wenig und nickte anmutig, als neigte er den Kopf zusammen mit der ganzen Welt, die ihm mit

Interesse lauschte. Kurz gesagt, wenn er hereinkam, hatte man den Wunsch, beiseite zu treten.

Conseil wippte leise mit dem Fuß und sah in Garts trockenes, verschlagen lächelndes Gesicht; Gart fixierte Conseils Marmorstirn und dessen blaue Augen; danach blinzelten beide Weber zu, der grimmig und gallig dasaß; und Weber seinerseits schnellte unter seiner Brille hervor einen hauchdünnen Pfeil auf sie ab, wonach alle sich zu unterhalten begannen.

Vor ein paar Tagen hatte Steele mit ihnen zusammengesessen, mit ihnen getrunken und gesprochen, und sie kannten ihn. Es war ein Gespräch des inneren, trockenen Gelächters mit dem ein wenig naiven Glauben an alles gewesen, was frappiert und die Aufmerksamkeit fesselt; aber Steele hatte nicht einmal geahnt, daß sie ihn zum besten hielten.

»Das ist er«, sagte Conseil.

»Der Mann aus dem Nebel«, flocht Gart ein.

»Im Nebel«, berichtigte Weber.

»Auf der Suche nach dem geheimnisvollen Winkel.«

»Oder nach der vierten Dimension.«

»Nein, einer, der das Seltene sucht«, versicherte Gart.

»Was bemerkte er damals über den Wald?« fragte Weber.

Conseil sagte im Schnellsprechtempo, womit er Steele parodierte:

»Dieser riesige Wald, der sich über Tausende von Meilen in die Tiefe des Festlands erstreckt, muß die Bergwerke des Königs Salomo, ein Märchen der Scheherezade und abertausend Dinge in sich bergen, die ihrer Entdeckung harren.«

»Nehmen wir an«, sagte Gart und goß Kognak auf eine Fliege, die in einer kleinen Weinlache auf dem Tisch schon einen Rausch bekommen hatte, »nehmen wir an, er hat es so nicht gesagt. Seine Idee klang damals unbestimmt. Aber ihr Wesen ist: ›In diesem Ozean von Wald muß das Zentrum der größten und frappierendsten unbekannten Sensation sein, ein Himalaja von Sensationen, die ununterbrochen verstreut werden!‹ Und wenn er wüßte, wie man diesen Zenit ausfindig macht, würde er hingehen.«

»Das ist eine seltsame Stimmung in Cordon-Brun«, bemerkte Conseil, »hier gibt es reiches Material für ein Spiel. Probieren wir es mit diesem Mann.«

»Wie?«

»Wie wir es schon oft gemacht haben; ich habe mir da eine Sache überlegt, und ich denke, ich werde sie überzeugend darstellen. Was euch betrifft – ihr braucht auf jeden fragenden Blick des *Materials* nur ja zu sagen.«

»Gut«, erwiderten Weber und Gart.

»He, Steele!« rief Conseil sofort. »Setzen Sie sich zu uns!«

Steele, der sich mit dem Büfettier unterhielt, wandte sich um und gesellte sich zu ihnen. Sie boten ihm einen Stuhl an.

Anfangs hatte das Gespräch allgemeinen Charakter, danach ging es zu interessanteren Dingen über.

»Ein Faulpelz sind Sie, Steele!« sagte Conseil. »Da haben Sie in einer Grube einige Tausend Pfund zusammengerafft und sich damit zufriedengegeben. Haben Sie Ihre Diamanten verkauft?«

»Schon längst«, antwortete Steele ruhig, »aber ich habe keine Lust, noch etwas in dieser Art zu unternehmen. Es hat mir nur so lange Spaß gemacht, als es etwas Neues war.«

»Und jetzt?«

»Ich bin ein Neuling in diesem Land. Es ist schrecklich und wunderschön. Ich warte, bis mich irgendwann etwas in seinen Bann zieht.«

»Daß Sie von besonderer Wesensart sind, ist mir schon bei unserem vorigen Gespräch aufgefallen«, sagte Conseil. »Übrigens, am Tag danach hatte ich Gelegenheit, mit dem Jäger Pelegrin zu sprechen. Er hatte viel Elfenbein jenseits des Flusses erbeutet, etwa fünfhundert Meilen von hier, inmitten der Wälder, die Ihr Herz so fesseln. Er erzählte mir von einer interessanten Erscheinung: Mitten in den Wäldern erhebt sich ein kleines Plateau mit einer reizenden winzigen

Menschenansiedlung, ganz unerwartet ragen im üppigen Halbdunkel des Tropendickichts Balkenwände auf, die die Rückseite von Gebäuden bilden, deren Fassaden auf einen Innengarten voller Blumen gehen. Einen Tag weilte er dort, nachdem er gegen Abend auf die kleine Kolonie gestoßen war. Er hatte Gitarrenklänge gehört. Im tiefsten Innern aufgewühlt, weil sich nur Wald, einzig und allein Wald hier ausbreiten konnte und nach allen Himmelsrichtungen nicht einmal ein Negerdorf weniger als vierzehn Tagesmärsche entfernt war, ging Pelegrin den Klängen nach, und er wurde gastfreundlich empfangen. Dort leben sieben Familien, eng verbunden durch den gleichen Geschmack und die Liebe zu der blühenden Abgeschiedenheit – eine größere Abgeschiedenheit inmitten fast unzugänglicher Regionen ist kaum vorstellbar. Einen interessanten Kontrast zu den durchaus kulturvoll eingerichteten Häusern bildet die Beschäftigung dieser Robinsons der Wildnis – die Jagd; sie betreiben ausschließlich Jagd, flößen die Beute auf Booten nach Tankos, wo es Gewerbeagenten gibt, und tauschen alles Notwendige bis hin zu elektrischen Glühbirnen dafür ein.

Wie sind sie dorthin gekommen, wie haben sie sich zusammengefunden, wie sich eingerichtet? Darüber hat Pelegrin nichts erfahren. Ein Tag – das ist nicht mehr als ein Aufblitzen von Magnesium inmitten von Ruinen. Wesentliches kann aufgenommen worden und entgangen sein. Aber ihr Werk ist großartig. Wunderbar geschnitzte Balkons, sich zwischen Fenstern mit blauen und lila Markisen hochrankende Blumenhecken; Löwenfell; ein Flügel, daneben ein Gewehr; brünette und unbekümmerte Kinder mit den furchtlosen Augen von Märchenhelden; zarte und schöne Mädchen, einen Revolver in der Tasche und ein Buch neben dem Kopfkissen, und Jäger mit Adlerblick – was wollen Sie mehr? Es scheint, als seien diese Menschen zusammengekommen, um zu *singen*. Und Pelegrin erinnerte sich besonders deutlich an den ersten Eindruck, der einem lautlosen Bild glich: ein enger Durchgang zwischen Balkenwänden, links eine kleine Hand, die vom Balkon winkte; vorn Sonne und Paradies.

Gewiß werden Sie die Nacht schon einmal in einer fremden Familie verbracht haben. Das Leben, das Sie umgibt, ist wie ein *Ausschnitt*, voller Zauber, wie eine aus einem *unbekannten* Buch herausgerissene Seite. Ein Gesicht huscht vorüber, ein junges Mädchen oder eine alte Frau; ein ungewöhnliches Gespräch dringt an Ihr Ohr, und Sie verstehen es nicht; Ihre Gefühle gelten Erscheinungen und Dingen, von denen Sie nur wissen, daß sie Sie beherbergt haben; Sie sind *nicht eingegangen* in dieses Leben, und deshalb ist es von seltsamer Poesie umweht. So geschah es auch Pelegrin.«

Steele hörte aufmerksam zu und blickte Conseil in die Augen.

»Ich sehe das alles«, sagte er schlicht, »das ist gewaltig. Nicht wahr?«

»Ja, ja«, sagte Weber.

»Ja«, bestätigte Gart.

»Es fehlen einem die Worte, um auszudrücken, was man empfindet«, fuhr Steele nachdenklich und erregt fort, »aber wie recht ich hatte! Wo wohnt Pelegrin?«

»Oh, er ist mit einer Karawane nach Ogo aufgebrochen.«

Steele zog mit dem Finger eine gerade Linie über den Tisch, anfangs langsam, dann schnell, als schiebe er etwas weg.

»Wie heißt dieser Ort?« fragte er. »Wie hat Pelegrin ihn gefunden?«

»Herz der Wildnis«, sagte Conseil. »Er liegt auf gerader Strecke zwischen Cordon-Brun und dem See Ban. Oder irre ich mich, Gart?«

»O nein.«

»Noch eine Einzelheit«, sagte Weber, sich auf die Lippen beißend. »Pelegrin erwähnte einen bewaldeten Abhang nach Norden, der seinen Weg diagonal schnitt. Der Jäger, auf der Suche nach den Seinen, die glaubten, er sei umgekommen, während er nur von einem umgestürzten Baum betäubt gewesen war, ist die ganze Zeit nach Süden gewandert.«

»Geht der Abhang in das Plateau über?« Steele wandte sich mit dem ganzen Körper dem zu, den er fragte.

Da machte Weber einige topographische Angaben, die so präzise waren, daß Conseil ihn warnend ansah und leise vor sich hin pfiff:

»Wohin eilst du, schönes Mädchen, die Sonne ist doch noch nicht aufgegangen ...« Jedoch nichts geschah.

Steele hörte sich alles an und nickte mehrmals in gewohnter freundlicher Weise. Dann erhob er sich plötzlich und verabschiedete sich mit dem Blick eines Menschen, der soeben erwacht ist. Daß alle seine Bewegungen von sechs scharfen Augen kaltherziger Menschen aufmerksam registriert wurden, gewahrte er nicht. Im übrigen war es schwer, aus seinem Äußeren zu schließen, was er dachte – er war ein Mensch mit komplizierten Regungen.

»Woher nehmen Sie diese Sicherheit, diese Kenntnis der Gegend?« erkundigte sich Conseil bei Weber.

»Ein Expeditionsbericht von Pen. Und *mein* Gedächtnis.«

»So. Und was jetzt?«

»Seine Sache«, sagte Weber lachend, »aber soweit ich die Menschen kenne ... Im übrigen stechen wir Ende der Woche in See.«

Da durchschnitt ein Schatten das einfallende Licht. In der Tür stand Steele.

»Ich bin noch einmal umgekehrt, aber ich komme nicht herein«, sagte er schnell. »Ich habe am Heck der Jacht den Hafen gelesen. Conseil – Melbourne, und wie weiter ...«

»Flag-Street zwei«, antwortete Conseil. »Und ...«

»Das ist alles. Danke.«

Steele verschwand.

»Scheint zu klappen«, bemerkte Gart kaltblütig, als das Schweigen jedem von ihnen etwas Besonderes sagte. »Und er *wird Sie finden.*«

»Na und?«

»Solche wie er verzeihen nicht.«

»Bah!« machte Conseil. »Das Leben ist kurz. Und die Welt ist groß.«

Zwei Jahre vergingen, in denen Conseil noch an vielen Orten weilte, die Mannigfaltigkeit des Lebens studierte und dabei unentwegt versuchte, sich in dessen schwindelerregenden Flug spöttisch einzumischen; aber schließlich ermüdete ihn auch dies. Er kehrte in sein Haus zurück, zum grämlichen Genuß der Einsamkeit, ohne die ästhetischen Krämpfe eines des Esseintes*, aber mit dem Kummer einer kalten Leere, den er nicht begreifen konnte.

Zur selben Zeit sind Herzen auferstanden und gebrochen; dröhnte die Welt; und in diesem Dröhnen wurden gleichmäßige Schritte hörbar. Sie verstummten an Conseils Portal; dann brachte man ihm ein Visitenkärtchen, das an Cordon-Brun erinnerte.

»Ich lasse bitten«, sagte nach kurzem Schweigen Conseil, der in seiner ausgesprochen unangenehmen Lage eine belebende und brennende Neugier verspürte. »Steele soll hereinkommen.«

Diese Begegnung fand über die Distanz eines riesigen, ungefähr zwanzig Meter langen Saales statt, dessen silbriges Licht mit seiner ganzen durchsichtigen Masse Steele auf der Schwelle anzuhalten schien. Er stand eine Weile reglos und blickte in das verschlossene Gesicht des Hausherrn. In diesem Augenblick fühlten beide, daß dieses Wiedersehen unvermeidlich war; danach gingen sie schnell aufeinander zu.

»Cordon-Brun«, sagte Conseil liebenswürdig. »Sie waren verschwunden, und ich mußte abfahren, ohne Ihnen, wie beabsichtigt, die Gravüre von Morad geschenkt zu haben. Sie ist nach Ihrem Geschmack. Ich möchte sagen, daß die phantastische Landschaft des Saturn, die sie darstellt, die Geheimnisse des Weltalls beschwört.«

»Gewiß.« Steele lächelte. »Wie Sie sehen, habe ich mir Ihre Adresse gemerkt. Ich bin gekommen, um Ihnen zu sagen, daß ich im Herzen der Wildnis gewesen bin und dasselbe erfahren habe wie Pelegrin, sogar noch mehr, weil ich dort lebe.«

»Es tut mir leid«, erwiderte Conseil trocken, »aber meine Worte sind meine Sache, und ich verantworte sie. Ich stehe zu Ihrer Verfügung, Steele.«

* Hauptfigur in J.-K. Huysmans' Roman *Gegen den Strich*

Lachend ergriff Steele die dargebotene schlaffe Hand, hob sie hoch und klatschte darauf.

»Aber nein doch«, rief er, »darum geht es ja gar nicht. Sie begreifen nicht. Ich habe das Herz der Wildnis geschaffen. Ich! Ich habe es nicht gefunden, weil es natürlich nicht existierte, und da wurde mir klar, daß es ein Scherz von Ihnen war. Allerdings ein wunderbarer Scherz. Von so etwas hatte ich auch manchmal geträumt. Ja, Entdeckungen, die das Herz anrühren wie ein gutes Lied, habe ich immer geliebt. Man hielt mich für wunderlich – einerlei. Ich gestehe, daß ich Pelegrin wahnsinnig beneidete, und deshalb brach ich allein auf, um in der gleichen Situation zu sein wie er. Ja, ein Monat Fußmarsch zeigte mir, was dieser Wald bedeutete. Hunger. Durst. Einsamkeit. Zehn Tage Fieber. Ein Zelt hatte ich nicht. Das Lagerfeuer erschien mir bunt wie ein Regenbogen. Aus dem Wald traten weiße Pferde. Mein verstorbener Bruder kam, saß da und sah mich an; fortwährend flüsterte er, rief mich irgendwohin. Ich schluckte Chinin und trank. All das hielt natürlich auf. Eine Schlange biß mich in die Hand; wie empört ich war – der Tod. Doch nahm ich mich zusammen, horchte, was mein Körper sagte. Da zog es mich wie einen Hund zu einem Gras, und ich aß davon; so rettete ich mich, zerfloß aber in Schweiß und schlief ein. Ich hatte sozusagen Glück. Alles war wie in einem Traum: die wilden Tiere, die Müdigkeit, der Hunger und die Stille; und ich tötete Tiere. Aber an dem Ort, von dem damals gesprochen wurde, war nichts; ich untersuchte das ganze Plateau, das an der Stelle, wo sich der Hang erweitert, zu einem kleinen Nebenfluß abfällt. Da ging mir ein Licht auf. Aber es gibt dort echte Schönheit, es gibt Dinge, von denen prallen Worte ab wie Hagel von Glas – es klingt nur ...«

»Weiter«, sagte Conseil leise.

»Es gehörte einfach dorthin«, sprach Steele sanft. »Deshalb fuhr ich auf einem Floß hinunter zum Fort und bestellte die benötigte Anzahl von Leuten sowie das erforderliche Material und machte es so, wie es in Ihrer Erzählung war und wie es mir gefiel. Sieben Häuser. Darüber ging ein Jahr hin. Danach prüfte ich Tausende Menschen,

Tausende Herzen, reiste umher und suchte an vielen Orten. Natürlich *mußte* ich sie finden, so wie ich nun einmal bin – das ist verständlich. Also, kommen Sie mit, sehen Sie es sich an; offenkundig besitzen Sie die Gabe der künstlerischen Phantasie, und ich wüßte gern, ob Sie es sich so vorgestellt haben.«

Er legte das alles mit der erschreckenden Schlichtheit eines Jungen dar, der aus der Weltgeschichte erzählt.

Conseils Gesicht bekam eine rosige Farbe. Längst vergessene Musik erklang in seiner Seele, und in unerwarteter Erregung schritt er quer durch den Saal, worauf er wie angewurzelt stehenblieb.

»Sie sind eine Turbine«, sagte er gepreßt, »Sie wissen, daß Sie eine Turbine sind. Das ist keine Beleidigung.«

»Wenn man etwas klar vor sich sieht …«, begann Steele.

»Ich habe lange geschlafen«, unterbrach Conseil ihn ernst. »Das heißt … Aber wie sehr das alles einem Traum gleicht! Vielleicht muß man noch leben, wie?«

»Ich rate es Ihnen«, sagte Steele.

»Aber *es* war nicht da. Es war nicht da.«

»Es war da.« Steele hob den Kopf ohne die Absicht, Eindruck zu machen, und doch wurde es durch diese Geste zum Leben erweckt und tönte durchs ganze Zimmer. – »Es war da. Weil ich es in meinem Herzen trug.«

Diese Begegnung und dieses Gespräch führten zu einem Schluß, der stark an die trockene Phantasie des elitären Geistes in Cordon-Brun erinnerte. Zwei Menschen, mit Augen, erfüllt von der riesigen unwegsamen Weite, die sie hinter sich gelassen hatten, stießen auf eine im Waldesdickicht versteckte Balkenwand. Ein abendlicher Lichtstrahl begrüßte sie, und vom Balkon über der natürlichen Orangerie des Gartens erklang der leise Gesang einer Frau.

Steele lächelte, und Conseil verstand sein Lächeln.

Zu den Autoren

Achmatowa, Anna Andrejewna
23. (11.) Juni 1889, Bolschoi Fontan b. Odessa – 5. März 1966, Domodedowo b. Moskau
Kindheit und Jugend in Zarskoje Selo bei St. Petersburg. Die Sommer über immer am Schwarzen Meer. 1910 heiratet sie den Dichter Nikolai Gumiljow, Geburt ihres Sohnes Lew. Reise nach Paris. Bekanntschaft mit dem Maler Amedeo Modigliani. 1911 erneut in Paris. 1912 Reise durch Norditalien. Erste Gedichte *Abend*. 1914 *Rosenkranz*. 1917 *Weißer Vogelschwarm*. 1921 Erschießung Nikolai Gumiljows wegen angeblicher konterrevolutionärer Verbindungen. Publikationsverbot bis 1940. Seit Mitte der zwanziger Jahre Studien zur Architektur St. Petersburgs und zum Werk Alexander Puschkins. 1935 erste Verhaftung ihres Sohnes Lew. 1938 zweite Verhaftung, mehrere Jahre Lagerhaft mit anschließender sibirischer Verbannung; 1941–1944 Evakuierung nach Taschkent. Seit 1940 Arbeit an der Jahrhundertdichtung *Poem ohne Held*. 1946 mit Michail Sostschenko durch Parteibeschluß diskriminiert. Arbeit an autobiographischer Prosa. 1964 Taormina-Preis auf Sizilien. 1965 Ehrendoktorwürde der Universität Oxford.

Anna Achmatowas »Erinnerungen an Alexander Blok« entstanden 1965. Text nach: Anna Achmatowa, *Poem ohne Held. Poeme und Gedichte*. Russisch und deutsch. Verlag Philipp Reclam Jun. Leipzig 1984, S. 226-229. Deutsch von Fritz Mierau. Nachauflage als Reclam Bibliothek Leipzig 1487.

Babel, Isaak Emmanuilowitsch
13. (1.) Juli 1894, Odessa – erschossen am 27. Januar 1940
Besuch der Handelsschule Odessa und des Finanz- und Handelsinstituts Kiew. 1915 nach Petrograd. 1916 erste Erzählungen. 1920 in der Ersten Reiterarmee. 1923 erste Veröffentlichungen aus dem Zyklus *Reiterarmee*. 1926 *Reiterarmee* als Buch. 1927 Theaterstück *Sonnenuntergang*. 1931 *Odessaer Erzählungen*. Mehrere Reisen nach Westeuropa. 1935 Theaterstück *Maria*. 1939 Verhaftung durch das NKWD.

»Gedalja« entstand 1923. Text nach: Isaak Babel, *Drei Welten*. Malik-Verlag Berlin 1931, S. 52-57. Deutsch von Dmitri Umanski.

Bely, Andrej, eigentlich Boris Nikolajewitsch Bugajew
26. (14.) Oktober 1880, Moskau – 8. Januar 1934, Moskau
Vater Professor für Mathematik. Frühe Beschäftigung mit Friedrich Nietzsche und Wladimir
Solowjow. Studium der Mathematik. Begegnung mit Pawel Florenski. 1903 Bekanntschaft
mit Alexander Blok, Konstantin Balmont, Dmitri Mereshkowski und Sinaida Hippius. Mit-
arbeit an der Zeitschrift der Symbolisten *Die Waage*. Erste Prosa in den vier *Symphonien*.
(1902–1908). Gedichte in den Bänden *Gold im Azur* (1904), *Asche* (1908), *Die Urne* (1909).
1909 Roman *Die silberne Taube*, die einen Romanzyklus über Russlands Stellung zwischen
dem Osten und dem Westen eröffnet, weitergeführt mit *Petersburg* (1916) und *Kotik Leta-
jew* (1922). 1910–1911 Reise nach Italien, Tunis, Ägypten und Palästina. 1912–1916 Reisen
in Westeuropa. Aufenthalt in Dornach bei Rudolf Steiner. Auseinandersetzung mit der An-
throposophie. 1918 Poem *Christ ist erstanden*. 1921–1923 Aufenthalt in Berlin. Nach der
Rückkehr nach Moskau Arbeit an der Autobiographie. Dramatisierung des Romans *Petersburg*. Buch über Steiner.
»Argonauten« entstand 1904. Text nach: Andrej Bely, *Die Zweite Symphonie, die
Dramatische. Die Argonauten*. Edition Tertium Ostfildern 1995, S. 181-189. Deutsch von
Thomas Menzel.

Ehrenburg, Ilja Grigorjewitsch
27. (15.) Januar 1891, Kiew – 31. August 1967, Moskau
Jugend in Moskau. 1908 acht Monate Haft wegen revolutionärer Tätigkeit. Emigration nach
Paris. 1910 erste Gedichte. Freundschaft mit Pablo Picasso und Diego Rivera. 1917 Rückkehr
nach Rußland (Kiew, Krim, Moskau). 1922 satirischer Roman *Die ungewöhnlichen Aben-
teuer des Julio Jurenito*. 1921–1941 Aufenthalte als sowjetischer Korrespondent in Deutschland, Frankreich, Spanien. Berichte darüber in *Visum der Zeit*. Im Zweiten Weltkrieg Front-
korrespondent. Nach dem Krieg zwei mit Stalinpreis ausgezeichnete Romane *Der Fall von
Paris* und *Der Sturm*. 1954 der Roman *Tauwetter*, der der Nachstalinzeit den Namen gab.
1960–66 Memoiren *Menschen Jahre Leben*.
»VKM« entstand 1923. Text nach: *Der Polyp*. Verlag Volk und Welt Berlin 1978, S. 10-
20. Deutsch von Ingeborg Schröder.

Florenski, Pawel Alexandrowitsch
*21. (9.) Januar 1882, Jewlach in Transkaukasien –
erschossen 8. Dezember 1937, Leningrader Gebiet*
Studium der Physik und Mathematik in Moskau. Freundschaft mit Andrej Bely. 1904–1908
Studium an der Moskauer Geistlichen Akademie, wo er von 1908–1919 Vorlesungen zur Ge-
schichte der Philosophie hält. 1910 heiratet er Anna Michailowna Giazintowa, die beiden ha-
ben fünf Kinder. 1911 Priesterweihe. 1912–1917 Redakteur der Zeitschrift *Theologischer
Bote*. 1914 *Der Pfeiler und die Grundfeste der Wahrheit. Versuch einer orthodoxen Theologie in
zwölf Briefen*. 1916 Beginn der Niederschrift seiner Erinnerungen *Meinen Kindern*. Genealo-
gische Studien. Nach der Revolution 1917 Forschungsarbeiten für die Elektroindustrie.
1921–1934 Redakteur der Technischen Enzyklopädie, Verfasser von 134 Artikeln. 1928 Verhaftung und Verbannung wegen angeblicher religiöser Propaganda. Kommt nach kurzem
frei. 1928 Kunststoff-Monographie *Karbolit*. 1930 Stellvertretender Direktor für Wissenschaft am Allunionsinstitut für Elektrotechnik. 1933 Verhaftung und Verurteilung zu zehn-

jähriger Lagerhaft. 1934 in Ostsibirien, Forschungen zum Dauerfrostboden. 1934–1937 Forschungen zur Jodgewinnung aus Algen auf den Solowki-Inseln im Weißen Meer.
»Der Vampyr« entstand 1916. Text nach: *Sinn und Form.* 1996. 5. Heft, S. 667-676.
Deutsch von Sieglinde und Fritz Mierau.

Gladkow, Fjodor Wassiljewitsch
21. (9.) Juni 1883, Tschernawka – 20. Dezember 1958, Moskau
Seit 1902 Volksschullehrer. 1906 Mitglied der Sozialdemokratischen Partei, später der Kommunistischen Partei. Journalist in Noworossisk. Seit 1921 in Moskau. 1925 der von Andrej Belys symbolistischem Terrorroman *Petersburg* beeinflußte Revolutions- und Aufbauroman *Zement.* 1931 Kollektivierungsroman *Neue Erde.* 1933 Industrialisierungsroman *Energie.* Mehrfacher Stalinpreisträger.
»Die Abrechnung« ist ein Kapitel aus dem 1925 erschienenen Roman *Zement.* Text nach: Fjodor Gladkow, *Zement.* Verlag für Literatur und Politik Wien Berlin 1927, S.125-133. Deutsch von Olga Halpern.

Gorki, Maxim, eigentlich Alexej Maxímowìtsch Peschkow
28. (16.) März 1868, Nishni Nowgorod – 18. Juni 1936, Gorki bei Moskau
Mit elf »unter fremden Menschen«. Annäherung an die Volkstümler. Mehrere große Wanderungen durch Rußland. 1892 erste Erzählung *Makar Tschudra.* Als Agitator im Gefängnis. Anschluß an die Sozialdemokratie. 1899–1900 sozialkritische Romane *Foma Gordejew* und *Die Drei.* Begegnung mit Wladimir Korolenko, Lew Tolstoi und Anton Tschechow. 1901–1902 Inszenierung der Stücke *Kleinbürger* und *Nachtasyl* am Moskauer Künstlertheater. 1905 Beteiligung an der Revolution. Emigration nach Amerika und Italien. 1906 Roman *Die Mutter,* der zum Musterbuch des sozialistischen Realismus wird. 1908 *Eine Beichte.* 1911–1913 *Italienische Märchen.* 1913–1916 Autobiographie *Kindheit* und *Unter fremden Menschen.* 1917–1918 Kritik an Lenin und Trotzki wegen der terroristischen Durchsetzung der Revolution: *Unzeitgemäße Gedanken.* 1919–1921 Engagement beim Aufbau kultureller Organisationen. 1921–1932 Aufenthalt in Deutschland, in der Tschechoslowakei und in Italien. Letzter Band der Autobiographie *Meine Universitäten.* Gesellschaftsromane *Das Werk der Artamonows* (1925) und *Das Leben des Klim Samgin* (1925–1936).
»In Moskau« entstand 1917 im Rahmen der *Unzeitgemäßen Gedanken.* Text nach: Maxim Gorki. *Unzeitgemäße Gedanken über Kultur und Revolution.* Suhrkamp Taschenbuch 210, S.90-96. © Insel-Verlag Frankfurt am Main 1972. Deutsch von Bernd Scholz.

Grin, Alexander Stepanowitsch, eigentlich Grinewski
23. (11.) August 1880, Slobodskaja (Gouvernement Wjatka) – 8. Juli 1932, Stary Krim
Wanderleben als Matrose, Goldsucher, Fischer. Militärdienst. Dreimal verbannt. 1906 erste Veröffentlichung. 1913 dreibändige Ausgabe seiner Romane, Novellen und Erzählungen. 1923 Roman *Purpursegel.* Erzählung *Das Herz der Wildnis.* 1924 Übersiedlung nach Feodosija auf der Krim, 1930 nach Stary Krim.
»Herz der Wildnis« entstand 1923. Text nach: Alexander Grin, *Der Rattenfänger.* Verlag Volk und Welt Berlin 1984. Deutsch von Brigitte Schröder.

Iwanow, Wsewolod Wjatscheslawowitsch
24. (12.) Februar 1895, Ljebjashe (Gouv. Semipalatinsk) – 15. April 1963, Moskau
Jugend in Westsibirien als Setzer, Matrose, Zirkusclown. 1921 nach Petrograd. Mitglied
der Schriftstellergruppe »Serapionsbrüder«, die sich an E.T.A. Hoffmanns phantastischen
Novellen orientieren. 1921–1922 Erzählungen aus dem sibirischen Partisanenleben *Partisanen* und *Panzerzug 14-69*. Die großen satirischen Romane der zwanziger Jahre *U*
und *Kreml* bleiben ungedruckt. 1934–1935 autobiographischer Roman *Abenteuer eines
Fakirs*. 1938–1939 Bürgerkriegsroman *Parchomenko*. 1947 Erinnerungen *Begegnungen mit
Gorki*.
»Sisyphos, Sohn des Aiolos« entstand 1944. Text nach: Russische Kunstmärchen von
Gorki bis Schukschin. Band 1. Verlag Volk und Welt Berlin 1977, S. 237-258. Deutsch von
Renate Landa-Reschke.

Kusmin, Michail Alexejewitsch
5. Oktober (23. September) 1872, Jaroslawl – 3. März 1936, Leningrad
Aufgewachsen in Saratow. 1885 Studium am Konservatorium in St. Petersburg, u.a. bei Rimski-Korsakow. Reisen in Rußland und nach Italien und Ägypten. Erste Erzählungen 1905.
Romane *Flügel* (1907), *Taten des großen Alexander* (1908) und *Der zärtliche Joseph* (1909).
Gedichte *Netze* (1908). Zahlreiche Theaterstücke. 1919 Roman *Das wundersame Leben des
Joseph Balsamo Graf Cagliostro*. 1924 Gedichte *Der neue Hull*. 1929 Gedichte *Die Forelle
durchschlägt das Eis*. Arbeit an einem Nero-Stück.
»Die Geschichte von Xanthos« entstand 1910. Text nach: Michail Kusmin, *Florus und
der Räuber*. © Insel-Verlag Frankfurt 1989. Deutsch von Marga Erb.

Lunz, Lew Natanowitsch
2. Mai (19. April) 1901, St. Petersburg – 10. Mai 1924, Hamburg
1922 Abschluß eines Studiums an der Philologischen Fakultät der Universität Petersburg.
Gründungsmitglied und Theoretiker der Gruppe »Serapionsbrüder«. 1921–1923 vier Thea-
terstücke: *Vogelfrei, Die Affen kommen!, Bertran de Born, Die Stadt der Gerechtigkeit*. Prosa.
Essays. Arbeit an dem Roman *Der Aufstand der Dinge*, überliefert ist eine Filmvariante. 1923
mit einem Studienauftrag der Universität für Spanien ins Ausland über Riga und Berlin nach
Hamburg, wo seine Eltern lebten.
»In der Wüste« entstand 1921. Text nach: Lev N. Lunc, *Die Affen kommen*. Verlag Johannes Lang Münster 1989, S. 37-44. Deutsch von Gerhard Hacker.

Malyschkin, Alexander Grigorjewitsch
21. (9.) März 1892, Bogorodskoje (Gouv. Pensa) – 3. August 1938, Moskau
1910 Studium der Geschichte und Philologie in St. Petersburg. 1916 Marineschule. 1917 Of-
fizier der Schwarzmeerflotte. Im Bürgerkrieg auf bolschewistischer Seite im Kampf um die
Krim, den er 1923 in *Der Fall von Dair* schilderte. 1930 Roman *Sewastopol*. 1938 Fünfjahr-
planroman *Menschen aus der Provinz*.
»Der Fall von Dair« entstand 1921. Text nach: *Russische Erzählungen*. Carl Hoym-Verlag Hamburg 1923, S. 105-108 und 116-128. Deutsch von Maria Einstein.

Mandelstam, Ossip Emiljewitsch
15. (3.) Januar 1891, Warschau – 27. Dezember 1938 als Verbannter bei Wladiwostok
Handelsschule in St. Petersburg. 1907 Reise nach Paris. Erste Gedichte. 1911 Studium in Heidelberg, anschließend in St. Petersburg. Mit Nikolai Gumiljow und Anna Achmatowa Gründungsmitglied der »Dichterzeche«. 1913 erster Gedichtband *Der Stein*. 1918–1920 in Kiew, auf der Krim und in Georgien. 1922 zweiter Gedichtband *Tristia*. 1925 Prosa *Rauschen der Zeit*. 1930 Reise nach Armenien. 1933 Poetikessay *Gespräch über Dante*. 1934 Verhaftung und Verurteilung zu drei Jahren Verbannung. 1937 Rückkehr nach Moskau. 1938 erneute Verhaftung.

»Sergej Iwanytsch« entstand Anfang der zwanziger Jahre des 20. Jahrhunderts. Text nach: Ossip Mandelstam, *Die ägyptische Briefmarke*. Suhrkamp Verlag Frankfurt am Main 1965, S. 96-100. Deutsch von Gisela Drohla.

Nabokov, Vladimir Vladimirovitsch
22. (10.) April 1899, St. Petersburg – 2. Juli 1977, Montreux
Vater Jurist im Staatsdienst, 1922 in Berlin ermordet. 1919 Emigration. Studium der französischen Literatur in Cambridge. 1922–1937 in Berlin. Gedichte in der Berliner russischen Emigrationspresse. Sieben »Berliner« Romane. 1937 nach Paris. 1938 Künstlerroman *Die Gabe*. 1940 Übersiedlung in die USA, wo er englisch schrieb und bedeutende russische Werke, so von Puschkin und Lermontow, ins Englische übersetzte und kommentierte. 1948–1959 Professor an der Cornell University. 1955 *Lolita*. 1959 Übersiedlung in die Schweiz. 1954 Erinnerungen *Andere Ufer*, 1966 überarbeitet als *Speak, Memory*.

»Frühling in Fialta« entstand 1936. Text nach: Vladimir Nabokov, *Gesammelte Erzählungen*. Reinbek 1983, S. 37-63. Deutsch von Dieter E. Zimmer. Nachauflage 1989: Erzählungen 2. 1935–1951. Gesammelte Werke Bd. 14, © Rowohlt Verlag, Reinbek.

Olescha, Juri Karlowitsch
3. März (19. Februar) 1899, Jelisawetgrad – 10. Mai 1960, Moskau
1917 Jurastudium in Odessa. 1919 Freiwilliger in der Roten Armee. Erste Veröffentlichungen: Agitationsgedichte und Feuilletons. 1927 Roman *Neid*. 1928 Kinderbuch *Die drei Dickwänste*. 1929–1931 die Stücke *Verschwörung der Gefühle* (nach *Neid*) und *Die Liste der Wohltaten*. Arbeit an dem Tagebuch *Kein Tag ohne Zeile*.

»Liompa« entstand 1927. Text nach: Juri Olescha, *Liompa*. Verlag Philipp Reclam jun. Leipzig 1978, S. 7-11. Deutsch von Marga Erb.

Pasternak, Boris Leonidowitsch
10. Februar (29. Januar) 1890, Moskau – 30. Mai 1960, Peredelkino bei Moskau
Studium der Philosophie in Moskau und Marburg. Erste Gedichte 1913. Mitglied der futuristischen Gruppe »Zentrifuge«. 1914 Gedichtband *Zwilling in den Wolken*. 1917 *Über die Barrieren*. 1922 *Meine Schwester – das Leben*. 1923 *Themen und Variationen*. Epische Tendenzen in den Poemen *Das Jahr Neunzehnhundertfünf* (1925–1926). *Leutnant Schmidt* (1926–1927) und *Spektorski* (1931). Prosa *Erzählungen* (1905), dort auch die *Briefe aus Tula*. 1929–1931 Autobiographie *Der Schutzbrief*. 1932 Gedichte *Zweite Geburt*. Seit 1936 Shakespeare-Übertragungen. 1945–1956 Arbeit am Roman *Doktor Shiwago*. 1958 Nobelpreis.

»Luftwege« entstand 1923. Text nach: Boris Pasternak, *Luftwege*. Verlag Philipp Reclam jun. Leipzig 1986, S. 105-119. Deutsch von Hans Loose und Oskar Törne.

Pilnjak, Boris Andrejewitsch

11. Oktober (21.9.) 1894, Moshaisk – 21. April 1938 (erschossen)
Sohn des wolgadeutschen Tierarztes Wogau. 1915 Debüt als Erzähler unter dem Namen Pilnjak. 1918 in einer anarchistischen Kommune. 1922 Roman *Das nackte Jahr*. Reise nach Berlin. 1923 England-Reise. 1925 Roman *Menschen und Wölfe*. Mittelmeerreise. 1926 *Die Geschichte vom nicht ausgelöschten Mond* wird heftig kritisiert wegen des Verdachts, die hier geschilderte tödlich verlaufende Zwangsoperation eines Militärs habe Michail Frunse, den 1925 plötzlich verstorbenen Militärvolkskommissar zum Prototyp. Siebenmonatige Reise nach China und Japan. 1929 *Mahagoni*. 1930 *Die Wolga mündet ins Kaspische Meer*. Mittelmeerreise. 1932 Amerika-Reportage *O.K.* 1934 Skandinavienreise. 1937 Verhaftung: Anklage als Trotzkist und japanischer Spion.

»Maschinen und Wölfe« ist eine Passage aus dem gleichnamigen Roman. Text nach: Boris Pilnjak, *Maschinen und Wölfe*. Pegasus Verlag Gregor Müller Zürich 1946. Deutsch von Maria Schilskaja.

Platonow, Andrej Platonowitsch, eigentlich Klimentow

1. September (20. August) 1899, Woronesh – 5. Januar 1951, Moskau
Mit vierzehn Hilfsarbeiter, Schlosser, Gießer. 1919–1920 in der Roten Armee. 1924 Abschluß des Polytechnikums in Woronesh. Meliorationsingenieur und Fachmann für Elektrifizierung der Landwirtschaft. 1922 Gedichte *Blaue Tiefe*. 1927 erster Erzählungsband *Die Epifaner Schleusen*. Übersiedlung nach Moskau. 1929 treffen seine Erzählungen *Makar beginnt zu zweifeln*, *Der Staatsbürger* und *Zu Nutz und Frommen* auf heftige offizielle Kritik. Der Roman *Tschewengur* darf nicht erscheinen. Ebenso nicht der Roman *Die Baugrube* (1929–1930). 1937 Erzählungen in dem Band *Der Fluß Potudan*. 1937–1940 Essays über Puschkin, Achmatowa, Majakowski, Alexander Grin, Hemingway und Čapek. 1942–1945 drei Bände Kriegserzählungen. Die Verhaftung seines Sohnes richtet ihn zugrunde.

»Makar beginnt zu zweifeln« entstand 1929. Text nach: *Der Polyp*. Verlag Volk und Welt Berlin 1978, S. 73-93. Deutsch von Marlene Milack.

Reissner, Larissa Michailowna

13. (1.) Mai 1895, Lublin – 9. Februar 1926, Moskau
Vater Professor für Staatsrecht. Kindheit in Tomsk. 1903–1907 in Deutschland. Studium der Neurologie und Philologie in St. Petersburg. Erste Arbeiten in der Nachfolge des Symbolismus, später Akmeismus. 1918 Mitglied der Kommunistischen Partei. Kommissarin im Generalstab der Flotte. 1921–1923 mit ihrem Mann Fjodor Raskolnikow, dem sowjetischen Botschafter, in Afghanistan. 1923–1924 mit Karl Radek in Deutschland. Reportagen *Front* (1924), *Afghanistan* (1925), *Hamburg auf den Barrikaden* (1924/1925), *Im Lande Hindenburgs* (1925). Starb an Tbc.

»Die Front« entstand 1924. Text nach: Larissa Reissner, *Oktober*. Ausgewählte Schriften. Neuer Deutscher Verlag Berlin 1931, S. 51-72. Deutsch von Dmitri Umanski.

Samjatin, Jewgeni Iwanowitsch

1. Februar (20. Januar) 1884, Lebedjan (Gouvernement Tambow) – 10. März 1937, Paris
1902–1908 Studium des Schiffsbaus am Polytechnikum in St. Petersburg. Mitglied der bolschewistischen Fraktion der Sozialdemokratie. 1908 erste Veröffentlichungen. 1916–1917 als Ingenieur in England, Eisbrecherbau für Rußland. 1917 Englandnovelle *Die Insulaner*. 1919–1922 am Literaturstudio des Petrograder »Hauses der Künste« Vorträge über die Technik künstlerischer Prosa, an denen auch die »Serapionsbrüder« teilnehmen. 1920 Roman *Wir*, der nur im Ausland erscheint. Seit 1918 zahlreiche Theaterstücke, darunter *Der Floh* (nach Leskow) und *Attila*. 1929 vierbändige Ausgabe der Erzählungen, Romane und Stücke. 1929 scharfe Angriffe wegen der Veröffentlichung von *Wir* im Ausland. 1931 mit Gorkis Hilfe Ausreise über Riga, Berlin und Prag nach Paris. 1937 Roman *Attila*.
»Die Höhle« entstand 1922. Text nach: Jewgeni Samjatin, *Morgen*. Essays, Erzählungen, Dokumente. Wiesbaden 1976, S. 78-89. Deutsch von Gabriele Leech-Anspach. © Limes Verlag in der F. A. Herbig Verlagsbuchhandlung GmbH, München.

Schmeljow, Iwan Sergejewitsch

3. Oktober (21. September) 1873, Moskau – 24. Juni 1950, Bussy-en-othe
Kindheit und Jugend in Moskau. 1894–1898 Jura-Studium in Moskau. Erste Erzählungen seit 1895. 1911 Roman *Der Kellner*. Achtbändige Werkausgabe. Nach der Revolution Flucht auf die Krim. Ende 1922 über Berlin nach Paris. 1923 die autobiographische Prosa *Die Sonne der Toten*. 1928 *Das Licht der Vernunft*. 1931–1948 *Pilgerfahrt*. 1936 *Die Kinderfrau*. 1937–1948 *Himmelswege*.
»Im Winde« ist ein Kapitel aus *Die Sonne der Toten*. Deutsch von Käthe Rosenberg. S. Fischer Verlag Berlin 1925, S. 242-256

Scholochow, Michail Alexandrowitsch

24. (11.) Mai 1905, Krushilin (Gouv. Dongebiet) – 21. Januar 1984, Wjoschenskaja
Kindheit und Jugend am Don. 1922–1924 Gelegenheitsarbeiter in Moskau. Arbeit an ersten Erzählungen. 1925 Rückkehr an den Don. 1926–1927 *Don-Erzählungen*. 1932 Mitglied der Kommunistischen Partei. 1928–1940 *Der Stille Don*, der mit dem Stalin-Preis ausgezeichnet wurde. 1932 der Kollektivierungsroman *Neuland unterm Pflug*. 1936 Wahl zum Abgeordneten des Obersten Sowjets. Während des 2. Weltkriegs erste Veröffentlichungen aus dem Roman *Sie kämpften für die Heimat*. 1959 zweiter Teil von *Neuland unterm Pflug*, der den Lenin-Preis erhielt.
»Der Vater« entstand 1924. Text nach: *30 Erzähler des neuen Rußland*. 2., veränderte Auflage. Malik-Verlag Berlin 1929, S. 203-216. Deutsch von Nadja Strasser.

Sologub, Fjodor Kusmitsch, eigentlich Teternikow

1. März (17. Februar) 1863, St. Petersburg – 5. Dezember 1927, Leningrad
Studium am Lehrerinstitut. Bis 1907 Mathematiklehrer. Erste Veröffentlichungen seit 1884. 1907 Roman *Der kleine Dämon*. 1909 zwölfbändige, 1913 zwanzigbändige Werkausgabe. 1921 wird Sologubs Bitte um Ausreise aus Rußland abgeschlagen.
»Das Land, in dem eine Bestie die Macht ergriff« entstand 1906. Text nach: Fjodor Sologub, *Der vergiftete Garten*. Buchverlag Der Morgen Berlin 1988, S. 199-210. Deutsch von Eckhard Thiele.

Sostschenko, Michail Michailowitsch

10. August (29. Juli) 1895, Poltawa – 22. Juli 1958, Leningrad

Jurastudium in St. Petersburg. 1914 Kriegsfreiwilliger. 1918 in der Roten Armee. 1919 demobilisiert. Schuhmacher, Schauspieler, Telefonist. 1921 Mitglied der »Serapionsbrüder«. 1922 erster Band Erzählungen. 1934 *Das Himmelblaubuch.* 1943 autobiographische Erzählung *Vor Sonnenaufgang.* 1946 mit Anna Achmatowa durch Parteibeschluß kritisiert wegen seiner Erzählung *Abenteuer eines Affen.*

»Schwarzes Wasser« aus dem Buch *Schlüssel des Glücks* entstand in den dreißiger Jahren des 20. Jahrhunderts. Text nach: Michail Sostschenko, *Schlüssel des Glücks.* Gustav Kiepenheuer Verlag Leipzig und Weimar 1987, S. 151-163. Deutsch von Marga Erb.

Sosulja, Jefim Dawydowitsch

10. Dezember (28. November) 1891, Moskau – im Krieg gefallen am 3. November 1941

Kindheit und Jugend in Odessa. 1911 erste Erzählungen. 1918–1919 sozialphilosophische Märchen *Studio für Menschenliebe, Erzählung von Ak und der Menschheit, Lebendige Möbel.* Zwei unvollendete Romane *Menschenwerkstatt* (1930) und *Eigentümer* (1932).

»Ak und die Menschheit« entstand 1919. Text nach: Jefim Sosulja, *Der Mann, der allen Briefe schrieb.* Buchverlag Der Morgen 1981, S. 190-206. Deutsch von Marga Erb.

Zwetajewa, Marina Iwanowna

8. Oktober (26. September) 1892, Moskau – 31. August 1941, Selbstmord in Jelabuga

Mutter Pianistin, Vater Professor für Kunstgeschichte, Begründer des heutigen Puschkinmuseums in Moskau. 1904–1905 Aufenthalt in Freiburg im Schwarzwald. 1908 in Loschwitz bei Dresden. 1909 in Paris. Bekanntschaft mit den Moskauer Symbolisten. 1910 erstes Buch *Abendalbum.* 1912 *Zauberlaterne.* Heiratet Sergej Efron. 1916 *Werstpfähle.* In Petrograd Begegnung mit Michail Kusmin und Ossip Mandelstam. 1917 mit ihrem Mann Gegnerin der Revolution. Gedichtzyklus *Schwanenlager,* eine romantische Verklärung des Zaren und der Revolutionsgegner. 1922 nach Berlin. Gedichtband *Abschied.* 1923 in die Tschechoslowakei. *Poem vom Berg. Poem vom Ende.* 1926 nach Paris. Briefwechsel mit R. M. Rilke. 1928 Gedichtband *Nach Rußland.* 1932 Essays *Der Dichter und die Zeit* und *Epos und Lyrik im heutigen Rußland.* Erinnerungen an Ossip Mandelstam, Andrej Bely und Michail Kusmin. 1939 Rückkehr nach Moskau. Die erhoffte Wiederbegegnung mit ihrer Schwester, ihrem Mann und ihrer Tochter findet unter schwersten Bedingungen statt. Die Schwester ist im Arbeitslager, Mann und Tochter werden noch 1939 verhaftet. Nach der Evakuierung 1941 nimmt sie sich in Jelabuga das Leben.

»Über Deutschland« entstand als eine Folge von Tagebucheintragungen 1919. Text nach: Marina Zwetajewa, *Auf eigenen Wegen. Tagebuchprosa Moskau 1917–1920,* Paris 1934. Suhrkamp Taschenbuch 1921. Frankfurt am Main 1991, S. 185-198. Deutsch von Marie-Luise Bott.

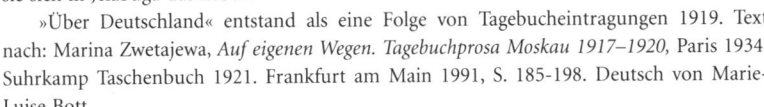

Bildnachweise

Michail Kusmin. Zeichnung von Juri Annenkow. In: Portrety. Petersburg 1922.

Andrej Bely. Scherenschnitt von Jelena Kruglikowa. In: Siluety sovremennikov. I. Poety. Moskau 1922.

Vladimir Nabokov. In: Vladimir Nabokov. Gesammelte Werke: Marginalien. Rowohlt Verlag 1989. Das Foto datiert Mitte der 1920er Jahre.

Marina Zwetajewa. In: Tsvetaeva. A Pictorial Biography. Ed. by E. Proffer. Ann Arbor 1980.

Anna Achmatowa. In: V. Černych. Letopis' žizni i tvorčestva Anny Achmatovoj. Č II. Moskau 1998.

Juri Olescha. In: Die Lachküche. Eine Literaturenzyklopädie in Karikaturen und Selbstzeugnissen. Gezeichnet von den Kukryniksy. Zusammengetragen von F. Mierau. Leipzig und Weimar 1981.

Michail Sostschenko. In: wie Juri Olescha.

Maxim Gorki. Zeichnung von Deni. In: Archiv F. Mierau.

Larissa Reissner. In: L. Reissner, Oktober. Herausgegeben und eingeleitet von K. Radek. Berlin 1930.

Alexander Malyschkin. In: A. Malyškin, Sočinenija v duch tomach. Moskau 1965.

Isaak Babel. In: wie Juri Olescha.

Iwan Schmeljow. Radierung von Sergej Salschupin. In: Portrety sovremennich russkich pisatelej. Berlin 1923.

Fjodor Gladkow. In: wie Juri Olescha.

Michail Scholochow. In: wie Juri Olescha.

Boris Pasternak. Zeichnung von Juri Annenkow. In: B. Pasternak, Sestra moja žizn'. Berlin Petersburg Moskau 1923.

Jewgeni Samjatin. Zeichnung von Juri Annenkow. In: Portrety. Petersburg 1922.

Wsewolod Iwanow. In: V. Ivanov, U. Dikie ljudi. Moskau 1988.

Jefim Sosulja. In: wie Juri Olescha.

Fjodor Sologub. Zeichnung von Juri Annenkow. In: Portrety. Petersburg 1922.

Ossip Mandelstam. Scherenschnitt von Jelena Kruglikowa. In: Siluety sovremennikov. I. Poety. Moskau 1922.

Pawel Florenski. Zeichnung von Nikolai Wyscheslawzew. In: Pamjatniki kul'tury 1982. Leningrad 1984.

Lew Lunz. In: Lev Lunc. Zaveščanie carja. Herausgegeben von W. Schriek. München 1983.

Ilja Ehrenburg. Zeichnung von Nikolai Andrejew. In: Marina Cvetaeva. Poet i vremja. Moskau 1992.

Boris Pilnjak. In: Boris Pilnjak. »... ehrlich sein mit mir und Rußland«. Briefe und Dokumente. Herausgegeben und aus dem Russischen übersetzt von Dagmar Kassek. Frankfurt a.M. 1994.

Andrej Platonow. In: Andrej Platonov. Izbrannoe. Moskau 1966.

Alexander Grin. In: Vospominanija ob Aleksandre Grine. Leningrad 1971.

Inhalt

AK UND DIE MENSCHHEIT